DI LO QUE QUIERES DECIR

Oren Jay Sofer

DI LO QUE QUIERES DECIR

Cómo tener diálogos cercanos y sinceros a través de la comunicación no violenta

URANO

Argentina – Chile – Colombia – España
Estados Unidos – México – Perú – Uruguay

Título original: *Say what you mean: how to find your voice, speak your truth & listen deeply*
Editor original: Shambhala Publications, Inc., Boulder, Colorado, EE UU
Traducción: Victoria Horrillo Ledesma

1.ª edición Abril 2020

Plaza de los Reyes Magos, 8, piso 1.º C y D – 28007 Madrid
www.edicionesurano.com

ISBN: 978-84-16720-95-8
E-ISBN: 978-84-17780-87-6
Depósito legal: B-5.670-2020

Fotocomposición: Ediciones Urano, S.A.U.

Impreso por: Rotativas de Estella – Polígono Industrial San Miguel Parcelas E7-E8
31132 Villatuerta (Navarra)

Impreso en España – *Printed in Spain*

Para los maestros y los amigos que me mostraron el camino.

Y para mi madre, mi primera maestra,
que me dio una base sólida y me enseñó a escribir.

«La razón de ser de la nasa es el pez. Una vez pescado el pez, puedes olvidarte de la nasa.

La razón de ser de la trampa para conejos es el conejo; una vez cazado este, puedes olvidarte de la trampa.

La razón de ser de las palabras es el significado.

Una vez asimilado este, puedes olvidarte de las palabras.

¿Dónde puedo encontrar a un hombre que haya olvidado las palabras, para cambiar unas palabras con él?»

CHUANG TZU

«Devolver odio por odio multiplica el odio y hace más profunda la oscuridad de una noche ya falta de estrellas. La oscuridad no te saca de la oscuridad; solo la luz puede hacerlo. El odio no te saca del miedo; solo el amor puede hacerlo.»

MARTIN LUTHER KING

Índice

PRIMERA PARTE

SEGUNDA PARTE

TERCERA PARTE

CUARTA PARTE

Prólogo

De un modo u otro, nos pasamos la vida comunicándonos. En la mayoría de los casos, el modo de comunicación predominante es el habla, las palabras que empleamos y el tono emocional que subyace en ellas. La interacción constituye el cimiento de nuestras relaciones, y las pautas a través de las cuales trabamos conversación determinan en gran medida la calidad de nuestra vida. Es más, nuestros hábitos de comunicación constituyen la plantilla de la relación que entablamos con nosotros mismos y con la sociedad en su conjunto.

En este libro excepcional, Oren Jay Sofer explora los muchos matices de nuestra manera de hablar y arroja luz sobre los patrones que fomentan el bienestar y la armonía y sobre aquellos que solo conducen a un aumento de la frustración y la angustia. Las perspectivas y los métodos que expone constituyen, además, una clave esencial para la curación y la transformación radical que tanta falta nos hace no solo como individuos, sino colectivamente, dentro de nuestras comunidades y nuestro planeta. Recurriendo a su amplio conocimiento en la práctica del mindfulness, la terapia somática y la comunicación no violenta, Oren nos brinda tanto las habilidades como los conocimientos necesarios para que transformemos la comunicación en un vehículo para lograr una intimidad, una honestidad y una compasión mayores, y orientemos nuestra vida social hacia la consecución de la paz y la equidad.

Mediante marcos teóricos claros y un gran caudal de ejemplos y relatos, *Di lo que quieres decir* nos ofrece una panoplia de herramientas útiles para reforzar la conciencia de nuestros patrones de comportamiento, así como numerosas propuestas concretas para comunicarnos con más afecto y eficacia. Oren recalca el papel fundamental de la empatía a la hora de escuchar a los demás y plantea formas muy precisas de cultivarla. Como él mismo escribe, «en la práctica de la comunicación lo fundamental no es lo que decimos, sino de dónde venimos y cómo lo decimos.»

Plantea ejercicios claros para reconocer y comprender nuestros pensamientos, nuestras percepciones y nuestras emociones, y cómo influyen, a menudo sin que seamos conscientes de ello, en las palabras que empleamos y en las motivaciones que hay tras ellas. A falta de esta comprensión, con frecuencia nos hallamos atrapados en la maraña de nuestro condicionamiento, sin ver la forma de conectar mejor con los demás ni de alcanzar la libertad interior.

Aparte de ser un mapa detallado y exhaustivo para cultivar la sabiduría de la comunicación, este libro contiene muchas otras pequeñas joyas que pueden servirnos de hitos en nuestra vida cotidiana. Una de mis favoritas es esta sencilla afirmación: «Cuantas menos palabras usamos pero más sinceras, mayores son nuestra claridad y nuestro poder.»

Uno de los fundamentos de este libro es que la comunicación, como cualquier otro arte, requiere práctica. Una vez adquiridas las destrezas básicas, podemos empezar a ampliar nuestra forma de pensar, hablar e interactuar, y convertir nuestro discurso en un camino hacia una armonía y una sabiduría vital mayores.

Hace muchos años que conozco a Oren, desde que comenzó a practicar la meditación. Es para mí una gran alegría ver cómo ha logrado amalgamar su profunda sabiduría meditativa y su honda comprensión de la comunicación y convertirlas en un método práctico y asequible. Este libro, impregnado de la afabilidad y la lucidez que caracterizan a su autor, es un gran regalo para cualquiera que busque aumentar su capacidad de conectar, su claridad mental y su compasión.

Joseph Goldstein

Agradecimientos

La habilidad de comunicarse se asienta sobre una profunda asunción de nuestra interdependencia. Como tantas cosas en la vida, este libro es obra de muchas manos y fruto de incontables interacciones.

Por el conocimiento que espero impregne estas páginas, me siento profundamente en deuda con mis maestros. Acarya Anagarika Munindra y Godwin Samararatne me abrieron los ojos y me revelaron lo que era posible en esta vida. El trabajo humilde pero constante de Robert Pryor nos condujo a muchos al Dharma. La sabiduría, la generosidad y la hábil labor de guía del venerable Ajahn Sucitto, de Joseph Goldstein y de Michelle McDonald me ayudaron a madurar y a comprender lo que significa ser humano. Sarah Doering creyó en mí y me brindó su apoyo en un momento difícil.

Estoy asimismo en deuda con mis maestros en la comunicación no violenta por servirme de guías para traducir la belleza del Dharma en acción y enseñarme a cómo decir lo que quiero decir. La visión, la lucidez y el afecto de Marshall B. Rosenberg me conmovieron profundamente. Aprendí muchísimo de Inbal Kashtan, muerto prematuramente de cáncer. (Te echo de menos, Inbal.) Quiero expresar en especial mi más sincero agradecimiento a mi amiga y colega Miki Kashtan, cuyo firme compromiso con los valores y la visión de la CNV (comunicación no violenta) continúa impulsándome a superarme y que me brindó su sagaz opinión sobre fragmentos clave del texto. Kathy Simon me dio consejos esenciales con muy poco tiempo de antelación. También quiero dar las gracias a

Penny Wassman, que con su cariño y su respaldo entusiasta me abrió las puertas de la comunidad de instructores titulados, y a mis compañeros de BayNVC, cuya autenticidad me ha enseñado algo muy valioso acerca de cómo llevar a la práctica estas habilidades.

El amable apoyo que me brindaron Steve Hoskinson y Anthony *Twig* Wheeler contribuyó a mi bienestar y mi sentimiento de plenitud. David O'Neal, editor jefe de Shambhala, vio potencial en mis escritos y me tendió la mano. La sagacidad de mi corrector, Matt Zepelin, ha mejorado el manuscrito. Joe Kelly me ofreció su ayuda y corrigió varios capítulos tras un paseo fortuito.

Tengo la buena suerte de formar parte de un próspero círculo de amigos espirituales que siguen, cariñosamente, planteándome retos y enseñándome lo que es la bondad. Varios compañeros me ofrecieron también opiniones útiles sobre diversos capítulos: Matthew Brensilver, Donna Carter, Derek Haswell, Sumi London, Ali Miller, Donald Rothberg, Ben Rubin y Aaron Soffin. Mi madre, mi padre y mi hermano me escucharon y quisieron durante muchos momentos de dificultad mientras aprendía CNV. Evan A. Wong me dio ánimos con firmeza y ternura durante un sinfín de largas jornadas y madrugadas sentado ante el ordenador.

También quiero dar las gracias a los muchos amigos de mis listas de correo y redes sociales que me siguieron y animaron durante el proceso. Este libro tampoco habría sido posible sin los alumnos que han asistido a mis talleres, clases y retiros y cuyas valoraciones sinceras me animaron a escribir. Su fortaleza y su valentía siguen inspirándome a diario.

Cualquier error es mío. Afortunadamente, la vida es un proceso de aprendizaje.

Introducción

Lo que decimos importa. Cada uno de nosotros ha sentido alguna vez el poder que tienen las palabras para sanar, tranquilizar o levantar el ánimo. Un solo comentario cariñoso puede hacer que, en lugar de darnos por vencidos, encontremos las fuerzas necesarias para afrontar las dificultades que nos plantea la vida.

Todos sabemos también cuánto daño pueden hacer las palabras. Los comentarios hirientes, marcados por la ira o la crueldad, pueden romper una relación y escocer durante años. El lenguaje puede utilizarse para manipular y coaccionar a gran escala, para alimentar el miedo, la guerra y la opresión y promover políticamente el genocidio o el terror. Pocas cosas tan poderosas son también de uso corriente.

Las palabras están entretejidas en la urdimbre de nuestras vidas. El primer amor. El primer trabajo. El último adiós a un ser querido. Los principios y los finales y los momentos incontables entre unos y otros están jalonados por el vaivén de las palabras cuando hacemos partícipes a los demás de nuestros pensamientos, emociones y deseos.

Mis padres cuentan que yo era un niño muy locuaz. «C-O-M-E, O-R-E-N», decían deletreando en las comidas para intentar redirigir las preguntas que salían a borbotones de mi cuerpecillo y para recordarme, al mismo tiempo, que comiera. Mi fascinación por las palabras comenzó a edad temprana. Todavía recuerdo la ilusión que me hacía descubrir el significado de palabras compuestas como *rompeolas* o *girasol*: ese instante de iluminación en que los sonidos abstractos se transformaban de pronto, dividiéndose en sus componentes más familiares y cercanos.

Las palabras son un tipo de magia. Estar vivo y ser consciente de tu propia existencia en este planeta maravilloso, con sus bosques y lagos, sus mares y montañas, en este vasto universo formado por miles de millones de galaxias, es de por sí un misterio. ¡Qué prodigio es mirar un instante a los ojos a otra persona y formar palabras que cuenten algo de nuestras vidas!

Los mitos de la creación de numerosas culturas y religiones a lo largo de la historia —tanto orientales como occidentales e indígenas— reconocen el poder generativo de las palabras y otorgan a la potencia del verbo un papel clave en el comienzo del cosmos. Las palabras tienen, en efecto, el poder de conformar nuestra realidad. Así como pensamos, percibimos. Así como percibimos, actuamos. Es más, las enseñanzas de todas las religiones del mundo reflejan una comprensión universal de las implicaciones éticas del lenguaje —es decir, de su potencial para hacer el bien y el mal— e incluyen directrices morales en torno al uso adecuado del discurso.

Mi fascinación infantil por el lenguaje cristalizó en el compromiso firme de aprender a usar sabiamente las palabras cuando asistí a un retiro de meditación con el maestro zen vietnamita, poeta y activista por la paz Thich Nhat Hanh. Su moderna interpretación de la doctrina budista de la «palabra correcta» resonó muy hondo dentro de mí y me impulsó a aprender todo lo posible sobre comunicación. Aún hoy es para mí una fuente de inspiración:

> Consciente del sufrimiento que causan el lenguaje no consciente y la incapacidad para escuchar a los otros, me he propuesto cultivar el lenguaje afectuoso y la escucha profunda a fin de llevar alegría y felicidad a mis semejantes y aliviar su sufrimiento. Sabedor de que las palabras pueden engendrar felicidad o aflicción, estoy decidido a aprender a decir la verdad con palabras que inspiren confianza en uno mismo, alegría y esperanza. No difundiré

> noticias que no sepa que son ciertas y no criticaré ni condenaré cosas de las que no estoy seguro. Evitaré pronunciar palabras que puedan causar división o discordia, o ser motivo de ruptura familiar o social. Estoy decidido a hacer todos los esfuerzos necesarios para reconciliar y resolver todo conflicto, por pequeño que sea.[1]

Lo que decimos importa, puede que ahora más que nunca.

Vivimos en una época de grandes cambios en la que se exige mucho de nosotros. Vivimos en una época en la que cada vez somos menos capaces de escuchar y de oírnos de verdad unos a otros en sociedad, una época en la que es fácil que las personas con distintos puntos de vista, creencias u orígenes sean vistas (una vez más) como «el otro». En estos tiempos en que grandes fuerzas de cambio político, social, económico y medioambiental están recorriendo el globo y agrandando nuestra separación del propio ser, de los otros y de la vida, hemos de aprender a hablar y a escuchar de un modo nuevo. Hemos de reaprender a percibir nuestro mundo con nuevos ojos, más allá de las estructuras económicas e históricas heredadas basadas en la competición y la separación que con tanta facilidad pueden marcar nuestras relaciones personales. El diálogo auténtico es algo más que el mero intercambio de ideas. Es un proceso transformativo basado en la confianza y el respeto mutuos, gracias al cual llegamos a ver al otro bajo una luz nueva y más nítida. Como explicaba el teólogo David Lochhead, «*es un medio de conocer la verdad del que ninguna de las dos partes dispone antes de que se dé el diálogo*[2].»

Resulta desgarrador saber hasta qué punto somos capaces de hacer el bien y ver, sin embargo, tanta destrucción y tanta violencia. En Japón hay un dicho: «Las flores de cerezo son hermosas porque son efímeras». Todos tenemos la oportunidad de emplear honestamente el tiempo y la energía que se nos conceden. Tengo la esperanza de que este libro pueda ayudarnos, aunque sea en pequeña medida, a cobrar conciencia de nuestro potencial para el bien como seres humanos y a manejar las relaciones que conforman nuestra vida cotidiana con una dosis mayor de compasión, sabiduría y bondad. Confío en que nos sirva para transformar los mecanismos de pensamiento y percepción que hacen que la violencia parezca una estrategia viable, y en que demos así un paso más para crear un mundo en el que todos nos sintamos a gusto.

CONFLUENCIA DE AGUAS

Cuando tenía unos veinticinco años, hacia el final de un retiro de diez días con Marshall B. Rosenberg, el padre de la comunicación no violenta, desayuné con el doctor Rosenberg y su esposa. Había conocido a Rosenberg unos años antes y estaba ansioso por expresarle mi agradecimiento por los profundos cambios que había experimentado mi vida gracias a su sistema de comunicación. Quería, además, darle mi punto de vista acerca de cómo podía contribuir la meditación —que yo practicaba desde hacía mucho tiempo— al proceso de la CNV.*

Eso fue a principios de la década del 2000, antes de que el mindfulness alcanzara la popularidad que tiene ahora. Le expliqué que la práctica del mindfulness contribuía a desarrollar la conciencia interior, un prerrequisito imprescindible para poder identificar los sentimientos y las necesidades y mantener nuestra conciencia de ellos —es decir, el núcleo de la comunicación no violenta— y, por tanto, una pieza esencial que faltaba en el modelo de la CNV. Me llevé una alegría —y me quedé un poco anonadado— cuando Rosenberg dijo estar completamente de acuerdo conmigo. Me contó con cierto desánimo que llevaba algún tiempo tratando de enseñar a la gente a meditar usando un sombrero de jirafa, una versión modificada de uno de sus guiñoles característicos. Mirándome desde el otro lado de la mesa con una sonrisa irónica, dijo: «Quizá esa labor tengas que hacerla tú».

Así dio comienzo un periplo de casi dos décadas durante el cual me he esforzado por conjugar mi conocimiento de la meditación budista con

* Suelo referirme a la comunicación no violenta por sus siglas, CNV. Para más información sobre la CNV y la obra de Rosenberg, véase la sección «Otros recursos» al final del libro.

la comunicación no violenta. Los materiales que comparto con el lector en estas páginas son la síntesis de tres corrientes bien diferenciadas. La primera y principal es el mindfulness o atención plena, surgido de la tradición del budismo theravada (y más concretamente de los textos y las prácticas del Satipatthāna y la Tradición Tailandesa del Bosque). La segunda es el método de comunicación no violenta desarrollado por el doctor Rosenberg, cuyo libro fundacional, *Comunicación no violenta: cómo utilizar el poder del lenguaje para evitar conflictos y alcanzar soluciones pacíficas,* ha vendido más de un millón de ejemplares en todo el mundo.[3] La CNV se ha utilizado para la resolución de conflictos internacionales y el cambio social no violento, la comunicación interpersonal y la mediación, así como para el crecimiento personal y la sanación. La última metodología que conforma este libro es mi formación en una técnica terapéutica creada por el doctor Peter A. Levine y denominada experimentación somática, que pone el énfasis en el papel de la regulación del sistema nervioso a la hora de resolver traumas.

He llegado a la conclusión de que estas tres corrientes constituyen un poderoso vehículo para profundizar en la autocomprensión y transformar nuestros hábitos de comunicación. En mis primeros años de ejercicio, descubrí numerosas sincronías entre estos métodos y las teorías que les sirven de fundamento. Mi apasionamiento me llevó por enrevesados vericuetos intelectuales cuando traté de encajar entre sí los distintos métodos buscando un marco sistémico coherente que abarcara todo lo que estaba aprendiendo. Hizo falta tiempo para que las diversas perspectivas se asentaran dentro de mí y para que me diera cuenta de que eran simplemente formas distintas de comprender la experiencia humana. En algunas áreas se solapaban, pero no tenían por qué encajar a la perfección para funcionar simultáneamente o reforzarse unas a otras.

Cuando las corrientes de una cuenca fluvial coinciden para formar un río, dejan de distinguirse las aguas provenientes de unas y otras. En cierto sentido, estos tres sistemas y sus prácticas correspondientes conviven como un solo río, un todo indiviso en el que cada uno describe y refuerza distintos aspectos de la experiencia holística de estar vivo.

El enfoque que he dado a la presentación de materiales en este libro es, por tanto, holístico. Aunque no hablo expresamente del Dharma, el lector familiarizado con las enseñanzas budistas reconocerá claramente la presencia de su sabiduría en muchos apartados. Mi exposición de la experimentación somática es también más tangencial (con la salvedad de una sección importante del capítulo 13 acerca de las situaciones conflictivas). En lugar de intentar separar las aguas de las distintas corrientes, me he centrado en crear lo que espero sea una guía asequible de los fundamentos de la comunicación interpersonal que pueda emplearse para generar cambios concretos en nuestras vidas.

TRES PASOS, TRES FUNDAMENTOS

La comunicación humana es compleja. En toda interacción intervienen un sinfín de factores. Nuestras emociones, ideas y creencias entran en juego tanto de manera verbal como no verbal. Tenemos que conciliar patrones de relación ya establecidos, bien entre dos individuos o entre los grupos y las comunidades a los que pertenecemos. Hay siempre, no obstante, ciertos fundamentos inherentes a la habilidad comunicativa.

El planteamiento global de este libro consiste en utilizar tres pasos para entablar una conversación efectiva. Estos tres pasos son, de por sí, bastante sencillos:

1. Guiar con la presencia.
2. Partir de la curiosidad y el interés.
3. Centrarse en lo que importa.

Cada paso forma parte de una práctica mucho más profunda y exhaustiva. Como tres piedras firmemente enclavadas en medio de un río tumultuoso, cada uno de estos pasos es estable y útil en la medida en que lo es el terreno sobre el que se asienta. Así, visibilizarse y estar plenamente en el presente tiene como base el ejercicio del primer fundamento de la comunicación consciente: la *presencia*. Partir de la curiosidad y el interés enraíza en el terreno de nuestra *intención*. Centrarse en lo que importa consiste en afinar nuestra *atención*; es decir, educar nuestra capacidad mental para discernir lo que es esencial y redirigir la concentración de una manera ágil y receptiva. Las tres primeras secciones de este libro se corresponden con la práctica de cada uno de estos fundamentos, mientras que la cuarta y última trata de cómo aunar y conjugar los tres.

CÓMO USAR ESTE LIBRO

Leer un libro sobre comunicación es un poco como leer un manual sobre cómo nadar. Por claro y detallado que sea el texto, no aprenderás a nadar sin meterte en el agua. Este libro está ideado como una herramienta de uso cotidiano. Considéralo una guía de campo para la conversación, un mapa que describe un paisaje por el que transitas. Es probable que te resulte más útil si avanzas despacio y te tomas tu tiempo para asimilar cada sección a medida que lees. Cada analogía, idea o concepto que planteo está concebido para que lo pongas en práctica. Ponlos a prueba, dales unas vueltas y descubre si te sirven y cómo.

En cada capítulo encontrarás sugerencias prácticas sobre cómo emplear estos conceptos y herramientas. Empieza modestamente, por situaciones poco problemáticas en las que no haya mucho en juego. Retomando la analogía anterior, uno no aprende a nadar tirándose al mar un día de tormenta. Quizá lo consigas, claro, pero no sin muchas fatigas y sin tragar gran cantidad de agua salada. Además, es menos probable que de ese modo te queden ganas de volver a intentarlo. Resulta mucho más fácil si uno empieza por el lado que no cubre de la piscina, y a ser posible un día de calor.

Del mismo modo, no recomiendo tratar de aplicar estas herramientas de inmediato a las conversaciones o relaciones más conflictivas de tu vida. Primero aprende a nadar. Perfecciona hasta cierto punto tu destreza.

Siempre que sea posible, busca situaciones en las que te sea más fácil practicar y en las que puedas experimentar y aprender sin encontrar excesiva resistencia. Quizá quieras leer el libro con otra persona para tener un compañero o una compañera con quien practicar los ejercicios. O prueba las herramientas con un amigo íntimo o un miembro de tu familia que sea comprensivo cuando tropieces y te trabes en este aprendizaje de un nuevo idioma.

Porque así es, en efecto: aprender habilidades comunicativas es muy parecido a aprender un idioma nuevo. Requiere repetición. Cuanto más practiques, menos tardarás en manejarlo con fluidez. Conocer aunque solo sea unas pocas palabras de otro idioma te ayudará a empezar a decir lo que quieres. De modo que te animo a practicar un poco cada día, ya sea mediante ejercicios formales o conversaciones improvisadas. Incluso cinco minutos de práctica diaria pero exhaustiva darán resultado a la larga.

Al final de cada capítulo encontrarás un resumen de puntos clave y una serie de preguntas y respuestas. Muchas de estas preguntas se basan en comentarios de estudiantes en talleres y retiros. Tienen por objeto dar solución a algunas de las dificultades más comunes que pueden salirte al paso. (Ciertos nombres o detalles de relatos personales aparecen alterados por respeto a la intimidad de sus protagonistas.) A lo largo del texto encontrarás términos clave relacionados con la comunicación consciente. La primera vez que aparecen están en cursiva, y su definición puede consultarse en el glosario. Las notas que he incluido contienen ideas y referencias que pueden resultar de interés. El apartado «Otros recursos» contiene propuestas para proseguir con tu entrenamiento y enlaces a meditaciones guiadas para practicar ejercicios específicos.

Por último, quiero señalar otro hilo conductor de este libro. En cada capítulo encontrarás *principios* que condensan los rasgos distintivos o el objetivo de un aspecto concreto de la comunicación. También encontrarás ejercicios, herramientas específicas que te ayudarán a aprender cómo integrar esos principios en tu vida cotidiana. Uno de esos principios es, por ejemplo: «Cuanto más conscientes somos, más capacidad de elección tenemos». En cuanto a los ejercicios relacionados, algunos puedes hacerlos mientras lees y otros puedes integrarlos en tu práctica comunicativa cotidiana. Un ejercicio de apoyo al principio de la conciencia podría consistir, por ejemplo, en indicaciones para realizar una respiración consciente.

El peligro de todo entrenamiento comunicativo es confundir la práctica con el principio y empezar a hablar de una manera rígida o mecánica en un intento por adherirnos a una especie de dogma o método. Y aunque los métodos son extremadamente útiles (y el estudio de la CNV de Rosenberg ocupa gran parte de este libro), me interesa menos seguir un método que aprender a entender y a reaccionar dinámicamente a las circunstancias que se den en cada momento.

Dicho de otra manera: intenta no enfrascarte en un modo concreto de hablar. Para seguir con las analogías, es un poco como aprender a tocar un instrumento. Tocar escalas es esencial, pero el objetivo es hacer música. Las herramientas y los ejercicios que encontrarás aquí son muy útiles para reorientar tus hábitos comunicativos, pero el objetivo es relajarse, sentirse a gusto y dejarse llevar por el flujo de la conversación.

QUÉ PUEDES ESPERAR

El campo de la comunicación abarca numerosas áreas: las relaciones personales y profesionales, habilidades más específicas como la facilitación de grupos y la mediación y aplicaciones estratégicas como la diplomacia y la resistencia pacífica. Este libro no las cubre todas, ni pretende hacerlo. Se centra principalmente en la comunicación interpersonal en relaciones sociales e íntimas. Si te interesa ir más lejos en tu formación, las herramientas que adquieras aquí te servirán como fundamento indispensable para otras aplicaciones.

Este libro está directamente basado en mi experiencia personal, lo que significa que también está limitado por esa experiencia en ciertos aspectos. En concreto, mi condición como varón blanco de clase media, judío y heterosexual me ha pertrechado mal para llevar a cabo la visión que Marshall Rosenberg expuso en su obra. Todavía me dan escalofríos cuando pienso en lo que dijo en un retiro en Suiza en 2005:

> Si empleo la comunicación no violenta para liberar a las personas y que sufran menos, o para que se lleven mejor con sus familiares, pero no les enseño al mismo tiempo a servirse de su energía para transformar los sistemas que integran el mundo, entonces formo parte del problema. Estoy, básicamente, apaciguando a la gente, animándola para que viva en los sistemas establecidos y empleando, por tanto, la CNV como narcótico.[4]

Dedicarse a enseñar le baja a uno los humos. Sé que aún me queda mucho por aprender, sobre todo en cuanto a cómo quitarme las anteojeras de mi propio *privilegio*.[5] En la medida en que haya conseguido ver más allá de mi propia condición, este texto y las ideas que contiene pueden servir a otras personas que se hallen en un contexto social diferente a aprender a liberarse de su propio condicionamiento y a integrarse más plenamente en la danza grupal de la comunicación. Nada me sería más grato. Y en los aspectos en los que no haya logrado ver más allá de mi propia condición, sigo practicando la comunicación consciente como un camino vital de aprendizaje y transformación.

La manera más eficaz de abordar esta práctica es un compromiso duradero y a largo plazo. Aprender habilidades comunicativas no es algo que pueda hacerse en un taller de fin de semana, o en un curso de mes y medio, o leyendo un libro con cuatro partes. Exige paciencia, interés, dedicación y humildad. Es frecuente sentirse como un perfecto inútil en diversas fases del proceso. En ocasiones, hasta puedes sentir que lo hacías mejor *antes* de probar estas herramientas.

Y es lógico que así sea. Aprender cualquier cosa es un proceso de ensayo y error. Es normal que a veces tropieces y caigas de bruces. Pero no importa cuántas veces caigas. Lo que importa es que vuelvas a levantarte. Recuerda que cada pequeño logro, cada interacción en la que puedas poner en práctica una herramienta o un principio, reforzará tu confianza y establecerá una nueva pauta en tu cerebro.

Los cambios en las habilidades comunicativas no se dan de la noche a la mañana. Aprender los hábitos que tenemos requirió tiempo. También requiere tiempo desaprenderlos y adquirir nuevas habilidades. Pero cada minuto que pases aprendiendo vale la pena. Dará fruto en la mejora de tus relaciones y en el aumento de tu bienestar y de tu capacidad para desenvolverte en el mundo.

APRENDER A MONTAR EN BICI

Me acuerdo muy bien de lo entusiasta y curioso que era de niño, pero también recuerdo cuánto me costaba meter baza en las conversaciones animadas y vertiginosas que se entablaban a la hora de la cena en mi casa. Guardo el recuerdo visceral de estar sentado a aquella mesa negra de la cocina y sentir una opresión en el pecho y un nudo en la garganta, y el picor de las lágrimas de frustración a punto de saltárseme, mientras el resto de mi familia charlaba animadamente, dejando muy poco espacio para mi voz.

Encontrar la propia voz, aprender a decir lo que quieres decir y a escuchar atentamente es uno de los viajes más gratificantes que puede emprender un ser humano. Cuando se ha desarrollado la capacidad para hablar sabiamente y escuchar a los demás, se posee un recurso inagotable con el que manejarse en el mundo y transformarlo. En lugar de convertir tus conversaciones en un aluvión insulso de cortesías y amabilidades, las habilidades que te proporcionará este libro te ayudarán a sentirte más vivo e integrado.

Cuando yo era pequeño, tenía una bicicleta Schwinn azul con el sillín y el manillar de color rojo. Muchas tardes de verano, después de cenar, daba vueltas en bici por nuestro barrio de las afueras de Nueva Jersey, saltando bordillos y corriendo por las aceras bajo robles y sicomoros vetustos.

Aprender a comunicarse de manera consciente tiene mucho en común con aprender a montar en bici. Hace falta tiempo. Al principio, ayuda tener ruedines para mantener el equilibrio. Contar con alguien que te anime suele hacer que el proceso sea más divertido y seguro. Y cuando quitas los ruedines, tienes que estar preparado para hacerte algunos moratones o rasparte la rodilla o el codo. Pero una vez has aprendido, ya nunca se te olvida. Puedes recorrer grandes distancias, y la euforia y el placer del trayecto y la llegada son una auténtica delicia.

PRIMERA PARTE

El primer paso

Guiar con la presencia

La comunicación eficaz depende de nuestra capacidad de estar presentes. Hablar abierta y sinceramente, escuchar con atención y manejarse en los giros y recovecos inevitables de una conversación requiere un alto grado de autoconciencia. Para *decir* lo que queremos decir, primero hemos de *saber* lo que queremos decir. Para saber lo que queremos decir, hemos de escucharnos a nosotros mismos y discernir lo que para nosotros es válido.

El primer paso de la comunicación consciente es *guiar con la presencia*, es decir, que nos mostremos y visibilicemos con la mayor plenitud que sea posible. Si no estamos *aquí*, seguramente estemos funcionando en piloto automático. Y si funcionamos en piloto automático, es menos probable que nos acordemos de las herramientas que hemos adquirido, que partamos de nuestras mejores intenciones o que tengamos acceso a nuestra propia sabiduría.

Guiar con la presencia es un ejercicio complejo y con numerosas dimensiones. En la primera parte del libro, vamos a explorar este fundamento esencial de la habilidad comunicativa: nuestra capacidad para estar presentes. Echaremos un vistazo a la naturaleza de la comunicación humana, a su papel central en nuestras vidas y a cómo podemos cultivar la conciencia tanto íntimamente como cuando estemos participando en una conversación.

1

El centro de nuestras vidas

«El lenguaje es muy poderoso. No solo describe la realidad.
Crea la realidad que describe.»

DESMOND TUTU

Cuando venimos al mundo somos criaturas vulnerables y absolutamente dependientes, pero preparadas para adquirir el lenguaje. Desde el momento en que nacemos, la comunicación se sitúa en el centro de nuestra existencia.

Un bebé humano nace con la capacidad innata de aprender cualquiera de los siete mil idiomas que hay en el mundo. Durante sus primeras semanas y meses, no obstante, solo cuenta con dos herramientas para comunicar sus necesidades y deseos: el llanto y la sonrisa. A partir de ahí, nuestro cerebro se desarrolla y las neuronas aprenden a distinguir el ritmo, el sonido, el tono y el volumen del lenguaje humano. Y a esas edades tan tempranas aprendemos muy rápidamente cualquier idioma que las circunstancias (o el destino) nos deparen.

Junto con este sistema de sonidos, palabras y gramática, aprendemos a expresar emociones, a pedir lo que necesitamos y a cómo intentar conseguir lo que queremos. Con el paso del tiempo, si todo va bien, aprendemos a leer y a utilizar señales sociales más complejas. Aprendemos a manejar la metáfora, las frases hechas y el humor. Aprendemos todo esto mediante la escucha, la indagación, la observación y la repetición.

Al integrarnos en la familia humana mediante el lenguaje, captamos de manera natural cualquier patrón comunicativo característico de nuestra familia de origen, grupo étnico, clase, género, sociedad y cultura dominante. Algunos aprendemos que no conviene hacer expresas nuestras necesidades y, cuidando de los demás, tratamos de asegurarnos de que alguien cuide de nosotros. Otros aprendemos a conseguir lo que queremos mediante la fuerza y nos afirmamos tratando de parecer los más fuertes o los más listos. Otros aprendemos que la sociedad no valora nuestras necesidades y nos endurecemos por dentro, desconectando de nuestra debilidad. Y a veces puede que aprendamos que hay espacio para pedir lo que necesitamos y aun así mantenerse conectado con los demás y solucionar las cosas entre todos.

La mayoría de personas aprende una mezcla de estas estrategias para satisfacer sus necesidades. Por tanto, *todos contamos con adiestramiento comunicativo*, solo que por lo general este aprendizaje ha sido inconsciente y no intencionado. El contexto de nuestra ubicación social y nuestro medio cultural establece nuestra mentalidad y nuestras creencias, y nuestras experiencias vitales las confirman y refuerzan. Al menos, hasta que algo despierta en nuestro interior y nos dice: «¡Esto no va bien!» Puede que el detonante sea una relación personal fracasada o problemas conyugales, una pelea que pone fin a una amistad, problemas de comunicación en el trabajo, la lucha por sobrevivir en un sistema que no está diseñado para suplir las necesidades humanas, las penalidades de nuestro mundo y la crisis de las instituciones sociales o, simplemente, el hecho de estar harto de la tiranía de esa voz que suena dentro de nuestra cabeza.

Lo bueno de todo esto es que, puesto que el lenguaje es aprendido, y dado que nuestros patrones de comunicación y los hábitos emocionales que los impulsan son *adquiridos*, pueden *desaprenderse* y *reorientarse*. Podemos aprender a hablar y a escuchar de una manera nueva, más acorde con el tipo de vida que queremos llevar y con la sociedad que queremos crear.* Podemos hallar nuestra voz, aprender a decir lo que queremos decir y descubrir cómo escuchar atentamente.

ENCONTRAR EL PROPIO CAMINO MEDIANTE LA PALABRA

En mi caso, el punto de inflexión llegó cuando tenía poco más de veinte años. Tras un par de relaciones sentimentales frustradas y después de haber perdido amistades y de que mis padres se divorciaran, recurrí a la meditación budista para poner orden en el tumulto que había dentro de mí. Después de mi paso por la universidad, acabé viviendo y trabajando en el centro de meditación de la Insight Meditation Society, en una zona rural de Massachusetts. Las enseñanzas budistas me ayudaron a asimilar ciertas cosas y a madurar un poco. Aun así, notaba que la claridad mental, la bondad y la compasión que sentía con tanta intensidad mientras meditaba solían evaporarse cuando, por ejemplo, surgía un conflicto con un compañero de trabajo. Y aún más cuando hablaba con mi familia.

Recuerdo una discusión especialmente penosa con mi hermano mayor en la que yo, dominado por la frustración, acabé levantando una silla y estrellándola contra el suelo en el cuarto de estar de mi abuela. Dramático, lo sé, pero así fue.

Solo al participar en un taller de comunicación en el centro de meditación en el que trabajaba me di cuenta de que podía estudiar y mejorar mis hábitos de lenguaje. Tras aquel primer taller que duró solo medio día, quedé enganchado. Hice un curso de ocho semanas en un pequeño campus cercano y muy pronto me topé con la obra de Marshall B. Rosenberg.

Al investigar las posibles concomitancias entre la conciencia contemplativa y la comunicación, descubrí que los años que había invertido en la

* En el plano colectivo, dado que nuestras instituciones sociales están formadas (y reforzadas) por patrones de pensamiento y percepción que rigen nuestra comunicación, un aspecto esencial a la hora de actuar para transformar dichos patrones ha de ser el trabajo interior simultáneo de transformación de nuestra conciencia. De lo contrario, corremos el riesgo de reproducir los mismos sistemas que intentamos cambiar.

práctica del mindfulness constituían un terreno fértil en el que cultivar nuevos hábitos de comunicación. Mis contactos posteriores con la experimentación somática del doctor Peter A. Levine añadieron una nueva dimensión a mi comprensión del comportamiento humano. Comencé a ver nuestras pautas de relación como parte integrante de nuestro instinto de autoconservación, supervivencia y *conexión social*.[6] Desarrollé una capacidad más matizada de observar cómo estos mecanismos evolutivos elementales se despliegan en el diálogo y de ayudar a las personas a desembarazarse de patrones habituales que ya no les sirven. Al mismo tiempo, he llegado a valorar mucho más y de manera más profunda el poder y la complejidad de la interacción y la comunicación humanas.

EL UNIVERSO DE LA COMUNICACIÓN

La comunicación abarca mucho más que sus componentes más elementales —el habla y la escucha— y es mucho más rica que el mero intercambio de información presuntamente objetiva. Nuestro propósito a la hora de comunicarnos puede ser estratégico (conseguir cierto fin) o relacional (conectar), pero en ambos casos la comunicación implica un intercambio significativo que conduce a la comprensión.

La *comunicación* es un proceso de interacción o intercambio que genera comprensión.

Esto no es exclusivo del ser humano. Casi todas —si no todas— las formas de vida poseen algún tipo de «lenguaje», algún sistema para transmitir información. Los humanos hemos desarrollado en grado extraordinario la capacidad de enviar y recibir mensajes. Ello es, en parte, lo que nos permite cooperar y crear con resultados tan asombrosos, para bien y para mal.

Con todo, la comunicación humana no es solo lo que decimos, sino que abarca muchas más cosas. Incluye el *cómo* hablamos: el tono de voz, el volumen y el ritmo, que transmiten gran cantidad de información sobre lo que sentimos en ese momento, lo que pensamos los unos de los otros, hasta qué punto tenemos poder o carecemos de él, etcétera. Se trata también de *por qué* hablamos. ¿Qué queremos? ¿Cuál es nuestra motivación? Y, naturalmente, también incluye la escucha: cómo escuchamos, por qué escuchamos o si escuchamos.

Además de hablar y escuchar, la conciencia es otro componente primordial que entra en juego cuando nos comunicamos. La comunicación eficaz depende de nuestra capacidad para prestar atención. Para que el «mensaje enviado» equivalga a un «mensaje recibido» tenemos que estar *presentes*, es decir, hallarnos plenamente en el ahora y ser conscientes el uno del otro.

Esto podemos verlo en las situaciones más prosaicas. ¿Alguna vez le has dicho algo a alguien que estaba leyendo o viendo la tele y no te ha oído? Habláis el mismo idioma y esa persona oye perfectamente, pero su atención no está centrada en la escucha. No tiene conciencia de ti ni de tus palabras, de modo que *la comunicación no se da*.

Se trata de una verdad tan sencilla y obvia que a menudo la pasamos por alto. La conciencia es el fundamento esencial de toda comunicación. Si la comunicación tiene por objeto generar comprensión, la *comunicación consciente* tiene por objeto generar comprensión a través de la conciencia. Podríamos decir que lo contrario es la *comunicación mecánica*: o bien tenemos el piloto automático puesto o bien nos dejamos dominar por una narrativa interna de juicios, críticas, planes y divagaciones mentales.

La presencia es una de esas cosas que cuesta precisar mediante el lenguaje, y sin embargo determina en gran medida la calidad de nuestra vida. Yo la defino como la experiencia de estar plenamente consciente y percibir el propio cuerpo en el momento presente. He descubierto que es tan importante para la comunicación que empiezo todas mis clases señalándolo y proponiendo a los participantes algún ejercicio para ilustrar lo que significa estar presente en un diálogo.

La *presencia* es la conciencia corporal de nuestra experiencia directa, tanto sensorial como mental y emocional.

En uno de los primeros ejercicios que propongo en mis clases, invito a los participantes a compartir un breve relato o anécdota con un compañero. Empezamos guardando unos instantes de silencio para sentir lo que es estar plenamente presente y cobrar conciencia del propio cuerpo. Una persona escucha mientras la otra cuenta su historia, ambas con el objetivo de mantener la conciencia del momento presente.

Pasado un minuto, más o menos, toco una campanilla y pido a todos que se detengan, en mitad de una frase si es necesario. Les invito a regresar a esa sensación de presencia y a prestar atención a lo que sucede en sus cuerpos. Tras un corto silencio, continúan y luego cambian de papel de modo que todos los participantes tengan ocasión de experimentar el efecto de la interrupción. Casi todas las personas que hacen este ejercicio comentan dos cosas, invariablemente: primero, lo rápido que pierden contacto con su cuerpo y, segundo, lo mucho que les altera la interrupción.

A la mayoría de la gente le resulta fácil y asequible mantener la presencia un momento. Estar presente de manera continua resulta más difícil. Lo cierto es que para conseguirlo hace falta entrenamiento. Mantener la conciencia en la conversación es aún más dificultoso. La tendencia a perder presencia es muy fuerte: a menudo la abandonamos tan pronto abrimos los ojos. De hecho, es sorprendente lo difícil que resulta *estar aquí* en cuanto abrimos la boca.

Hay numerosas excepciones, claro está: la intimidad que sentimos en una relación sentimental o los momentos de aguda percepción de la naturaleza. En esos momentos experimentamos una profunda sensación de estar conectados. Es justamente la mezcla de la honda presencia y de la relación con el otro o con nuestro entorno lo que otorga tanta potencia a estos ejercicios.

Ejercitar la presencia en la relación personal es una práctica muy poderosa. Implica que de verdad nos mostramos al otro y nos exponemos a lo que pueda suceder entre nosotros. Hay, no obstante, varios motivos por los que nos cuesta mantenernos presentes mientras hablamos y escuchamos:

- Estar cara a cara con otro ser humano nos vuelve vulnerables.
- La interacción social puede activar el sistema nervioso y, por tanto, alterarnos.[7]
- Tendemos a centrar nuestra atención hacia fuera, en la otra persona, o hacia dentro, en nuestros propios pensamientos, perdiendo así la sensación de vínculo y conexión.
- Nos falta práctica.

En el medio natural, el contacto visual entre primates puede ser una señal de agresión. A pesar del tamaño de nuestro cerebro, cuando nos hallamos cara a cara con otro ser humano seguimos sujetos a ese condicionamiento atávico e inquietante. En ese instante de contacto, nuestra biología calcula hasta qué punto estamos seguros o no: «¿Es un amigo, un enemigo o una posible pareja?»

A pesar de que con frecuencia opera por debajo del umbral de la conciencia, este condicionamiento determina hasta cierto punto la mayoría de nuestras interacciones sociales. Para transformar nuestros hábitos de comunicación debemos, entre otras cosas, reconocer esta incertidumbre esencial de nuestro sistema nervioso y disponer de algún medio para afianzarnos y serenarnos. (Veremos algunos métodos para conseguirlo en el capítulo 3.)

VOZ, RESPIRACIÓN E IDENTIDAD

Otro motivo por el que la comunicación puede ser un asunto tan delicado tiene que ver con cómo ha evolucionado nuestro oído. El oído humano sintoniza un rango muy concreto de sonidos y es especialmente sensible a una frecuencia de escasa amplitud: la voz humana. (Muchos animales comparten este rasgo y su sentido del oído está limitado a una gama específica de sonidos. Los cantos oceánicos de las ballenas y el barritar de los elefantes pertenecen a una frecuencia inaudible para el oído humano.) ¿Alguna vez has oído a alguien reírse o llorar a gritos y has sentido el impulso irracional pero apremiante de averiguar qué ocurría? ¿O has oído aullar a una manada de coyotes y sus aullidos te han parecido tan humanos que has dudado de si lo eran?

Todo ello es el resultado de decenas de miles de años de evolución. A fin de cuidar de nuestros jóvenes y proteger nuestra especie, la arquitectura interna de nuestro oído se desarrolló para sintonizar específicamente la voz humana y captar de inmediato los sonidos que emitimos en momentos de angustia o alteración.[8] ¿Te acuerdas de ese bebé que reía o lloraba? El condicionante que nos hace reaccionar ante esas señales auditivas se encuentra en lo más hondo de nuestro ser.

La escucha se sirve de esta misma arquitectura y entraña, por tanto, un doble potencial. Escuchar la voz humana puede activar los mecanismos de huida o defensa de nuestro sistema nervioso, o bien el sistema de interacción social que reafirma, conecta y calma.[9]

El propio mecanismo del habla explica por qué las palabras pueden tener tanta carga. Los humanos producimos lenguaje verbal controlando el flujo de aire que pasa a través de la laringe y las cuerdas vocales. Nuestras palabras son trasladadas por una onda de aire; es decir, por el mismo aliento que alimenta las células de nuestro cuerpo con oxígeno desde el momento en que nacemos hasta nuestra muerte. Párate a pensarlo un momento: usamos el mismo proceso fisiológico para hablar que para mantener nuestra energía vital.

Pero no se trata solo de eso. La respiración (y por tanto el habla) está directamente unida al sistema nervioso mediante una relación recíproca: los cambios que se dan en una afectan también al otro. Cuando nos sentimos nerviosos, ansiosos, cuando tenemos miedo o estamos agresivos (es decir, cuando se da cualquier grado de *activación* simpática), nuestra respiración se acelera. Cuando estamos relajados, a gusto o tranquilos (o sea, cuando se da cualquier grado de *desactivación* parasimpática), nuestra respiración se hace más lenta y profunda.

Ello se debe en parte al extraño lugar que ocupa la respiración en nuestro sistema nervioso autónomo, que regula las funciones corporales básicas.[10] La respiración es al mismo tiempo voluntaria e involuntaria.

Funciona automáticamente y también está sujeta a nuestra voluntad. El habla es una de las formas más comunes que tenemos de manipular la respiración de manera consciente e intencionada.

Todo esto tiene particular importancia para la práctica de la comunicación consciente. Cuando entendemos la relación entre la respiración, la voz y nuestro estado mental y emocional, tenemos más dominio sobre nuestra experiencia y nuestra forma de expresión. En distintos momentos del libro, ofreceré sugerencias sobre cómo puedes usar la respiración consciente para mantener la atención de un interlocutor, gestionar las emociones fuertes y serenarte en situaciones de tensión.

Sobre esta fisiología descansa la intrincada conexión entre la respiración, la voz y nuestro sentimiento de identidad. La voz es uno de los aspectos más íntimos y personales del ser. En la mayoría de los casos, es nuestro principal medio de expresión, una especie de firma sonora por la que se nos reconoce e identifica. Entre todas las cosas que cambian a lo largo de la vida —el cuerpo que envejece; el rostro que se arruga y se curte con el paso del tiempo—, la voz es el rasgo distintivo que cambia más lentamente y en menor medida una vez alcanzada la edad adulta. Nuestro sentido del yo está a menudo estrechamente ligado a nuestra voz.

Aparte de la música peculiar de nuestra voz, pensemos en cómo nos identificamos ante los demás. Uno de los mecanismos más comunes por los que me doy a conocer es mi nombre de pila: una palabra que representa quién soy. Cuando surge un conflicto, el cuestionamiento de nuestra identidad o de la imagen que tenemos de nosotros mismos puede ser lo más doloroso y difícil de encajar.

Además de estos componentes fisiológicos y psicológicos inherentes a la comunicación, en la actividad diaria de hablar y escuchar intervienen gran cantidad de factores, como las emociones, la clase, la cultura y hasta el misterio. Teniendo en cuenta todas las capas que están presentes en cualquier conversación por sencilla que sea, no es de extrañar que la comunicación nos afecte tan vivamente.

UNA EXPERIENCIA MULTIDIMENSIONAL Y HOLÍSTICA

Como espero que el lector haya colegido ya, la comunicación humana es mucho más que un simple intercambio lingüístico. Es una experiencia multidimensional, corpórea y vivencial que involucra a todo nuestro ser: sentimientos, ideas, recuerdos e historia. Es al mismo tiempo verbal, emocional y somática.

La comunicación incluye nuestra forma de usar la voz: el tono, el volumen y el ritmo al que hablamos. Incluye la gestualidad y el tacto. Nos comunicamos mediante el silencio: mediante lo que *no* decimos, o mediante nuestro uso del espaciamiento verbal. Incluye nuestro diálogo interno: cómo pensamos y hablamos con nosotros mismos. Incluso nuestra condición social y nuestro bagaje cultural están presentes en toda interacción en la que participamos.

La comunicación tiene, además, un componente somático fundamental: la vibración de la voz y la fisicidad de nuestra experiencia subjetiva. Es dinámica, cambia en tiempo real. Para comunicarnos eficazmente, tenemos que sintonizar con nuestro mundo interior y exterior y ajustar continuamente esa sintonización, momento a momento.

Es, además, holística: cruza todas las fronteras de nuestra vida. Podemos compartimentar nuestro tiempo y dividir nuestra existencia entre lo personal, lo social y lo profesional, pero esas distinciones solo son relativas. Vivimos una sola vida. Los distintos papeles que interpretamos —padre o madre, hijo o hija, amigo o amiga, profesor, estudiante, empleado…— son facetas interconectadas de un solo personaje. Podemos hablar o comportarnos de manera distinta en distintos escenarios, pero el libreto fundamental que vertebra la obra es el mismo.

Podemos servirnos de esta naturaleza holística de la comunicación en nuestro provecho. Los cambios que se dan en un área pueden transferirse a otros contextos de nuestra vida. Al hacer ejercicios sencillos, es corriente que los participantes en mis talleres cobren conciencia de una manera muy intensa de los patrones profundos que rigen sus vidas. Recientemente, tras practicar la pausa en un retiro, una mujer se dio cuenta de lo mucho que su ansiedad social influía en su manera de hablar. Hacer pausas la ayudó a elegir con más cautela lo que quería decir y por qué.

Cuando aprendemos nuevas formas de comunicarnos, debemos tener en cuenta este ámbito riquísimo y polifacético y todos los años de condicionamiento que conlleva. Para efectuar cambios duraderos en nuestros hábitos de comunicación, ayuda hacer pequeñas modificaciones paulatinas que podamos mantener a lo largo del tiempo.

Principio: **Dada la complejidad de la comunicación, la transformación se da más fácilmente mediante pequeños cambios sostenidos en el tiempo.**

Los seres humanos somos organismos vivos muy complejos. En un sistema complejo, un cambio pequeño puede tener efectos de largo alcance. Es como hacer virar a un buque de carga en alta mar. Un navío de esas dimensiones, con tanta inercia, no puede virar bruscamente. En cambio, una corrección de un grado o dos en el rumbo, si se mantiene de manera constante, hará que el barco cambie radicalmente de dirección con el tiempo.

ENTRENAR LA PALABRA, ENTRENAR LA MENTE

Al contemplar el vasto paisaje de la comunicación humana, puede resultar abrumador pensar en lo que implica el proceso de reaprender. ¿Cómo vamos a reorientar de manera eficaz algo tan fundamental como los patrones esenciales mediante los cuales nos relacionamos con el mundo?

Por suerte tenemos todo lo necesario para hacerlo: las aportaciones de la neurociencia y la psicología modernas, un método claro y un punto de apoyo mediante el cual convertir el conocimiento en práctica. El método es nuestro entrenamiento en tres pasos: presencia, intención y atención. El punto de apoyo es el mindfulness, nuestra capacidad para mantener la atención plena y ver con claridad.

Está claro que es necesario transformar estos patrones. Si queremos llevar una vida más plena y auténtica y trabajar juntos para afrontar los cambios radicales que están teniendo lugar en nuestro planeta, en nuestros Gobiernos y nuestras economías, así como en el medioambiente, debemos aprender a escucharnos mutuamente y a comunicarnos de manera más eficaz.

A lo largo de este libro te animaré a indagar en tu forma de pensar, escuchar y hablar con el fin de efectuar pequeños cambios en tu comprensión y tus hábitos. Esas modificaciones, si las mantienes a lo largo del tiempo, se traducirán en un cambio duradero de tu forma de hablar, tus relaciones y tu vida en general.

PRINCIPIOS

Dada la complejidad de la comunicación, la transformación se da más fácilmente mediante pequeños cambios sostenidos en el tiempo.

PUNTOS CLAVE

Ejercitar la presencia en la comunicación puede ser difícil por muchos motivos:

- Falta de práctica.
- Nos pone en contacto con nuestra vulnerabilidad.
- Puede estimular el impulso evolutivo de ponernos a salvo.
- El contacto visual entre primates puede ser señal de agresividad.
- Oír una voz humana puede ser tranquilizador o alarmante.
- La comunicación verbal está ligada a la respiración, el sistema nervioso y el sentido del yo.

La comunicación es multidimensional y holística. Se compone de:

- Un intercambio lingüístico de información.
- Comunicación no verbal.
- Nuestro diálogo interno (experiencia cognitiva).
- Nuestra experiencia emocional y afectiva.
- Nuestra experiencia corporal y somática.
- Condicionantes personales, psicológicos, sociales y culturales.

PREGUNTAS Y RESPUESTAS*

P: Me resulta más fácil estar presente cuando hablo que cuando escucho. ¿Es normal?

Cada caso es distinto. Me parece fascinante que a algunas personas les resulte más natural hallarse presentes en el modo receptivo y a otras en el modo expresivo. Si prestas atención, quizás incluso notes que esto cambia dependiendo de con quién hables. Considéralo información útil. Nos interesa sacar partido a nuestras fuerzas y desarrollar nuestra capacidad para estar presentes tanto cuando hablamos como cuando escuchamos.

P: Has hablado de las pausas. Creo que yo no podría hacer pausas en casi ninguna conversación. ¡Perdería el turno de palabra, me temo!

Tener confianza en nuestra propia voz, en que podemos ocupar espacio para decir lo que pensamos, es muy, muy importante. Quiero que cualquier herramienta de comunicación apoye y refuerce esa tranquilidad interior. Hacer pausas deliberadas y prolongadas es más bien un ejercicio de entrenamiento. Puede haber ciertas conversaciones o relaciones en las que sea posible hacer una pausa larga, pero normalmente ayuda más hacer pausas cortas y no tan llamativas.

---

* Muchas de las preguntas que componen este apartado al final de cada capítulo son transcripciones de las formuladas por estudiantes de talleres y retiros reales.

2

El poder del mindfulness

«Hay algo misterioso y sagrado en el hecho de estar vivo.
Es la conciencia de algo demasiado importante para olvidarlo.»

CHRISTINA FELDMAN

Mi padre se crio en la Palestina británica en la década de 1940, en una chabola de una sola habitación. Su madre criaba gallinas, cabras y conejos y su padre trabajaba enyesando paredes y regentando un kiosco que vendía revistas, golosinas y zumo recién hecho. (Habían llegado, respectivamente, de Bielorrusia y Polonia en su adolescencia buscando una nueva vida.) A mi padre, el mayor de tres hijos, le mandaron a un kibutz al cumplir trece años para tener una boca menos que alimentar.

Hace poco me contó que, durante sus primeras semanas en el kibutz, por las tardes veía ponerse el sol sobre los campos desde su habitación. Me habló de lo hermosos que eran aquellos atardeceres y de lo en paz que se sentía. «Al poco tiempo, un día que estaba en mi cuarto levanté la vista y me di cuenta de que se estaba poniendo el sol. Había dejado de notarlo.» Se interrumpió y guardó silencio unos instantes. «Siempre me ha molestado. ¿Por qué dejé de notarlo?»

Gran parte del tiempo no estamos aquí: desconectamos de nuestros sentidos y de la experiencia directa de estar vivos. Tenemos la cabeza en otra parte, pensando en el pasado o en el futuro: haciendo planes, preocupándonos, recordando, lamentándonos... La historia de mi padre marca un momento clave que todos afrontamos muchas veces a lo largo de la vida: ¿qué hacer cuando nos damos cuenta de que no estamos viviendo de manera consciente?

EL FUNDAMENTO DE LA CONEXIÓN

La atención plena o mindfulness nos devuelve nuestra vida. Es lo que nos permite disfrutar de la belleza de una puesta de sol, del prodigio de un árbol centenario o del misterio y la maravilla de la intimidad humana. En tales vivencias, estamos presentes por completo. La intensidad de esas experiencias induce un estado de conciencia natural en el que nos sentimos hondamente arraigados en el presente, conectados con nosotros mismos y con el mundo que nos rodea.

Este estado de presencia plena está al alcance de todos y en todo momento. Aporta riqueza a cualquier vivencia cotidiana, como preparar la comida, hablar con un familiar o sentir en la piel el aire de la mañana. Nos permite apreciar la vida y transitar con ligereza y elegancia por sus tramos más arduos.

Como he dicho, la presencia plena también desempeña un papel esencial en la comunicación *por el mero hecho de que, para entender cualquier cosa, tenemos que estar presentes.* ¿Alguna vez has intentado conversar con una persona que estaba distraída? (Quizá tú mismo te hayas distraído al estancarse la conversación.) ¿Cuántas discusiones has tenido simplemente porque la persona con la que hablabas no te estaba escuchando? ¿O porque alguien no ha podido hacer una pausa y refrenar su lengua? Podemos evitar muchas de las dificultades que nos surgen en el diálogo simplemente bajando el ritmo y estando más presentes.

Mindfulness es prestar atención a lo que está sucediendo en el momento presente de una manera equilibrada y serena.

La atención no es solo un prerrequisito para la comprensión. Va mucho más allá. La presencia sienta las bases de la conexión. Cuando alguien está escuchando atentamente, lo notamos. La presencia es una invitación. Da espacio a otros y les abre la puerta para que se unan a nosotros en el diálogo. Este tipo de conciencia en tiempo real es uno de los fundamentos de un diálogo saludable y eficaz. Sin ella, funcionamos como mucho en piloto automático y puede que, sin pretenderlo, estemos sembrando la semilla de la desconexión. (Sin atención plena, corremos el riesgo de no estar presentes.)

Principio: **La presencia sienta las bases de la conexión.**

Lo paradójico es que la presencia plena no requiere mucho esfuerzo extra. A la larga, quizá descubramos que ello nos permite ahorrar energía, en comparación con la que despilfarramos cuando no estamos presentes.

¿Cuántas veces nos tomamos el tiempo de entablar conversación con otra persona ejercitando la presencia? En nuestras prisas cotidianas, entablamos conversaciones atropelladas y luego nos preguntamos por qué hay tantos choques. ¿Qué ocurriría si empezáramos a hablar partiendo de una autoconciencia clara, lúcida y bien asentada en el presente? ¿Si aportáramos mesura y respeto al proceso de entablar contacto con otro ser humano?

Abrir camino mediante la presencia es el primer paso para una conversación eficaz. Es una práctica rica y profunda multidimensional. En lo fundamental, implica que entablamos conversaciones desde la simplicidad y la fortaleza de nuestra propia presencia.

Es un proceso continuo en el que retornamos a la presencia una y otra vez, escuchando y hablando desde una posición consciente todo lo posible. Para ello hace falta práctica. Sobre todo, en el acaloramiento de una conversación difícil. Cuando hemos desarrollado esta habilidad, nuestro sistema nervioso recuerda cómo retornar a la presencia. Al igual que un giroscopio que encuentra su eje, nos damos cuenta enseguida de cuándo hemos puesto el piloto automático o nos estamos obcecando en nuestra postura, y nos reajustamos conforme a ello.

Así pues, ¿qué es la presencia plena? Dicho de manera sencilla, la atención plena o mindfulness consiste en saber lo que está sucediendo en el momento presente de una manera equilibrada y serena. Es el ojo atento y aplicado del naturalista que observa pacientemente a su objeto de estudio, con lucidez, interés y asombro.*

El mindfulness no es una experiencia puramente mental. Es una materialización profunda de la riqueza de la existencia: sensaciones, emociones, sonidos e imágenes. Para contrarrestar la tendencia generalizada a asociar el mindfulness con un ejercicio mental, utilizo el término *presencia* para referirme a la experiencia de la atención plena del momento actual.[11]

Para ilustrar lo que estoy diciendo, vamos a hacer un experimento muy sencillo.

EJERCICIO: **Sentir el cuerpo**

Ahora mismo, mientras lees sentado, ¿puedes centrar tu atención en tus sensaciones físicas? Quizá sientas cierta pesadez o presión allí donde tu cuerpo entra en contacto con la silla o el contacto de tus pies con el suelo. Mantén fija la atención en esos puntos de contacto. ¿Eras consciente de esas sensaciones hace un instante, antes de que yo lo planteara? ¿Hasta qué punto te resultó difícil centrar tu atención en tu experiencia directa y presente?

La presencia plena también nos ayuda a investigar nuestra experiencia. Como una potente lupa, es un instrumento que podemos emplear para perfeccionar nuestra percepción. Nos permite observar el desarrollo del proceso de comunicación: nuestro discurso, lo que oímos e incluso el mundo de nuestros pensamientos, percepciones y emociones.

---

* El autor utiliza a lo largo del texto los pronombres ingleses *they/them/their*, que carecen de marca de género en inglés, con intención inclusiva. *(N. de la T.)*

El mindfulness implica cierto poder de permanencia, la capacidad de mantenerse atento. Nos ayuda a *recordar* las herramientas que hemos aprendido. Podemos conocer todo tipo de habilidades comunicativas, pero si no recordamos cómo utilizarlas no nos servirán de nada.

Mantener la atención plena un momento es fácil, como has podido comprobar. Lo difícil es conseguir que esa atención sea continua, sostenerla a lo largo del tiempo. ¿Sigues siendo consciente de tu cuerpo sentado? Aquí es donde interviene la práctica reforzando activamente la presencia mediante la repetición paciente y amena.

APROVECHAR NUESTROS PUNTOS FUERTES

Para mejorar la capacidad de estar presentes, debemos empezar por identificar nuestros puntos fuertes y cualquier aspecto que necesitemos desarrollar.

EJERCICIO: **Reflexionar sobre la presencia**

¿Qué te ayuda a conectarte a la presencia? ¿Qué te desconecta de ella? Tómate un rato para pensarlo y haz una lista de ambas cosas.

Posiblemente, cuanto más tiempo pases reflexionando sobre estas cuestiones, más te sorprenda lo que descubras. Quizá te des cuenta de que ya sabes bastantes cosas sobre estar presente. Aquí tienes algunos ejemplos de cosas que la gente suele mencionar:

PUEDE CONECTARTE A LA PRESENCIA

- Bajar el ritmo.
- Respirar.
- Pasar tiempo con un amigo.

- Estar en la naturaleza.
- El sentido del tacto.
- La música.
- La luz del sol.
- La lluvia.
- La belleza.

PUEDE DESCONECTARTE DE LA PRESENCIA

- El estrés.
- El cansancio.
- Las prisas.
- El miedo.
- El deseo de algo.
- La impaciencia.
- La sensación de peligro.
- La falta de seguridad.

Cuanto más familiarizados estemos con las condiciones particulares que nos conectan o desconectan de la presencia, más fácil será identificarlas en nuestra vida cotidiana. Yo, por ejemplo, tiendo a desconectarme de la presencia cuando tengo prisa, lo que significa que en esos momentos soy más proclive a tener tropiezos, tanto físicos como en mis relaciones sociales: puede que se me caiga algo en la cocina, o que se me olvide el almuerzo, o incluso que diga algo desagradable.

Hace unos años aprendí una lección en ese sentido. Estaba en una fiesta de despedida en honor de mi novia, Evan, que acababa de terminar un año de trabajo en un centro de meditación. Después de la fiesta teníamos planes de ir al norte recorriendo la costa de California, y yo había concertado una cita en un taller para instalar una radio en el coche para el viaje. Quería que todo fuera perfecto y romántico, en el sentido más típico del término.

Al acercarse la hora de irnos, empecé a ponerme cada vez más nervioso por miedo a no llegar a tiempo al taller. Como la fiesta se alargaba, por fin anuncié que teníamos que irnos. Para que la situación no resultara violenta, Evan secundó mi anuncio, pero cuando llegamos al taller estaba llorando. Estaba furiosa conmigo por haber interrumpido una vivencia que para ella era importante y consigo misma por no haber hablado. En mi afán por que el viaje fuera «perfecto», no mc había dado cuenta de que ella ya estaba disfrutando.

Cavilé largo y tendido sobre ese incidente y sobre cómo desconectar de la presencia puede tener, sin pretenderlo nosotros, consecuencias dolorosas.[12] Se trata de un ejemplo sin consecuencias graves, pero ahora que soy consciente del coste que tienen las prisas, estoy más atento para no caer de nuevo en ese error. Esa presión interna actúa como una señal de alerta que dice: «¡Cuidado! ¡Estás desconectando de la presencia!» En lugar de ser un obstáculo, me recuerda que debo estar presente.

Casi todo en nuestra civilización nos aleja de la presencia. Ganarse la vida en la sociedad actual genera mucha tensión. Demanda gran parte de nuestro tiempo y nuestras energías, y esa demanda deja poco espacio para que cultivemos la atención plena del presente.

Nuestra cultura instantánea, de pantalla táctil, nos bombardea a diario con mensajes que señalan hacia el futuro, tratando de convencernos de que nuestra felicidad reside en el siguiente chute de diversión, en el nuevo dispositivo o en la próxima experiencia arrebatadora. Nuestros canales de información están programados con algoritmos cuyo objetivo es acaparar nuestra atención, lo que conduce a una distracción mayor. En medio de este alud de información y consumo, la interacción humana cara a cara cada vez ocupa menos espacio en nuestras vidas. ¿Alguna vez te has fijado en cuánta gente está pegada a las pantallas en sitios públicos, incluso en parques y restaurantes? Sin embargo, por más tiempo que pasemos navegando por Internet o enfrascados en nuestros pensamientos, todos volvemos tarde o temprano a la presencia, al aquí, a nuestro cuerpo.

RECONOCER LA PRESENCIA

Nuestro estado natural es un estado de alerta relajada abierta que se caracteriza por la satisfacción y el bienestar. Es algo innato. Desde el punto de vista evolutivo, estamos programados para conectarnos profundamente con el aquí. Incluso en el mundo actual, con todo su ajetreo y sus distracciones, la presencia no tiene por qué ser algo que se dé solo muy de tarde en tarde. Podemos mejorar activamente nuestra capacidad para reposar en este estado de equilibrio, para reconocer cuándo lo hemos abandonado y volver a él más fácilmente.

🔊 *EJERCICIO: *Orientarse*

Utiliza el siguiente ejercicio para volver a un estado de presencia natural.

Tómate unos minutos para mirar a tu alrededor allí donde estés. Deja que tus ojos exploren con curiosidad lo que ven. ¿Algo nuevo o distinto te llama la atención? Acompaña el movimiento de los ojos con la cabeza y el cuello al mirar en derredor.

Atiende a la experiencia de ver: fíjate en las formas, los colores, la luz, los contornos... ¿Qué atrae tu vista de manera natural? Si algo te interesa, posa la mirada en ello. Continúa explorando a tu ritmo.

Fíjate en cómo te sientes tras mirar a tu alrededor. Quizá notes que inspiras o espiras profundamente y que tu cuerpo se relaja. Utilizar así los ojos, la cabeza y el cuello activa el nervio vago ventral e indica a nuestros mecanismos instintivos de defensa que estamos a salvo del peligro en nuestro entorno físico inmediato. Prueba este ejercicio de *orientación* en cualquier momento, mirando a tu alrededor y fijándote en el efecto que surte sobre tu mente y tu cuerpo.

---

* El símbolo 🔊 indica que hay disponible un ejercicio guiado en inglés de audio en OrenJaySofer.com/book-audio. Véase el índice de ejercicios de la página 355.

SINCERIDAD: LA PRESENCIA REQUIERE AUTENTICIDAD

Guiar con la presencia no significa que tengas que sentir de determinada manera. Si así fuera, sería todo muy limitado. La presencia requiere autenticidad. Es la disposición a ser sinceros con nosotros mismos sobre lo que está pasando, sea lo que sea.

A veces nos sentimos claramente *descentrados*. Puede que estemos nerviosos, enfadados o alterados. La potencia del mindfulness reside en que no se trata de tener una experiencia concreta, sino más bien de la capacidad de saber y percibir directamente lo que está sucediendo, sin que nuestras reacciones nos bloqueen. Ejercitar la presencia en una conversación significa aceptar lo que surge de nuestra experiencia: «Esto es verdad. Es lo que está pasando en este momento».

Eso no significa que tengamos que pasar por alto actos dañinos o dar la razón automáticamente a otra persona. No impide que adoptemos una posición fuerte, ni significa que tengamos que decir necesariamente todo lo que se nos pasa por la cabeza. («Bueno, solo estaba siendo sincero.») Supone que reconozcamos la realidad de lo que está sucediendo. Si no podemos ser sinceros con nosotros mismos sobre lo que está pasando, ¿cómo vamos a tener la esperanza de escucharnos unos a otros, y mucho menos de resolver una situación complicada?

Este tipo de sinceridad proporciona información fidedigna sobre lo que está ocurriendo dentro y fuera de nosotros. Aprendemos a acceder a nuestros sentimientos y nuestras necesidades en tiempo real y a interpretar con más exactitud la vivencia de los otros. Esto, a su vez, nos ayuda a saber lo que tenemos que decir para sentirnos escuchados, para seguir adelante o para resolver una diferencia.

***Principio*: Guía con la presencia. Inicia una conversación con la atención centrada en ella y procura mantenerla y ser sincero contigo mismo sobre lo que está pasando.**

EL INDICADOR DE ACEITE: PRESENCIA Y REACTIVIDAD

Durante un tiempo impartí clases de mindfulness a niños de primaria en el centro de Oakland, California. Los chavales me contaban muchas cosas sobre cómo la práctica de la atención plena les ayudaba a gestionar emociones fuertes. Un niño me comentó que se había enfadado tanto con su hermana que le habían entrado ganas de darle una patada. «Pero entonces me acordé del mindfulness —me dijo—. Centré mi atención en la respiración, respiré hondo unas cuantas veces y me calmé.»

Cuando la tensión se desboca, la presencia nos centra. Cuanto más familiarizados estamos con el sentimiento de estar presentes, más fácil nos resulta detectar las señales de sobreactivación o de alteración. Es como fijarse en el piloto del coche que indica que nos estamos quedando sin aceite. Si le prestamos atención en cuanto se enciende, podemos ahorrarnos muchos problemas. ¿Qué ocurre cuando estás enfadado, asustado o dolido? ¿Se te acelera la respiración? ¿Te rechinan los dientes? ¿Sientes calor o frío? ¿Empiezas a desconectar? En lugar de «darle una patada a tu hermana», puedes utilizar el mindfulness para captar esas señales y crear dentro de ti el espacio necesario para elegir cómo vas a reaccionar.

Principio: **Cuanto mayor es la atención plena, mayor capacidad de decisión tenemos.**

Sentirse sobreactivado no es «malo»: es una parte saludable de estar vivo. Solo es problemático si carecemos de atención plena. Sin embargo, a muchos el ritmo de la vida moderna nos mantiene continuamente en un estado de sobreactivación. Ya sea por el estrés del tráfico, por la cantidad de trabajo que tenemos que sacar adelante o incluso por la cafeína que tomamos, podemos vivir en un continuo estado de pánico de baja intensidad, siempre alerta. Si no se controla, esto puede conducirnos a conflictos interpersonales innecesarios. Al practicar el mindfulness, aprendemos a calmarnos y a aliviar el nerviosismo que nos produce esa sobreactivación. Incluso algo tan sencillo como respirar hondo y exhalar lentamente puede servir para calmar el sistema nervioso.

ENTRENAR LA PRESENCIA PLENA

Me encanta lo portátil y adaptable que es la presencia. Puedes practicarla en cualquier momento, en todas partes, sin ningún equipamiento ni condición especial. Y sin que se entere nadie. El mindfulness —sentir la respiración y el cuerpo; fijarse en los sonidos, los pensamientos o las emociones— puede practicarse en plena vida cotidiana.

Para la conversación es importante disponer de una herramienta ligera y ágil como el mindfulness. Recomiendo reservar un rato todos los días para ejercitarlo. Es como tener una llave maestra que abre muchas puertas dentro de tu corazón y de tu cabeza. Incluso unos pocos minutos de práctica pueden tener un efecto positivo en tu día a día y aportarte energías renovadas, claridad mental y resolución.

Uno de los métodos más fiables para cultivar la presencia es anclar nuestra atención en sensaciones corporales. Al desenvolvernos en el mundo e interactuar con otras personas, la atención que prestamos a lo que vemos y oímos suele desvanecerse, o es fagocitada por pensamientos del pasado o del futuro. Anclar la atención en el cuerpo contrarresta esta tendencia al proporcionarle un lugar en el que reposar y apoyarse. Las sensaciones solo se dan en el aquí y el ahora. Cada vez que prestas atención a una sensación, te estás haciendo presente.

A continuación expongo cuatro métodos básicos para cultivar la presencia. Cada uno de ellos se sirve de una experiencia sensorial concreta denominada «punto de referencia» o «anclaje» para fijar la atención en el cuerpo: peso, *línea central*, respiración y *puntos de contacto* como las manos o los pies.

Un *anclaje* es un punto de referencia al que recurrimos para reforzar la presencia plena.

El objetivo no es dominar todos esos puntos de referencia, sino encontrar uno o dos que te ayuden a sentirte más alerta y centrado en medio del discurrir de la vida cotidiana. Experimenta con las instrucciones que encontrarás más abajo. Puedes hacer cada ejercicio por separado o sucesivamente, pasando de uno a otro con fluidez. Mientras practicas, fíjate en cuáles te resultan más fáciles. El mejor método es el que te conecta con la presencia.

EJERCICIO: **Centrarse en el cuerpo**

Método 1: buscar la gravedad

Siéntate cómodamente. Empieza por tomarte unos instantes para orientarte hacia tu entorno mirando a tu alrededor. Adopta una postura recta, pero relajada. Cierra los ojos suavemente y respira hondo varias veces para contribuir a relajarte.

Fíjate en las sensaciones de peso o carga que notes en el cuerpo. Quizá notes el contacto de tu cuerpo con la silla, o la dureza o blandura del asiento. Quizá tu atención se centre en tu cuerpo en posición sentada, en su masa o en el calor que irradia. Deja que tu atención se pose en esas sensaciones de gravidez. ¿Sientes cómo tira de ti hacia abajo la fuerza de la gravedad?

Cuando notes que empiezas a distraerte, haz una pausa y luego vuelve a centrar tu atención en la sensación de peso o gravidez de tu cuerpo. Ancla tu atención en ella.

Método 2: la línea central

A continuación, centra tu atención en la parte superior de tu cuerpo. Siente cómo se yergue tu torso desde la cintura y la pelvis. ¿Sientes la espalda, los hombros y el cuello? Prueba a ver si puedes sentir la línea media o central del tronco. Intenta sentir tu espina dorsal desde el coxis, a lo largo de la columna y hasta la base del cráneo. O intenta imaginar una línea que recorre la mitad del tronco entre el pecho y la espalda y el lado izquierdo y el derecho de tu cuerpo.

Mover el torso puede ayudarte a tomar conciencia del eje central. Mécete un poco adelante y atrás, hasta que notes el punto de equilibrio central. Haz lo mismo de izquierda a derecha. Por último, gira los hombros y el torso un grado o dos hacia cada lado. ¿Sientes el eje en torno al cual gira el cuerpo? Esa es la línea central. Prueba a ver si puedes fijar la atención en ella, en el eje de tu cuerpo. ¿Notas cómo te yergues?

Método 3: respiración

Mientras estás tranquilamente sentado, fíjate en la sensación de respirar. Intenta centrar la atención en inhalar y exhalar. No hace falta que bloquees otras sensaciones, sonidos o pensamientos. Simplemente, presta atención al ritmo constante de la respiración, como podrías escuchar el murmullo de las olas en una playa. Deja que tu respiración se convierta en el foco de tu atención de manera natural.

Es normal que la mente se distraiga y se fije en ideas, sonidos u otras experiencias. Cuando te percates de que esto sucede, vuelve a centrar tu atención en la respiración y observa cómo aumenta tu atención plena.

Método 4: puntos de contacto

Ahora, explora áreas concretas de tu cuerpo que sean especialmente ricas en sensaciones. En primer lugar, fíjate en tus manos. Nota las sensaciones localizadas en ellas: frío o calor; cosquilleo, pulsaciones o pesadez; humedad o sequedad. Fija tu atención en cualquier sensación que puedas percibir con las manos. Quizá notes cómo se tocan entre sí o cómo descansan sobre tu regazo.

Ahora céntrate en tus pies, percibe la sensaciones localizadas en ellos: temperatura, peso, textura, el contacto con el suelo, la presión de los zapatos. Mantén la atención fija en estas sensaciones.

Puedes probar este ejercicio con cualquier otra parte del cuerpo que sea muy sensible, como los labios, la lengua o los ojos. Cuando empieces a distraerte, vuelve suavemente a centrar tu atención en esos puntos.

Cambiar el foco de atención

Por último, prueba a cambiar el foco de atención entre esas cuatro áreas: la gravedad, la línea central, la respiración y los puntos de contacto (manos, pies, labios). ¿En cuál te resulta más fácil centrarte? ¿Cuál te ayuda a conectar de forma más natural con la presencia, con esa sensación corporal y relajada de estar aquí?

Cuando estés listo, abre los ojos. Recorre la habitación con la mirada para reorientarte. Tómate unos instantes para reflexionar sobre este ejercicio. ¿Cuál de estos cuatro métodos para entrenar la presencia prefieres practicar esta semana?

Cada método tiene sus ventajas. Sentir el tirón de la fuerza de la gravedad tiende a equilibrar el movimiento estimulante, ascendente, de la atención en las conversaciones. La línea central puede aportarnos una sensación de fortaleza íntima y claridad mental. La respiración puede serenarnos, mientras que los puntos de contacto pueden disipar la intensidad de las emociones. También puedes dar rienda suelta a tu creatividad y explorar métodos personales para ejercitar la presencia. Algunas personas llevan siempre una piedra lisa en el bolsillo y se sirven de su peso y su suavidad, literalmente, como piedra de toque.

APORTAR PRESENCIA A LA VIDA

Seguramente has leído las páginas anteriores en cuestión de minutos, pero incorporar estas prácticas a tu vida cotidiana requiere tiempo. Elige un método para empezar y prueba a practicar de tres formas distintas: a solas (meditación formal), en momentos de transición (cuando haces cola o vas camino del trabajo) y en conversaciones (al principio, solo mientras escuchas).

Cuando estés a solas, centra tu atención al 100 por cien en el anclaje. En momentos de transición, hazlo en la medida que creas que lo permite el contexto. Cuando estés interactuando con otras personas, pon solo el 10 o el 20 por ciento de tu atención en el anclaje. Al principio puede resultar incómodo practicar este ejercicio durante una conversación. Quizá sientas que tu atención va y viene entre lo que está ocurriendo y tu anclaje. Es completamente normal. Con el tiempo, tu mente aprende a equilibrar la información sensorial externa y la presencia interior anclada y a mantener una ligera atención de tu cuerpo durante la conversación.

Al principio, se trata sobre todo de recordar que has de estar presente. Una manera de hacerlo es tomarte unos instantes cada mañana para marcarte un propósito y luego, al final del día, reflexionar sobre cómo han ido las cosas. Este ejercicio puede durar solo dos minutos, o más si tienes tiempo.

EJERCICIO: **Comenzar y acabar el día**

MAÑANA. Poco después de levantarte, haz varias respiraciones para aquietar la mente y sentir el cuerpo. Conecta tu atención con el punto de referencia que estés trabajando: la gravedad, la línea central, la respiración o un punto de contacto. Fíjate en lo que sientes al estar presente en ese instante. Luego, márcate la intención clara de regresar a ese punto de referencia como apoyo para mantener la presencia tan a menudo como puedas a lo largo del día. Imagina situaciones en las que quieras practicar: en el trayecto al trabajo, en una reunión, con alguien en concreto...

TARDE. Al final del día, tómate un tiempo para reflexionar. ¿Te has acordado? ¿Cuándo? ¿Qué efecto ha tenido? Intenta dar a tu reflexión un matiz de curiosidad y afecto, y desconfía de cualquier conato de autocrítica. ¿Qué te gustaría hacer de otra manera mañana? ¿Se te ocurre alguna idea para acordarte de que tienes que guiar con la presencia?

Este ejercicio diario puede ser sumamente útil para entrenar la mente. Al poner en práctica las sugerencias que contiene este libro, puedes utilizar este mismo procedimiento para desarrollar cualquiera de los otros tres fundamentos de la comunicación consciente y sus herramientas asociadas.

LA PUERTA DE ENTRADA A LA RESILIENCIA

En un taller, una participante levantó la mano y preguntó con expresión acongojada: «¿Qué ocurre cuando duele estar aquí?» A veces, retornar a la presencia puede ser como pisar el extremo equivocado de un rastrillo y darse de repente un golpe en plena cara. Vamos a mil por hora y, cuando por fin aflojamos el ritmo para reconectar con nosotros mismos, quizá nos encontremos de golpe con una acumulación de malestar físico, estrés o sufrimiento emocional.

Con frecuencia buscamos aliviar el dolor y el malestar mediante la evasión o el placer. Esto puede ayudar a reequilibrar un sistema nervioso acosado desde distintos frentes. Lo peligroso es que esta tendencia a buscar alivio se convierta en un reflejo crónico a cualquier malestar o incomodidad. Con el paso del tiempo, podemos volvernos incapaces de tolerar hasta la más mínima molestia o sinsabor sin recurrir de inmediato a *hacer algo* para cambiarlo.

Pero cuando el dolor se trata con auténtico interés y presencia, puede suceder algo asombroso: que se cure. Con paciencia y atención constante, el dolor se mitiga. Pensemos en el efecto que tiene sentir la empatía y la presencia de otra persona en un momento de aflicción.

Yo tenía diecinueve años cuando empecé a estudiar budismo en un monasterio al otro lado del mundo, en la India. Echaba de menos mi hogar y el director que se encargaba de los estudiantes extranjeros me animó a hablar con uno de los profesores de meditación sobre cómo me sentía.

Godwin Samararatne era un hombre alto, de ojos amables y risa juguetona, nacido en Sri Lanka. Su piel oscura contrastaba vivamente con sus ropajes blancos tradicionales. Nos sentamos uno enfrente del otro en una habitación soleada y Godwin escuchó mientras yo le hablaba de cuánto echaba de menos a mi familia y a mi novia. Pasado un rato ladeó un poco la cabeza y preguntó: «¿Dónde te duele?» Señalé el centro de mi pecho y empecé a sentir el dolor en carne viva.

Se me saltaron las lágrimas cuando pasó del corazón a la garganta. Godwin me sostuvo la mirada y asintió despacio con la cabeza. El dolor se intensificó un momento, y luego se disipó y desapareció. Sonreí y le di las gracias, convencido de que había hecho algo milagroso. Tardé mucho tiempo en comprender lo que había ocurrido en realidad: su compasión me había invitado a estar presente, a sentir el dolor y dejarlo pasar.

Al observar los patrones que impulsan nuestros hábitos de comunicación, quizá descubramos emociones conflictivas o recuerdos dolorosos. La presencia es un recurso esencial para manejarse en ese terreno. Es una puerta de entrada a la resiliencia que nos ayuda a acceder a las capacidades de curación interior y autorregulación de nuestra mente y nuestro cuerpo. Igual que nuestras células saben cómo curar un corte, nuestra psique sabe cómo restañar una herida emocional. Con tiempo, apoyo y presencia, puede repararse el corazón.

CÓMO CREAR UN BUCLE DE RETROALIMENTACIÓN POSITIVA

Al esforzarte por intensificar la presencia en tu vida cotidiana, quizá llegues a la conclusión de que es algo muy difícil. Uno de mis primeros maestros de meditación acostumbraba a decir: «La práctica del mindfulness es sencilla, que no fácil». ¡Podemos pasar todo el día sin acordarnos de estar presentes ni una sola vez! Y cuando nos acordamos, nuestra reacción tiende a menudo a ser autocrítica.

A veces nos imponemos expectativas muy poco razonables, como si tuviéramos que ser expertos desde el primer día. Pero es completamente normal olvidarse. Es lo que cabe esperar: olvidarse muy a menudo. O, dicho de otro modo: lo raro es acordarse. Nuestros hábitos de comunicación tienen mucha inercia. Recordemos el símil con el buque de carga que vira en alta mar. Nuestra labor consiste en encontrar maneras de mantener el ángulo del timón. Aportar aunque solo sea una pequeña cantidad de presencia a la conversación produce, a la larga, cambios muy profundos.

En lugar de fustigarnos por olvidar nuestro propósito, *la clave del éxito es valorar el haberse acordado.* Cada momento de atención plena refuerza la atención. Ello debe ser motivo de celebración, no de autocrítica. Aprendemos más a través del cariño y los ánimos que de las críticas amargas. Si estás enseñando matemáticas a un niño y te enfadas cada vez que comete un error, ¿cuánto aprenderá ese niño? ¿Le quedarán ganas de seguir estudiando matemáticas?

Si asimilas esta idea, te darás cuenta de que tu capacidad de atención plena aumenta rápidamente y se vuelve más fácil y gozosa. El secreto es tener paciencia y persistir. Guía con la presencia tan a menudo como te acuerdes de hacerlo y deja que el resto se dé de manera natural.

EL PODER DE LA PRESENCIA

Por elocuentes que seamos, a veces las palabras no bastan para expresar las cosas más significativas de la existencia. En momentos de gran intimidad amorosa, igual que en momentos de trágica aflicción, nuestra presencia sencilla y firme es a veces lo que más dice.

Una de las cosas más difíciles que he hecho en mi vida fue despedirme de Safta, mi abuela paterna. Yo tenía catorce años cuando sufrió metástasis y acompañé a mi padre cuando viajó a Israel para despedirse de ella.

Safta y yo nunca hablamos el mismo idioma, pero habíamos compartido muchos momentos de cariño a lo largo de los años, jugando a las cartas o, simplemente, tomándonos de las manos y riendo. Tenía unas manos maravillosas: pequeñas y curtidas, unas manos capaces de partirle el cuello a un pollo o de acariciarme la cara. La piel de sus manos era al mismo tiempo blandita y arrugada. Todavía soy capaz de sentir el calor y la vitalidad de esas manos.

Mi padre y yo íbamos a verla todos los días a la residencia. En nuestra última visita, pasamos los tres un rato en el patio y luego volvimos a su habitación. Le dije entre lágrimas, con el poco hebreo que sabía, que la quería y que iba a echarla de menos. Luego nos apretamos las manos un rato, en silencio. Fue una despedida sin palabras, y la más cargada de sentido que podía esperar.

A veces, es nuestra presencia la que más dice.

PRINCIPIOS

La presencia sienta las bases de la conexión.

Guía con la presencia. Inicia la conversación ejercitando la atención, vuelve a ella y esfuérzate por mantener la presencia y ser sincero contigo mismo sobre lo que está sucediendo.

Cuanta más atención despleguemos, más capacidad de decisión tenemos.

PUNTOS CLAVE

La presencia tiene muchas ventajas:

- Nos devuelve la vida, despertándonos al momento presente.
- Nos ayuda a recordar que debemos usar las herramientas de comunicación que hemos adquirido.
- Nos brinda información importante sobre nosotros mismos y los demás.
- Nos proporciona señales anticipatorias si nos sentimos alterados o molestos.
- Nos proporciona un recipiente para encauzar la reactividad.

- Nos ayuda a curar escozores o heridas emocionales.

La presencia es nuestro estado natural. Podemos desarrollarla:

- Orientándonos hacia nuestro entorno de una manera equilibrada y atenta.
- Identificando lo que nos ayuda a mantenernos conectados con la presencia y lo que nos desconecta de ella.
- Practicando el mindfulness del cuerpo mediante un anclaje físico: la gravedad, la línea central, la respiración o puntos de contacto como las manos o los pies.
- Comenzando y acabando el día con una intención.
- Creando un bucle de retroalimentación positiva al valorar los momentos en que nos acordamos de estar presentes, en lugar de autocriticarnos por olvidarlo.

PREGUNTAS Y RESPUESTAS

P: A veces me siento muy presente, muy atento a lo que está diciendo alguien, pero en cambio no soy consciente de mi cuerpo. ¿Eso sigue siendo estar presente?
Hay muchas formas de estar presente. Podemos estar presentes desde un punto de vista cognitivo, con el intelecto; o emocionalmente, con nuestros sentimientos y deseos; o somáticamente, de manera física. El objetivo ha de ser integrar esos tres ámbitos. Utilizar el cuerpo como base para la presencia se traduce en una especie de plenitud y pone los cimientos para desarrollar las otras formas de presencia.

P: He intentado estar más presente y consciente cuando hablo con un miembro de mi familia, y la sensación era tan intensa que me costaba incluso hablar o escuchar. Casi me parecía que me volvía más reactiva. ¿Qué está pasando?
Puede ser abrumador sentir lo que está pasando por dentro, sobre todo si se trata de una conversación difícil. En ocasiones, estar más presente pue-

de desvelar sentimientos o dinámicas que estaban soterrados. Otras veces, puede que nos sintamos más expuestos y vulnerables. Cualquiera de estas reacciones puede generar un sentimiento de desorientación. Te animo a seguir estando presente. Haz lo posible por mantener el equilibrio pese a lo que pueda surgir, porque la alternativa es poner el piloto automático. Si empiezas a agobiarte, siempre puedes decirle a la otra persona: «Me gustaría seguir hablando, pero noto que me estoy agobiando un poco. ¿Te importa que hagamos una pausa?»

P: Muchas veces no me siento lo bastante a gusto como para relajarme y estar presente. ¿Cómo puedo practicar la presencia si no me siento seguro?
Esta pregunta siempre me conmueve. Para mí, indica tanto nuestro anhelo de conectar como nuestra vulnerabilidad. Hay multitud de cosas en nuestra sociedad que no contribuyen a la relajación que ansía nuestro organismo, es decir, al sentimiento de arraigo y a la comodidad de las relaciones sociales afectuosas. Quiero que seamos capaces de comprender nuestra vivencia individual en el contexto de las superestructuras de nuestra sociedad. De lo contrario, tendemos a ver todas las dificultades que nos surgen como algo personal y a pensar que de alguna forma son culpa nuestra.

Cuando tenemos en cuenta lo desconectada que está la cultura moderna del sentimiento de arraigo y pertenencia a una comunidad, y cómo las presiones económicas reducen al mínimo el tiempo para crear vínculos de apego saludables entre padres e hijos, se comprende que no nos sintamos relajados y seguros. Puede que hayamos interiorizado esa sensación de inseguridad a partir de experiencias negativas basadas en nuestro género, orientación sexual, raza, clase social u otros aspectos de nuestra ubicación en la sociedad. Es importante identificar los ámbitos en los que quizá necesitemos refuerzo, buscar recursos y trabajar para afrontar las causas estructurales de estos problemas.

También es importante cuestionarse aquello que damos por sentado. Nuestro sentimiento de seguridad puede acabar siendo un apego muy estrecho al confort emocional. Pero la seguridad es ilusoria. Hacemos todo lo que podemos para evitar sufrir o impedir que nos maltraten y al mismo tiempo somos conscientes de que el mundo no está desprovisto de peligros físicos y emocionales. En lugar de contribuir a alimentar nuestros miedos, esta comprensión puede hacer que nos sintamos más libres y llenos de vitalidad.

Las herramientas y los enfoques que expongo en este libro pueden ayudarnos a establecer una base firme y cómoda de autoconexión que alimente nuestro sentimiento de seguridad desde dentro, no desde fuera. El «principio del lado menos profundo de la piscina» es esencial en este aspecto. Busca personas o situaciones con las que te sientas un poco más a gusto y relajado y empieza a practicar en esos contextos, aunque sea con tu mascota o con tu árbol favorito. El sistema nervioso anhela los efectos calmantes de la interacción social amistosa y cordial. Llevamos milenios haciéndolo y nuestros cuerpos guardan memoria de cómo conectar, compartir y escuchar si creamos las condiciones adecuadas y les damos oportunidad.

3

Atención relacional

«Toda vivencia verdadera es un encuentro.»

Martin Buber

En lo relativo a la conversación, la fuerza de nuestros hábitos y la presión de los condicionamientos sociales pueden hacer que resulte extremadamente difícil mantener la presencia. En esos casos, la práctica interna nos sirve de base. Nos servimos de la conversación como terreno para entrenar la presencia utilizando técnicas que anclan la atención en el transcurso del diálogo y desarrollan la capacidad de atención relacional.

Cuando empecé a formarme en técnicas de comunicación tras cinco años de práctica constante del mindfulness, advertí ciertos cambios. Empecé de manera natural a aportar más presencia cuando decidía hablar y escuchar. También empecé a introducir ajustes sencillos del flujo del habla, a hacer pausas o sutiles cambios de ritmo para modular el sistema nervioso. Con el tiempo aprendí a ampliar mi atención partiendo del sentimiento de mi propia fisicidad para incluir a la otra persona, nuestra conexión y el espacio que nos rodeaba.

PUNTOS DE DECISIÓN: HABLAR O ESCUCHAR

Elegir conscientemente cuándo hablar y cuándo escuchar es esencial para mantener una conversación plena de sentido. En algunos aspectos, es la habilidad comunicativa primordial. ¿Cuántas veces has dicho algo e instantes después te has arrepentido de haberlo dicho? ¿O has mandado un correo electrónico cuando habría sido preferible dejar que las cosas se calmaran un poco? Tener el valor de decir lo que pensamos es igual de importante. Si no hablamos, podemos sentir que nos hemos traicionado a nosotros mismos o a nuestros seres queridos.

La conversación es una interacción dinámica entre la decisión de cada persona de hablar o escuchar. Cuando esa decisión es consciente y respetuosa, las conversaciones tienden a ser más productivas y agradables. Si esa decisión es inconsciente o impulsiva, las conversaciones tienden a ser menos productivas y más estresantes.

Llamo a esta coyuntura el «punto de decisión» entre hablar y escuchar. Ejercitando la presencia, todo instante nos brinda una elección. Uno de mis compañeros en CNV utiliza el acrónimo WAIT para recordárselo: *Why Am I Talking?*, «¿Por qué estoy hablando?», se pregunta, lo que pone de relieve lo rápida y fácilmente que tendemos a abrir la boca. *Why Am I Thinking?*, «¿Por qué estoy pensando?», añade, siguiendo el proceso mental que le ha inducido a hablar.

Un *punto de decisión* es un momento de atención en el que decidimos si hablar o escuchar.

Ser capaz de mantener la presencia en ese punto crítico exige práctica. A veces, el momento de tomar la decisión pasa a toda velocidad, como una señal de tráfico cuando vamos a ciento veinte por una autovía. El impulso de hablar puede ser tan fuerte que nos impele a verbalizar simplemente para aliviar la presión interna. Si somos más bien callados, podemos tener la sensación de que nuestras oportunidades de intervenir en una conversación desaparecen antes de que nos armemos de valor para hablar.

Aquí es donde entra en juego el mindfulness. Con la meditación, aprendemos a observar las sensaciones desagradables (el dolor de la rodilla, las molestias de espalda) sin reaccionar de manera inmediata. Desarrollamos la capacidad de percatarnos de un impulso sin que nos mueva inmediatamente a la acción.

La ansiedad que nos produce la conversación suele hundir sus raíces en el deseo profundo de que nos vean o escuchen, en la necesidad de seguridad, aceptación, arraigo, etcétera. Cuanto menos convencidos estamos de que esas necesidades van a satisfacerse, mayor es la tensión que experimentamos al hablar o guardar silencio. Quizá temamos que, si no decimos algo *enseguida*, no podremos decirlo nunca. O que, si decimos algo, se desencadenará un desastre o se producirá la desconexión.

Cuantas más formas encontramos de suplir esas necesidades (y de gestionarlas eficazmente cuando no las satisfacemos), menos presión sentimos para hablar o permanecer callados y más podemos relajarnos y dejarnos llevar por el fluir de la conversación. No hay peligro en decir lo que pensamos, ni prisa por decirlo todo a la vez. Si es algo importante, encontraremos el momento y la manera oportunos para decirlo.

Esta capacidad se desarrolla lentamente. A medida que aprendemos a reconocer nuestras necesidades y a satisfacerlas, aprendemos a confiar en nosotros mismos. Prestar atención a cualquier pequeño éxito ayuda al sistema nervioso a calmarse y restablecerse. Con un nuevo umbral de tranquilidad y relajación, puede empezar a desconectar falsas alarmas que nos impulsan a hablar o nos lo impiden, y aumenta nuestra capacidad de decidir conscientemente. Luego podemos discernir qué es más útil para hacer avanzar la conversación y cómo equilibrar todas las necesidades que hay sobre el tapete.

EJERCICIO: **Puntos de decisión**

Para practicar, escoge a alguien con quien te sientas relativamente a gusto. El sentimiento de familiaridad hace que resulte más fácil adquirir esta herramienta. En el transcurso de una conversación, fíjate en cuándo decides hablar. Si te descubres hablando sin haber elegido conscientemente hacerlo, intenta parar y dejar espacio para que la otra persona continúe. Fíjate en lo que se siente al escoger activamente decir algo en lugar de hacerlo automáticamente. Presta especial atención al impulso urgente de hablar o a la reticencia a hacerlo, y a cualquier otra sensación de presión interna. Utiliza esa presión como señal para tomar una decisión más consciente.

Reuniones

En una reunión suele haber más posibilidades de guardar silencio que en una conversación con un interlocutor único. La próxima vez que estés en una reunión, fíjate en cómo aumenta y disminuye el impulso de hablar a medida que se desarrolla la conversación. Si hay algún asunto importante sobre el que quieras intervenir, elige cuándo hacerlo. También puedes empezar diciendo: «Me gustaría retomar un tema del que hablábamos hace unos minutos». Fíjate en cómo te sientes después de intervenir. ¿Notas alivio, ansiedad o inseguridad?

Comunicación escrita

Prueba a tomar la decisión consciente de cuándo echar un vistazo a tu bandeja de entrada o a tus redes sociales (es decir, de cuándo «escuchar»). Cuando lo hagas, haz una pausa antes de contestar para reflexionar sobre si quieres «hablar» o no. ¿Es el momento adecuado? ¿Te convendría esperar o no decir nada?

Parte de esta investigación consiste en conocer nuestros patrones de conducta. ¿Tendemos a hablar con libertad, cómodamente, y nos cuesta dejar espacio a otros? ¿Nos sentimos más cómodos escuchando y nos resulta difícil intervenir en la conversación?

A casi todos se nos da mejor una cosa que otra. Circunstancias y acontecimientos ligados a nuestro sexo, raza, clase social y otros aspectos de nuestra posición social tienden a moldear nuestra forma de manifestarnos relacionalmente. Todos hemos recibido mensajes respecto a cómo se espera que nos comportemos: mensajes explícitos e implícitos, en persona y a través de los medios de comunicación, de narraciones y de la cultura en general. Mediante diversos estímulos de aprobación y desaprobación, de inclusión y exclusión, aprendemos lo que más nos conviene dependiendo de nuestro rol y de las expectativas de otros.

Nuestra tarea consiste en poner al descubierto estos patrones y desarrollar una libertad de expresión auténtica. No hay una manera ideal de ser o de actuar en cualquier circunstancia. La meta es la flexibilidad dinámica mediante la presencia: escoger hablar o escuchar según sea necesario.

EL PODER DEL RITMO: LA PAUSA

Si tuviera que enseñar una sola herramienta para entrenar la presencia, sería la pausa. El espacio de una pausa puede suponer un cambio enorme. Un compañero que enseña meditación a presos jóvenes suele contar una anécdota sobre su trabajo en prisión. Pregunta a los reclusos cuánto tiempo de cárcel van a cumplir. Sumadas, sus condenas suelen ascender a más de cien años. Luego les pregunta: «¿Cuánto tiempo os lo pensasteis antes de cometer el delito por el que acabasteis aquí?» El tiempo total es de menos de dos minutos. Frente a este contraste tan chocante, mi compañero explica a los jóvenes que «el mindfulness te ayuda a hacer una pausa entre un impulso y tu reacción, para que tengas más capacidad de decidir qué haces con tu vida».

La pausa está repleta de posibilidades. En un instante podemos reparar en pensamientos, sentimientos e impulsos y elegir cuáles seguir. Es como una minimeditación, una inyección de presencia que nos ayuda a mantener la claridad mental y el equilibrio. Lo que ocurre en el espacio de esa pausa puede ser muy diverso. Podemos anclar nuestra atención en el cuerpo o relajar parte de nuestra tensión interna, volver a una intención concreta, encauzar nuestras emociones para que no se desborden sin ningún control u ordenar nuestras ideas sobre cómo actuar.

Hacer una pausa es una expresión natural (y un refuerzo) de la presencia plena. Cuanto más centro la atención plena en mi cuerpo, más percibo la agitación de mi sistema nervioso y los cambios subsiguientes de ritmo o volumen de mi voz. Puedo dejarme arrastrar por esa oleada de energía (expresando entusiasmo o exasperación, por ejemplo) o echar el freno. Como sucede en el caso de los puntos de decisión, el objetivo no es hablar continuamente con un tono monótono o inexpresivo, sino desarrollar destreza y desenvoltura en una gama más amplia de circunstancias.

La pausa es flexible, varía en duración dependiendo de la situación. Se puede hacer una micropausa: una interrupción casi imperceptible en el flujo del discurso nos permite tiempo suficiente para anclar la atención en el cuerpo o reajustar nuestras intenciones.

EJERCICIO: **Hacer pausas**

Si tienes alguien con quien hacer las prácticas de este libro, poned una alarma en el reloj para que suene a los cinco minutos y durante ese tiempo hablad de algo que hayáis hecho últimamente y que os haya gustado. Probad a hacer una pausa momentánea —lo que dura una respiración— antes de cada intervención. Intentad hacer una pausa breve en medio de una frase o entre idea e idea. Durante la pausa, centrad vuestra atención en un punto de referencia del cuerpo o en vuestra sensación general de presencia.

Esto debería bastar para disminuir considerablemente el ritmo de la conversación, y seguramente os parecerá poco natural. Es un ejercicio de entrenamiento para practicar la pausa y volver a estar presente de manera premeditada, como puede practicarse un golpe de tenis ralentizando los movimientos.

También puedes experimentar haciendo pausas premeditadas en conversaciones poco importantes. Prueba a hacer una pausa por espacio de lo que dura una respiración antes de hablar o responder, como medio para centrar tu atención o anclarla en el cuerpo. No hace falta que te comportes de manera extraña ni que te pongas a respirar hondo. Solo afloja un poco el ritmo y párate a pensar.

Prueba a hacer esto mismo cuando dialogues pero de una manera menos obvia, interrumpiéndote un par de veces, un segundo antes de empezar a hablar o entre idea e idea. ¿Qué efecto surte sobre tu ánimo? ¿O sobre la calidad de tu conexión con tu interlocutor?

No siempre es fácil hacer una pausa. Incluso cuando nos acordamos de hacerla, puede resultar complicado interrumpirse en medio de una conversación o encontrar la manera de hacer una pausa sin que resulte chocante. Quizá nos preocupe perder el turno de palabra o que parezca que nos aburre la conversación. He aquí algunas formas concretas de hacer una pausa o de indicar que vas a hacer una:

- Respira hondo, audiblemente (sobre todo al exhalar).
- Utiliza una señal verbal breve para indicar que estás pensando, como «Umm...»
- Utiliza una señal visual, como levantar la vista o mirar hacia un lado, o fruncir el entrecejo.
- «No estoy seguro. Tendría que pensarlo.»
- «Permítame pensar este asunto un momento.»
- «¿Podemos hacer una pausa? Necesito ordenar mis ideas.»
- «Esto parece importante. Me gustaría dedicar algún tiempo a pensarlo.»
- «Quisiera pensarlo detenidamente. ¿Podemos volver a hablar en otro momento?»

Cuando todo esto falla, prueba a crear una distracción. Si estás comiendo fuera o en una reunión, excúsate para ir al aseo. ¡Hasta sé de uno que dejaba caer las llaves o unas monedas para insertar una pausa en medio de la conversación! Recurre a tu creatividad tanto como necesites para ganar algún tiempo y retomar la presencia.

A veces es necesaria una pausa más larga. Si llegamos a la conclusión de que no se dan las condiciones para mantener una conversación con éxito, es importante *cómo* hacemos las pausas. Si nos limitamos a decir «No puedo hablar de eso ahora», nuestros interlocutores interpretarán nuestra conducta a su manera. Puede que piensen que no estamos interesados, que no nos importa o que les estamos dando largas. Para que haya más posibilidades de que la conversación sea fructífera, tenemos que explicar las razones de nuestra decisión. He aquí algunos ejemplos:

- «Me encantaría continuar esta conversación, pero ahora mismo no me encuentro con ánimos para hacerlo. ¿Podemos hacer una pausa y retomarlo [mañana, la próxima vez]?»
- «Me encantaría escuchar lo que tienes que decir, pero estoy un poco agobiado y creo que ahora mismo no soy capaz de escuchar con atención. Propongo que hagamos un descanso de una hora, si te parece.»
- «Quiero que resolvamos esto juntos y en estos momentos no puedo pensar con claridad. Me gustaría posponerlo hasta… ¿De acuerdo?»
- «Quiero acabar esta conversación, pero creo que ahora mismo no podría decir nada útil. ¿Te parece que hagamos una pausa y que lo retomemos después?»

Fíjate en estos ejemplos. ¿Qué tienen en común?

En primer lugar, todas estas frases comienzan con la intención de conectar (el segundo paso para una conversación efectiva). Ello impide que se interprete nuestra interrupción como un rechazo o una maniobra esquiva y hace saber a nuestro interlocutor o nuestros interlocutores que les tenemos en cuenta en nuestro deseo de hacer una pausa. Es importante que seamos sinceros. Busca tus propias palabras para expresarlo con la mayor franqueza posible.

En segundo lugar, estos enunciados reconocen la responsabilidad de nuestras limitaciones o deseos dejando claro que actuamos movidos por nuestra necesidad personal de espacio, en lugar de culpar a la otra persona.

Por último, cada una de estas frases termina con una petición de continuar la conversación más adelante, lo que contribuye a reducir la ansiedad respecto a lo que puede ocurrir. Cuanto más concretos seamos al respecto, mejor.

Al utilizar estas herramientas, debemos fijarnos en cómo las pausas (o su ausencia) nos conectan con el ritmo de una conversación. Este puede ser un terreno muy rico que explorar y una forma muy potente de entrenar la presencia. Dado que el habla es producto de la respiración y dado que la respiración está directamente ligada al sistema nervioso, la cadencia de nuestra voz es con frecuencia reflejo directo de nuestro estado anímico. Lo fascinante es que cambiar el ritmo del habla puede cambiar también nuestro estado interno.

EJERCICIO: Modular el ritmo

Fíjate en cuándo y cómo varía el ritmo de tu voz en una conversación. ¿A qué ritmo te sientes más cómodo, seguro y relajado? ¿Cuando hablas con una cadencia sosegada y constante? ¿Cuando tu forma de hablar se acelera o se hace más rápida? ¿Puedes elegir lo rápida o lentamente que hablas? ¿Cómo afecta tu ritmo al tono de la conversación?

Elige una conversación fácil y relajada con la que experimentar. Al intervenir, varía el ritmo del habla. Acelera un poco, habla más deprisa. Fíjate en el efecto que surte sobre tu cuerpo, tus pensamientos y tu energía en general. Baja un poco el ritmo. ¿Cómo afecta esto a tu estado físico y mental? ¿Y a la calidad de la conexión relacional?

Aflojar el ritmo, aunque sea solo un poco, suele aumentar nuestra capacidad de guiar con la presencia, especialmente en momentos de conflicto, cuando las cosas tienden a acelerarse. Echar el freno en esas situaciones puede surtir un efecto calmante sobre el sistema nervioso.[13]

Hablar a ritmo sosegado también puede ayudarnos a reclamar espacio en una conversación y facilitar la comprensión de lo que decimos al oyente. Cuando nos sentimos seguros de nosotros mismos, solemos hablar con calma. No hay prisa. Confiamos en que lo que tenemos que decir importa y merece la pena escucharlo. Respiramos con naturalidad, fácilmente, sin agitación. En general, nuestras palabras tienen más peso cuando hablamos así, por lo que es más fácil que atraigan y retengan la atención del oyente.

Es importante señalar que no hay un ritmo «correcto». El ritmo ideal es el que refuerza la presencia y ayuda a generar conexión, y puede variar mucho dependiendo de las circunstancias o la cultura.

HACIA UNA PRESENCIA MÁS MADURA: LA RECIPROCIDAD

Guiar con la presencia es un experiencia muy rica que madura con el paso del tiempo. A medida que se desarrolla, la presencia ilumina la existencia del otro. Cuanto más me percibo *a mí mismo*, más tengo mi atención centrada en *ti*. Es esta una verdad tan elemental que podemos darla por descontado: ¡por definición, para que haya relación tenemos que ser dos! Para ser honestos en el diálogo debemos ver a la otra persona como un individuo autónomo, con sus esperanzas, miedos, sueños, deseos, penas y alegrías.

El saludo zulú tradicional *Sawubona* significa «Te vemos». Orland Bishop, director de la ShadeTree Multicultural Foundation, explica: «La respuesta es *Yabo sawubona*, que quiere decir "Sí, nosotros también a ti". Cuando dos personas se encuentran y se saludan con este gesto, están reconociendo que se ven la una a la otra. Es una especie de acuerdo, una invitación a participar de la vida del otro».[14] ¿Podemos incorporar este profundo reconocimiento de la presencia del otro a nuestras conversaciones?

Todos hemos sentido alguna vez que otra persona no nos ve o no repara en nosotros. Te sientes entonces como si esa persona estuviera hablando sola en vez de hablarte a ti o como si tú estuvieras hablándole a la pared. La falta de reciprocidad es una falta de presencia. Convierte el diálogo en monólogo. Es esa mirada distraída del cajero del supermercado, o el tono monocorde de un operador de atención al cliente.

Perdemos reciprocidad por muchos motivos. Sucede cuando ponemos el piloto automático, pero también puede ocurrir cuando algo nos apasiona en extremo o cuando estamos asustados, disgustados o enfadados. Por desgracia, perdemos reciprocidad con los amigos y los familiares a los que vemos todos los días. Se vuelven tan conocidos que dejamos de verlos.

Sin la reciprocidad de la presencia se produce una desconexión fundamental. «Tú» te ves reducido al papel de objeto en relación a «mí». Te conviertes en una representación mental del pasado, en un medio para conseguir lo que quiero o en un obstáculo en mi camino. Cuando los seres humanos dejan de ser personas para convertirse en objetos, cualquier cosa puede justificarse: desde desaires cotidianos hasta el horror de la esclavitud, el tráfico sexual y el genocidio.

La presencia abre la puerta a la reciprocidad. Cuando guiamos con la presencia, entramos en un campo de relación en el que ambos importamos en virtud de nuestra mera existencia. Pasamos de ver al otro como objeto a verlo como sujeto. Se trata de ese poderoso y transformador cambio de perspectiva que Martin Buber definió como la relación Yo-Tú. «Toda vivencia verdadera es un encuentro», escribió.[15] Para Buber, el respeto a la subjetividad innata del ser era sagrado.

> ***Principio*: Guiar con la presencia implica reciprocidad (ver a la otra persona como un individuo autónomo) e incertidumbre (reconocer y aceptar lo desconocido para crear nuevas posibilidades mediante el diálogo).**

Estar verdaderamente vivo es participar de esta experiencia de reciprocidad, percibirse mutuamente y percibir el misterio de ser. La presencia relacional es un verdadero encuentro en el que yo te veo tal como eres en lugar de ver lo que quiero o necesito que seas. Esta reciprocidad es el fundamento de un diálogo auténtico.

EJERCICIO AVANZADO: ATENCIÓN RELACIONAL

En la conversación, tendemos a focalizar toda nuestra atención en nosotros mismos o en la otra persona. La atención relacional es la capacidad de incluirte a ti e incluirme yo —lo externo y lo interno— equilibrando nuestra atención de manera dinámica. Tiene como fundamento la fisicidad expandiendo la atención para abarcar tres puntos más de referencia: la otra persona, nuestra conexión mutua y el espacio que nos rodea. Esto puede aumentar nuestra flexibilidad y abrirnos más opciones para encauzar la intensidad del diálogo.

La atención relacional es una técnica avanzada, pero fluye de manera muy natural de los ejercicios que hemos venido haciendo hasta ahora. La atención es como una linterna cuya luz puede ajustarse. Podemos variar su apertura o dirigirla hacia distintos puntos. Prueba los siguientes ejercicios para experimentar lo que supone desplazar la atención entre lo interno y lo externo.

EJERCICIO: **Expandir la atención**

Haz este ejercicio a solas. Siéntate cómodamente, cierra los ojos y deja que tu mente y tu cuerpo comiencen a aquietarse. Ancla tu atención en uno de los cuatro puntos de referencia internos de los que hemos hablado: gravedad, línea central, respiración o un punto de contacto como las manos o los pies. Tómate un tiempo para sentir la continuidad de esas sensaciones tangibles.

Luego abandona el punto de referencia interno y abre los ojos. Centra tu atención en las imágenes y sonidos que te rodean. Mira a tu alrededor si quieres. Fíjate en lo que sientes al dirigir el foco de atención hacia fuera. Cierra los ojos y deja que tu atención vuelva a posarse en un punto de referencia interno. Prueba a abrir y cerrar los ojos desplazando el foco de atención entre el adentro y el afuera. ¿Puedes encontrar un equilibrio, dejar parte de tu atención centrada en tu cuerpo y parte conectada a tu entorno?

Ahora, con los ojos cerrados, empieza a expandir tu atención. Focaliza tu atención en tu cuerpo entero, percibe su variedad de sensaciones: calor, gravidez, latidos o cosquilleo. Luego fija tu atención en tu epidermis. Prueba a percibir las sensaciones: el roce de la ropa, la temperatura del aire.

Expande un poco más tu atención para incluir el entorno inmediato a tu cuerpo. ¿Percibes el espacio lindante con tu epidermis? Para ayudarte a percibirlo, imagina que estás en un vagón de metro atestado de gente, apretujado entre otros pasajeros. Ahora fija tu atención en el espacio que rodea tu cuerpo aquí y ahora. ¿Notas la ausencia de presión? ¿Y la sensación de amplitud?

Por último, expande tu atención aún más allá para abarcar toda la habitación. Puedes abrir los ojos o fijarte en los sonidos para percibir esta apertura de campo. ¿Puedes tomar conciencia del espacio que te rodea?

Para terminar, vuelve a fijar la atención en tu cuerpo para percibir la sensación de estar sentado.

Esta serie de ejercicios pone de manifiesto la fluidez de la atención. En la siguiente práctica, seguimos explorando el equilibrio entre la atención interna y la externa.

EJERCICIO: **Atención relacional**

Prueba estas propuestas por separado en distintos contextos o sucesivamente dentro de una misma conversación. Puedes hacerlo con un compañero o una compañera, o experimentar en silencio en un contexto social relajado.

Utiliza un punto de referencia interno para anclar la atención en el cuerpo. Fíjate en lo que sientes al mantener la atención centrada en ese punto. Luego, deja que la atención de tu cuerpo, tus sentimientos o tus ideas pasen a segundo plano y focaliza tu atención al cien por ciento en la persona que tienes delante tuyo. Fíjate en lo que sientes.

Mientras escuchas o hablas, empieza a desplazar tu atención sucesivamente de ti a la otra persona. ¿Puedes equilibrar tu atención entre lo interno y lo externo incluyendo los dos ámbitos?

Conforme la conversación se desarrolla, observa y percibe la conexión. ¿Cómo te sientes en presencia de esta persona? En vez de focalizarte en «yo» o «tú», ¿puedes centrar tu atención en «nosotros», en estar aquí y ahora juntos?

A continuación, expande tu atención para incluir el espacio que media entre tú y tu interlocutor o que os rodea a ambos. ¿Puedes expandir tu atención abarcando todo el espacio de la habitación? Fijarte en el sonido ambiente, el silencio o cualquier pausa en la conversación puede ayudarte a desplazar tu atención a este marco más amplio. Fíjate en lo que sientes.

Por último, prueba a moverte entre estos puntos de referencia: tu propia fisicidad, la atención equilibrada entre tú y el otro, el sentido del «nosotros» o conexión y el espacio más amplio dentro del cual tiene lugar la conversación. ¿Qué percibes en cada uno?

Estas prácticas avanzadas requieren tiempo para desarrollarse. Cada una de ellas brinda una fuerza única y puede resultar útil en distintos momentos. Equilibrar la atención entre el yo y el otro puede darte un lugar de reposo entre las vueltas y revueltas de una conversación. El sentido del «nosotros» puede resultar especialmente útil para saborear un momento dulce o acceder a la compasión en un momento de dificultad. El marco más amplio puede ayudar cuando las cosas se ponen intensas, proporcionándote un recipiente más amplio en el que contener las emociones fuertes.

INCERTIDUMBRE: SALIR AL PASO DE LO DESCONOCIDO

La presencia revela también la incertidumbre fundamental y el misterio de estar vivos. Los seres humanos somos impredecibles. Aunque conozca muy bien a alguien, nunca puedo estar seguro de lo que está pensando esa persona, de cómo se siente y de lo que va a decir a continuación. No puedo saber cómo va a evolucionar una conversación. Podemos hacer planes y trazar estrategias todo lo que queramos, pero ¿cuántas veces transcurren las cosas tal y como habíamos previsto?

Si nos obcecamos en un plan, perdemos contacto con el ahora. Y cuando eso sucede, perdemos también acceso a la sabiduría. Nuestra capacidad para reaccionar adecuadamente a lo que está sucediendo *de verdad* queda nublada por ideas preconcebidas sobre lo que creemos que *debería* estar pasando. Cuando planificamos, ¿podemos reconocer nuestras ideas por lo que son: un futuro incierto e imaginario?

Hay un dicho zen que afirma que «no saber es lo más íntimo». La auténtica presencia siempre conlleva un estremecimiento de incertidumbre. Lo cual es muy saludable: significa que estamos en contacto con la realidad. Cuando empezamos a experimentar la incertidumbre de la auténtica presencia, quizá nos sintamos vulnerables o inquietos. Con el tiempo, aprendemos a sentirnos más a gusto en esa ignorancia. Lo que al principio era incómodo da paso a una sensación de vitalidad.

Nos encontramos aquí con un sentido más pleno de lo que supone guiar con la presencia. Somos conscientes de lo que está pasando dentro de nosotros y a nuestro alrededor de una manera sincera. Incluimos al otro con respeto mutuo. Permanecemos atentos a la incertidumbre inherente al presente, cargada de posibilidades. Nos entrenamos para apoyarnos y descansar en este equilibrio entre lo flexible, lo sincero, lo mutuo y lo incierto.

A medida que crece nuestra habilidad para guiar con la presencia, nuestra conciencia de la fisicidad se convierte en un recurso del que podemos echar mano en cualquier momento: para ayudarnos a discernir lo que estamos sintiendo y lo que tenemos que decir, para captar cualquier señal de reactividad y abrir espacio para encauzar esa energía y para percibir el caudal de información procedente de nuestro interlocutor de modo que podamos guiar la conversación hacia una comprensión y una conexión mayores.

La punta de lanza de la conversación es siempre la presencia constante. Cuanto más constatamos sus ventajas y beneficios, más confiamos en ella como el fundamento esencial de la relación humana.

PRINCIPIOS

Guiar con la presencia implica reciprocidad (ver a la otra persona como un individuo autónomo) e incertidumbre (reconocer y aceptar lo desconocido para crear nuevas posibilidades mediante el diálogo).

PUNTOS CLAVE

Podemos ejercitar la presencia en la conversación mediante:

- Puntos de decisión: fijándonos en la elección entre escuchar y hablar.
- Pausas: experimentando con micropausas e interrupciones más largas.
- Ritmo: modulando la cadencia del habla para aportar más atención a nuestro discurso.
- Atención relacional: trabajando el equilibrio entre la atención a lo interno y a lo externo.

PREGUNTAS Y RESPUESTAS

P: Estoy confusa. Cuando pruebo a hacer estos ejercicios con otra persona, tengo la sensación de estar menos presente. ¿Estoy haciendo algo mal?
Recuerda que no es lo mismo hacer un ejercicio que experimentar la presencia. Los ejercicios son herramientas para reforzar nuestra capaci-

dad de permanecer atentos y centrados en la conversación. Al principio pueden parecer poco naturales y hasta distraernos de nuestro propósito. Como siempre que se aprende algo, hace falta tiempo para cogerle el tranquillo.

Lo importante es escoger una herramienta con la que nos sintamos relativamente a gusto y seguir utilizándola hasta que se convierta en un hábito. Es fácil sentirse presente cuando hablas con un amigo y todo va bien. Pero cuando las cosas se tuercen y se acaloran, si no nos hemos entrenado para guiar con la presencia, es probable que recaigamos en viejos hábitos. Desarrollar un método fiable para cultivar la presencia aumenta las posibilidades de que nos acordemos de usar esas herramientas cuando más las necesitamos.

P: Me pongo muy nervioso cuando intento estar más presente en una conversación. Me siento vulnerable, como si estuviera totalmente expuesto. ¿Alguna sugerencia?

La presencia equivale a sentirse más vulnerable, pero esa vulnerabilidad es señal de que estás en contacto con la realidad. El nerviosismo puede proceder, en parte, de no disponer de suficientes herramientas. Es un poco como una mariposa que acaba de salir de la crisálida y que aún tiene las alas demasiado tiernas para volar.

Da tiempo a este proceso, como una mariposa que seca sus alas al sol. Haz lo que puedas por evitar sentirte abrumado. Cuando estamos agobiados, dejamos de aprender. En cambio, si nos acomodamos demasiado, no crecemos. Aspira al punto medio, a lo que la formadora en CNV Miki Kashtan llama «malestar estratégico».

Podemos aprender a habitar ese espacio y a sentirnos a gusto en él. Observa tu sentimiento de vulnerabilidad. Investiga lo que sucede en tu cuerpo. Examina cualquier creencia o temor que se te venga a la cabeza. A medida que tu capacidad para tolerar el malestar aumenta, puedes empezar a relajarte y orientarte. La vulnerabilidad es una puerta de acceso a una experiencia más gratificante del ser. Puede ser un don, más que un estorbo.

P: ¿Cómo consigues acordarte de utilizar estas herramientas? Yo me sorprendo reaccionando y poniéndome a discutir sin que me dé tiempo a hacer otra cosa. ¡A veces no me acuerdo hasta horas después!

Es aleccionador, ¿verdad? El maestro budista tibetano Chögyam Trungpa Rinpoche dijo una vez: «La práctica espiritual es un insulto tras otro». La práctica de la comunicación también puede producir esa sensación. Mira las cosas con una perspectiva amplia y procura crear un bucle de retroalimentación positiva. Lo más importante es *lo que* recordamos, no *cuándo* lo recordamos. Podemos sacar el máximo provecho a ese momento celebrándolo en lugar de fustigarnos por no habernos acordado antes.

El siguiente paso es persistir. Es del todo posible desarrollar la presencia e incorporarla en mayor medida a nuestras vidas. La historia de la tradición contemplativa humana lo atestigua. Requiere paciencia, dedicación y la voluntad de olvidar y recordar una y otra vez. Con la práctica, los lapsos de tiempo se acortan. En lugar de días, son horas; y en lugar de horas, minutos, y así sucesivamente hasta que somos capaces de acordarnos de inmediato, en plena conversación.

Lo maravilloso es que la mayoría de la gente agradece tener una segunda oportunidad. Si te das cuenta de que has metido la pata y has manejado mal una conversación, ¿por qué no se lo haces saber a tu interlocutor? Di: «Mira, antes he dicho cosas que en realidad no pensaba. ¿Te parece que rebobinemos y lo intentemos otra vez?»

SEGUNDA PARTE

El segundo paso

Partir de la curiosidad y el interés

Si queremos hablar desde la sinceridad y escuchar intensamente, guiar con la presencia es una buena forma de situarnos en el mapa y orientarnos. Una vez que estemos presentes, el siguiente paso es optar por una intención útil para cerciorarnos de que vamos en la dirección correcta. Es como comprobar que las cordenadas en el mapa son correctas. Por más energía que invirtamos en una conversación, si no tenemos una intención clara podemos avanzar en la dirección equivocada.

El segundo paso de la comunicación consciente es tener como punto de partida la curiosidad y el interés. Nuestra intención puede determinar por completo el tono y la trayectoria de un diálogo. La *intención* es el lugar del que partimos interiormente. Es la motivación o el ánimo íntimo que alienta nuestras palabras o acciones. Podría decirse que es un vector que impulsa lo que está sucediendo en una dirección o en otra. La intención define cómo y por qué hablamos o escuchamos.

Gran parte de nuestra comunicación es no verbal: el lenguaje corporal, la expresión facial, los gestos, el tono de voz. Podemos decir una cosa y comunicar exactamente lo contrario. Dicho de otra manera, el *cómo* decimos algo es igual de importante —si no más— que el *qué* decimos. Todo esto viene determinado por nuestra intención.

Si no optamos de forma consciente por una intención u otra, actuamos automáticamente, apoyándonos en patrones inconscientes de conducta.

Cuando esto sucede, avanzamos casi a ciegas, sin una meta clara y sin garantías de que vayamos en la buena dirección.

De modo que ¿de dónde partimos? ¿Cómo abordamos la conversación? En esta parte del libro haremos un repaso a algunos hábitos aprendidos sobre cómo afrontar el conflicto, y hablaremos de los inconvenientes y las limitaciones de ese condicionamiento y de cómo podemos reorientar nuestras intenciones para tener conversaciones más eficaces y plenas de sentido.

4

El juego de la culpa

«Los niños aprenden a hablar aunque ningún docto maestro les enseñe.»

Anónimo

Cuando era veinteañero viajé bastante con la mochila a cuestas. Un invierno, me fui unos días con un buen amigo de la universidad a acampar en la nieve en los montes Catskill del estado de Nueva York. Aaron es poeta, músico y compositor. En la facultad habíamos tenido una relación muy estrecha y pasábamos muchas horas juntos hablando de religión, de filosofía y del misterio de estar vivo. Desde que nos graduamos, yo había mostrado más interés que él por mantenernos en contacto.

En aquel viaje, decidí poner en práctica algunas de las técnicas de comunicación no violenta que acababa de aprender. Me sentía enfadado y dolido y expresé mi deseo de que estrecháramos lazos otra vez. Le pregunté por qué se mantenía a distancia y le invité a ser franco y a explicarme qué le sucedía. Aaron era más reservado que yo, pero aun así seguí insistiendo. Ni que decir tiene que la cosa no salió bien.

Al echar la vista atrás, me doy cuenta de que no estaba guiando con la presencia ni partiendo de la curiosidad y el interés. A pesar de que mi deseo de conectar era auténtico, estaba tan centrado en *mi manera* de hacerlo que no pude ver a mi amigo tal y como era ni sentir curiosidad por lo que le estaba ocurriendo. No pude equilibrar mi propio anhelo de cercanía con el interés por sus necesidades. Creo que ni siquiera me aseguré de que estuviera dispuesto a querer hablar de ello: «Oye, tío, te he echado mucho de menos desde que nos graduamos. Creo que quizá tengamos expectativas distintas sobre esta amistad. ¿Te apetece que hablemos del tema?»

Además, mi intención era desacertada. Mi planteamiento estaba entreverado de sutiles reproches (pensaba para mis adentros: «¿*Por qué* se ha distanciado? ¿Eso lo hace un amigo?») e intentos de manipulación («¿Qué dificultad hay en hablar de los sentimientos? ¿Es que no puede decirme sin más qué le pasa?»). Después de aquel viaje nos distanciamos aún más. Me dolió mucho perder su amistad, pero, pese a mis muchos intentos de tenderle la mano, no hemos vuelto a reconectar.

La *intención* es la motivación o el ánimo íntimo que alienta nuestras palabras y acciones.

Ese es el poder de la intención y el riesgo de no elegirla con acierto. Los demás pueden sentir que partimos desde dentro, al margen de lo pulido que sea nuestro discurso. Quizás hayas tenido la experiencia de hablar con alguien que haya hecho un taller de comunicación y ahora utilice palabras más refinadas para cometer los mismos tropiezos. Podemos practicar toda la «escucha activa» y formular todos los «mensajes asertivos» que queramos, que si nuestra intención de conectar no es auténtica es improbable que consigamos acercarnos a nuestro interlocutor.

EL ENTRENAMIENTO INCONSCIENTE

¿Cuál es nuestra reacción por defecto cuando tenemos el piloto automático puesto? Para modificar nuestras intenciones en el diálogo con los demás, tenemos que examinar desde qué ángulo vemos las cosas.

Tomemos como ejemplo una situación bastante corriente entre personas que conviven. ¿Alguna vez has vivido con alguien para quien no es tan importante como para ti que la casa esté limpia y ordenada? Tú recoges perfectamente la cocina y esa persona, en cambio, deja que se acumule el desorden o la suciedad. Y, cuando limpia, no limpia tan bien como te gustaría. Si esta situación te suena, seguramente en algún momento te habrás descubierto diciendo en tono de enfado: «¿Se puede saber qué te pasa? ¿Por qué eres tan desordenado? ¿Tan difícil es...?» ¡Puede que incluso hayas llamado guarro a alguien!

Sin embargo, si alguna vez te has encontrado en el otro papel, seguramente habrás respondido algo parecido a esto: «Pero ¿por qué te obsesiona tanto la limpieza? ¿Es que no puedes relajarte?»

En contextos laborales, dependiendo de la atención que prestemos a los detalles, la otra persona es «desorganizada y poco profesional» o bien «quisquillosa y controladora». En las relaciones amorosas, la persona que desea más cercanía y afecto ve a su pareja como «distante» o «reservada», mientras que, a la recíproca, se puede acusar al otro de ser «dependiente y acaparador».

¿Ves el patrón subyacente a estas conductas? Sea lo que sea lo que me está pasando —independientemente del lado de la ecuación en el que me halle—, te hago responsable *a ti*. Si quiero algo distinto de lo que quieres tú, es de alguna forma culpa tuya. Cuando no satisfacemos nuestras necesidades o deseos, jugamos la carta de la culpa.

Da un paso atrás y reflexiona sobre la lógica de esta argumentación. Si quiero que cambies de comportamiento, ¿hasta qué punto es útil que te diga lo que haces mal? ¡Qué estrategia tan retrógrada para inspirar el cambio! Me quedé anonadado la primera vez que oí a Marshall Rosenberg hablar de este patrón de conducta tan evidente. Cuando abordamos con reproches y críticas una conversación, la gente suele ponerse a la defensiva, lo que hace que resulte más difícil comunicarse. Un ejemplo más extremo es gritar para hacerse oír. ¿Cómo llegamos a ese punto? Cuando actuamos mecánicamente, acabamos poniendo en práctica estrategias que tienen poca o ninguna posibilidad de funcionar o que son contraproducentes.

Este patrón también puede invertirse. Dirigimos hacia dentro ese ojo crítico y nos culpamos a nosotros mismos. «Es culpa mía. Siempre estoy... Nunca volveré...» Sigue siendo el mismo juego, solo que del revés: cuando hay necesidades insatisfechas, se busca un culpable.

LAS RAÍCES DE NUESTRA EDUCACIÓN

Para entender cómo abordamos el conflicto, hay que dejar atrás los reproches y el impulso de defenderse y ahondar un poco más. El juego de la culpa tiene su origen en cómo hemos aprendido a percibir la diferencia.

Mucho antes de aprender qué es la ley de la gravedad en el colegio, ya sabemos que, si soltamos algo desde cierta altura, caerá al suelo. Este saber lo hemos integrado físicamente mediante la vivencia. Del mismo modo, de nuestros padres y de la sociedad en general aprendemos muchas más cosas aparte de nuestra lengua materna. Como explica la formadora en CNV Miki Kashtan en su libro *Spinning Threads of Radical Aliveness*, también aprendemos una visión del mundo.

Mediante la experiencia repetida creamos una narrativa elemental acerca de quiénes somos, de cómo funciona el mundo y de qué es posible en la vida. Dependiendo de dónde y cuándo crecemos, de nuestra clase y posición social, adquirimos determinadas nociones sobre lo que supone haber nacido con un cuerpo de hombre o de mujer, tener la piel clara u oscura o formar parte de determinada comunidad, grupo o religión, etcétera. La percepción de la diferencia, pese a ser un constructo social, está tan arraigada en nosotros como la sensación de peso y gravidez.

Por debajo subyacen ideas sobre las relaciones humanas que hemos recibido de nuestra familia, nuestra cultura y nuestra sociedad. Todos aprendemos un relato elemental que forma la plantilla a partir de la cual entendemos la diferencia y el conflicto. En la mayoría de los casos, ese relato viene a decir: somos distintos y no hay suficiente para todos, de modo que la gente tiende a ser egoísta para satisfacer sus necesidades. Cuando examinamos esta interpretación de las relaciones humanas y los efectos que tiene sobre nuestra vida personal y nuestras instituciones sociales, nos damos cuenta de que sus repercusiones son tremendas. La escasez y la separación son, básicamente, una receta para la guerra.[16]

Esto forma parte de nuestro entrenamiento comunicativo inconsciente. Es inconsciente porque no lo elegimos. Lo absorbimos del entorno que nos rodea y lo estudiamos muy atentamente mientras crecíamos, aprendiendo todo lo posible sobre cómo funciona nuestro sistema familiar, y luego el colegio y, por último, la sociedad en general. ¿Cuáles son las normas? ¿Cómo cuido de mí mismo? ¿Cómo sobrevivo y encuentro seguridad para mi persona, mi familia y mi comunidad?

También es inconsciente porque, por lo general, las personas que nos lo inculcaron no lo eligieron de manera intencionada. Igual que uno no elige su lengua materna, tampoco elige su visión del mundo heredada. En la mayoría de los casos, nuestros padres se limitan a transmitirnos su manera de comprender el mundo, basada en la sociedad en la que han vivido y en su posición dentro de ella, sin cuestionarla.

Estas lecciones las aprendemos a edad muy temprana. Cuando nuestras necesidades infantiles no coincidían con las expectativas de los adultos de nuestro entorno, ¿cuál era el resultado? Normalmente, unos obtenían lo que querían y otros no. Cada vez que esto pasaba, al margen del resultado, aprendíamos implícitamente tres cosas: (1) que la diferencia suele significar que unos ganan y otros pierden; (2), que quienes tienen más poder consiguen satisfacer sus necesidades y deseos más a menudo; y (3), que el conflicto es peligroso de por sí porque hace que podamos perder cosas importantes.

Vemos desarrollarse esta dinámica a diario en nuestra vida pública y privada. Es común que los adultos se sirvan de la fuerza con los niños en momentos en que la seguridad no está en juego, y que utilicen su poder para conseguir que se comporten de manera socialmente aceptable o conveniente. «El sofá no era para saltar.» «Tenemos que irnos ya.» Así es como interiorizamos nuestros patrones de conducta adquiridos. En lugar de enseñar a los niños a considerar sus necesidades en relación con las necesidades de quienes les rodean (lo que es posible a edades mucho más tempranas de lo que creemos, incluso con niños que apenas empiezan a caminar), les obligamos a hacer lo que queremos porque nos parece más práctico o porque carecemos de la energía o la habilidad para hacerlo de otro modo. Educamos a nuestros hijos lo mejor que sabemos para que se desenvuelvan en una sociedad que no tiene por objetivo primordial satisfacer las necesidades humanas, y con frecuencia les transmitimos los mecanismos que generan y perpetúan la segregación y la competición.

Estos aprendizajes se hallan entremezclados con ideas del bien y el mal, lo bueno y lo malo, lo que debe hacerse y lo que no. Cuando hay un desacuerdo o una diferencia, alguien tiene razón y alguien se equivoca. Para proteger el bienestar de los otros, se nos enseña a recurrir a conceptos externos de moralidad y obligación, en lugar de enseñarnos a reconocer nuestra sensibilidad ética innata o a apoyarnos en el diálogo. A medida que crecemos, estos mensajes se ven reforzados continuamente por la experiencia, así como por los medios de comunicación y la industria del entretenimiento.[17]

EL PUNTO DE VISTA DETERMINA LA INTENCIÓN

Nuestra forma de ver las cosas determina cómo nos relacionamos con ellas, lo que a su vez conforma nuestra intención. Si vemos el conflicto como un asunto peligroso, como una cuestión de escasez (de tiempo, de energía, de recursos, de buena fe o de creatividad) que nos aboca a ganar o perder como única opción, estamos cayendo en el juego de la culpa. Intentamos ganar tomando la ofensiva, o bien tratamos de defendernos. Cuando vemos las cosas en términos de bien y mal, nos sentimos impelidos a juzgar o a defendernos. Si vemos a otros seres humanos simplemente como objetos que, en relación con nuestras necesidades, nos facilitan o dificultan el conseguir nuestras metas, intentaremos coaccionar, manipular o controlar la situación para salirnos con la nuestra.

A partir de nuestras experiencias vitales nos formamos ciertos *puntos de vista*. Estos puntos de vista engendran determinadas intenciones que a su vez tienden a reproducir las mismas experiencias. Con el paso del tiempo, nuestras vivencias y nuestra visión del mundo se refuerzan y perpetúan mutuamente.

Figura 1. El ciclo de las intenciones

***Principio*: Nuestras intenciones, nuestros puntos de vista y nuestras experiencias se refuerzan mutuamente: los puntos de vista determinan las intenciones, estas dan forma a las experiencias y las experiencias confirman nuestros puntos de vista. Cambiar de punto de vista, por tanto, puede cambiar nuestras intenciones y nuestra experiencia.**

La siguiente tabla resume algunos de los puntos de vista fundamentales que adquirimos por condicionamiento a lo largo de nuestra vida y sus resultados más probables.

PUNTOS DE VISTA	Conducen a INTENCIONES	Crean EXPERIENCIAS
Ganar / Perder Bien / Mal El conflicto es peligroso, un problema, algo que está mal El otro visto como objeto en relación con nuestras necesidades	Atacar / Exigir Proteger / Defender Culpar / Juzgar Coaccionar / Manipular / Controlar	Miedo, ansiedad Ira, agresión Parálisis, inacción Juicio, rechazo Desconexión Alienación

CUATRO FORMAS HABITUALES DE RESPONDER AL CONFLICTO

Debido a este condicionamiento, muy pocas personas afrontan con calma el conflicto. La palabra *conflicto* (del latín *conflictus*) significa literalmente «golpe junto». En su forma más arcaica hacía referencia a la lucha armada.[18] Nuestra experiencia interna refleja este significado. Cuando estamos convencidos de que las necesidades o los deseos de una persona van a satisfacerse a expensas de las de otra, el conflicto entraña de por sí una amenaza. Tendemos a reaccionar a este «golpe» de una de estas maneras:

1. Evitación del conflicto.
2. Confrontación competitiva.
3. Pasividad.
4. Agresividad pasiva.

Cada una de estas estrategias inconscientes tiene su lógica, sus ventajas y sus peligros. Recordemos que son conductas aprendidas e interiorizadas. No son culpa nuestra. Se trata de patrones de comportamiento profundamente arraigados que se basan en un proceso de socialización doloroso y en experiencias vitales repetidas. Los utilizamos porque han dado resultado hasta cierto punto. El primer paso para modificar estos patrones es ver cómo operan en nuestra existencia. Cuando somos conscientes de su funcionamiento, podemos empezar a investigar y a transformar las creencias y las emociones subyacentes que los perpetúan y a optar por otras alternativas.

Principio: **Focalizar la atención en nuestros estilos habituales de manifestación del conflicto nos permite transformar las creencias y las emociones subyacentes que perpetúan esos hábitos de conducta y a optar por otras alternativas.**

EJERCICIO: **Explorar distintos estilos de aproximación al conflicto**

Mientras lees los siguientes apartados, piensa hacia qué estilo o estilos tiendes. ¿Cuál es tu estrategia de partida? ¿Muestras distintos patrones de conducta dependiendo de la persona? ¿Cuál es el estilo más común en tu familia? ¿Y en tu cultura? ¿Qué estrategias emplean más a menudo las personas de tu entorno?

EVITACIÓN DEL CONFLICTO

La posición de partida que nos induce a evitar el conflicto puede resumirse en cuatro palabras: *cualquier cosa menos eso*. Este planteamiento tiene como objetivo eludir la confrontación, a veces a muy alto precio. Podemos cambiar de tema, concentrarnos en cosas positivas, ignorar un problema o fingir directamente que algo no está sucediendo.

Cuando decidimos dejar las cosas como están para ahorrarnos el estrés de una conversación difícil, estamos evitando el conflicto. Es la estrategia de un familiar que se niega a hablar de la adicción de otro miembro de la familia, o de ese compañero de trabajo que se escaquea de hacer lo que le hemos pedido cambiando de tema o no nos dice que está en desacuerdo con nosotros en un proyecto.

El objetivo (y la esperanza) de la evitación del conflicto suele ser mantener la paz. Las creencias incontrovertibles que enumero a continuación se encuentran con frecuencia en el origen de este mecanismo:

- El conflicto es peligroso.
- Los demás se ofenderán si saco a relucir el conflicto o hablo de nuestras diferencias.
- Será peor intentar resolver la situación que dejar las cosas como están.
- Si no me enfrento a ello, se resolverá por sí solo o se difuminará hasta desaparecer.

Bajo esta estrategia se encuentra a menudo la necesidad de conexión, seguridad o arraigo. Evitar (o posponer) el conflicto puede mantener la armonía y preservar temporalmente las relaciones. Esta estrategia suele ir acompañada de la capacidad de percibir las necesidades de los demás y de la dificultad de satisfacer las propias. Normalmente se apoya en la percepción y la exaltación de lo que va bien y en cierta flexibilidad a la hora de adaptarse a situaciones difíciles o de sortearlas, minimizando a veces el contacto con la persona con la que tenemos el conflicto.

Cuando se emplea de forma inconsciente, esta estrategia puede ser peligrosa. Evitar la confrontación de manera crónica genera resentimiento y puede destruir las relaciones desde dentro. Puede conducir a sentimientos de desconfianza, confusión e incluso autocuestionamiento, y llevarnos a percibir que algo va mal sin que sepamos decir qué es exactamente. Con el tiempo, forzarnos a ignorar y a reprimir nuestros sentimientos y deseos puede engendrar una especie de marasmo emocional.

En situaciones de maltrato físico o emocional, evitar el conflicto puede ser un mecanismo de defensa o puede permitir que la agresión se perpetúe, dependiendo de las circunstancias. En estas situaciones, el miedo al cambio y la incertidumbre que este conlleva pueden impedir que encaremos los abusos. Por el contrario, optamos por la seguridad y lo malo conocido. Y cuando lo malo conocido es el maltrato, las consecuencias pueden ser trágicas.[19]

CONFRONTACIÓN COMPETITIVA

Otra respuesta habitual al conflicto es la confrontación competitiva. En este caso, nos mostramos enérgicos y luchamos por conseguir lo que queremos, a veces con tanta obcecación que somos incapaces de ver el punto de vista del otro. Este planteamiento suele caracterizarse por cierto tono agresivo y por la atención exclusiva a nuestras necesidades propias. Podemos levantar la voz, culpar, juzgar, exigir que se haga lo que queremos, coaccionar o incluso amenazar a los demás.

Esta estrategia abunda en Internet, en las redes sociales y en la industria del entretenimiento. Se presenta como una energía masculina, dominante y fuerte. Fue el enfoque que di a mis conversaciones con Aaron durante aquel viaje invernal. Se manifiesta cuando un miembro de una familia coacciona directamente a otro para que asista a un evento, o cuando un compañero de trabajo exige que hagamos las cosas a su manera o responde a una petición por nuestra parte poniendo de relieve nuestros fallos. Los políticos utilizan constantemente esta estrategia denunciando a sus oponentes con ataques personales en vez de hacer un análisis meditado de los problemas existentes. También se da cuando el mecanismo de huida del conflicto alcanza su límite y damos un bandazo en sentido contrario.

El objetivo de este enfoque es asegurarnos de que se satisfacen nuestras necesidades a toda costa. El método es el control o la dominación. Las creencias subyacentes que conducen a este planteamiento de confrontación pueden ser, por ejemplo:

- Yo voy a lo mío. Aquí rige el «sálvese quien pueda».
- Si no planto cara y lucho, perderé mi poder o me avasallarán.
- La vulnerabilidad es debilidad. Si muestro empatía, la utilizarán contra mí.
- Yo tengo razón. Ellos se equivocan.

Los pilares en los que se apoya este enfoque competitivo son la asertividad, la franqueza y, con frecuencia, la claridad sobre ciertos aspectos de nuestra vivencia personal. Aunque podamos parecer fuertes y enérgicos al adoptar esta postura, a menudo hay por debajo un gran miedo y una intensa necesidad de protegerse. El uso inconsciente de esta estrategia suele ir acompañada de una desconexión íntima con los sentimientos más vulnerables y las necesidades relacionales. La confrontación está ligada frecuentemente a la necesidad de autonomía, capacidad de acción, seguridad y sentido de la propia importancia.

Este tipo de confrontación difiere de un abordaje directo y empático del conflicto en que este último presupone el interés y la atención a las necesidades de ambas personas. Está limitado, en cambio, por su rigidez y puede ser peligroso debido a su desconexión de la empatía. Su coste puede ser muy elevado. Quizá consigamos lo que queremos, pero a costa de poner en peligro la confianza de los demás o de perder por completo una relación. Es posible que la gente nos evite o que deje de ser sincera con nosotros por miedo a una discusión. La falta de colaboración puede traducirse en falta de creatividad, y la ausencia de opiniones sinceras puede generar una pérdida de intimidad. La competición también pasa factura a nuestro bienestar personal al producir sentimientos de aislamiento, alienación e ignorancia de nuestro propio anhelo de conexión y empatía.

PASIVIDAD

La pasividad es lo contrario de la confrontación. Renunciamos a lo que queremos y accedemos a cualquier petición, necesidad o exigencia que nos hagan las personas de nuestro entorno. Hay gente que lo hace de manera tan automática que se ofrece a renunciar a sus deseos preventivamente, al menor indicio de que los demás tienen otras preferencias.

Si utilizamos esta estrategia, los demás pueden vernos como personas de carácter afable, complacientes y conciliadoras, o como pusilánimes. Quizá digamos cosas como: «Da igual. Lo que tú quieras». La pasividad puede ir acompañada de una tendencia a atribuirnos la culpa para evitar el conflicto: «Tienes razón, lo siento, es culpa mía. Debería haber…» Un compañero de piso que utiliza esta estrategia se pliega a las preferencias de las otras personas con las que comparte casa. En una relación de pareja, una respuesta pasiva es ceder continuamente a los deseos del otro. En el trabajo, un compañero pasivo es aquel que te da la razón cuando en realidad está en desacuerdo contigo.

La pasividad difiere de la huida del conflicto en que su objetivo es desactivar cualquier conflicto potencial *renunciando* a nuestras necesidades o preferencias personales. Algunas creencias que pueden estar en el origen del comportamiento pasivo son:

- Si accedo, todo irá bien.
- Mis deseos no importan. No merezco ser feliz.
- Si doy a los demás lo que quieren, les caeré bien.
- He hecho algo mal.

La pasividad suele ser un intento de suplir necesidades de arraigo o pertenencia al grupo, armonía, seguridad y conexión. Su primo hermano, el apaciguamiento, nos impulsa a amoldarnos para complacer a otros. Quienes recurren por defecto al apaciguamiento suelen estar muy atentos a las necesidades de los demás y ser muy hábiles a la hora de adaptarse a situaciones difíciles. Tanto la pasividad como el apaciguamiento requieren gran fortaleza interior (cuesta muchísima energía reprimir las necesidades propias) y, sin embargo, emplear estas estrategias suele producir un sentimiento de debilidad interior.

La pasividad hace que tengamos menos oportunidades de satisfacer nuestros deseos más allá de la buena voluntad espontánea de los demás, lo que constituye una limitación. Con el tiempo, ceder repetidamente ante los otros puede engendrar resentimiento y llevarnos a desconectar hasta tal punto de nuestros sentimientos, necesidades y deseos propios que olvidemos cómo distinguir lo que es auténtico de lo que no.

El enfoque pasivo del conflicto, aunque tiene como fin preservar una relación al allanar las dificultades, puede deteriorar la conexión y engendrar aburrimiento. La intimidad depende de que seamos capaces de conocernos el uno al otro. Cuando nos negamos a compartir nuestros verdaderos sentimientos y deseos por miedo al conflicto o al rechazo, les estamos negando a quienes nos rodean la oportunidad de conocernos más profundamente.

AGRESIVIDAD PASIVA

Esta estrategia es una forma indirecta de confrontación, camuflada de pasividad. Cuando empleamos esta táctica, expresamos el desagrado que nos produce una situación de manera oblicua, dando un rodeo, y a menudo con cierta dosis de hostilidad velada al mismo tiempo que manifestamos verbalmente que todo va bien. Puede asemejarse a la huida del conflicto, pero en realidad estamos tomando medidas para expresar nuestro enfado o insatisfacción.

Una actitud pasiva-agresiva es, por ejemplo, recoger toda la cocina pero *no* fregar los platos de nuestro compañero de piso, lo que de hecho equivale a decirle: «¡A ver si limpias lo que ensucias!» En una relación de pareja, una persona pasiva-agresiva puede acceder a hacer algo y luego enfurruñarse o enfurecerse en silencio para demostrar su malestar. Podemos acceder a hacer una tarea y «olvidar» hacerla, o bien hacerla tan mal que a la otra persona se le quiten las ganas de volver a pedírnoslo. En un contexto laboral, podemos procrastinar y evitar premeditadamente ciertos aspectos de nuestro trabajo, o hacerlos de tal manera que genere problemas y complique la labor de otra persona.

El objetivo de la agresividad pasiva suele ser encontrar algún modo de satisfacer nuestros deseos cuando no creemos que vaya a servir de nada abordar directamente la cuestión. Las creencias que sustentan este comportamiento pueden ser, entre otras:

- No tengo elección.
- Mis necesidades no importan.
- No hay espacio para mí.
- A nadie más le importa lo que yo quiero.
- Hablar no servirá de nada, y podría empeorar las cosas.

Una conducta pasiva-agresiva suele apoyarse en una comprensión intuitiva y aguda de la dinámica de las relaciones, en la capacidad de mantenernos conectados con nuestros sentimientos y necesidades en situaciones que quizá no contribuyan a nuestra autonomía y en cierta creatividad a la hora de encontrar formas alternativas de expresión personal.

Por debajo de esta conducta hay con frecuencia un sentimiento de impotencia. Frente a la disyuntiva de renunciar por completo a nuestras necesidades o expresarlas de manera indirecta, elegimos esto último, a menudo dando muestras de un resquemor mal disimulado que tiene su origen en nuestro sentimiento de desempoderamiento. Entre las necesidades que pueden hallarse en el origen de esta conducta están la de tener autonomía y capacidad de decisión, la de ser vistos o la de saber que importamos.

Las ventajas a corto plazo de esta estrategia también tienen su precio. La agresividad pasiva puede erosionar la confianza en las relaciones, crearnos enemigos y dañar paulatinamente nuestro sentimiento de bienestar. Paradójicamente, cuanto más nos servimos de una conducta pasiva-agresiva en lugar de abordar de manera directa el conflicto, menos empoderados nos sentimos para defender nuestra postura.

DESPRENDERSE DEL HÁBITO

Cuando nos hallamos atrapados en una aproximación al conflicto condicionada y convertida en hábito, focalizamos nuestra atención en una visión de las cosas que hunde sus raíces en experiencias negativas de nuestro pasado. El sistema nervioso reproduce un patrón conocido, basado en los puntos de vista que tenemos interiorizados y en sus intenciones correspondientes. Nos sentimos ansiosos, agresivos o paralizados. Podemos optar por tomar la ofensiva, por dar marcha atrás, por desentendernos o fingir que no pasa nada. Nos olvidamos fácilmente de nuestros valores más profundos, de la importancia de una relación o de nuestra capacidad para ver las cosas desde múltiples perspectivas. Nuestros pensamientos, creencias o emociones pueden impedirnos ver la humanidad del otro.

Todos conocemos la frustración de sentirnos atrapados por esos hábitos de conducta aprendidos. (Si no estuvieras un poco cansado del juego de la culpa, seguramente no estarías leyendo este libro.) Pese a todo, recurrimos a nuestras estrategias habituales porque nos dan resultado. Si no funcionaran hasta cierto punto, no las usaríamos. Para desembarazarnos de estas pautas de comportamiento, necesitamos alternativas. Antes de abandonarlas, tenemos que desarrollar otras tácticas que funcionen, como mínimo, igual de bien.

El mindfulness puede ayudarnos a desprendernos de nuestros hábitos y a crear la posibilidad de elegir un rumbo distinto. En cuanto cobramos conciencia de lo que está pasando, podemos reorientar el mapa (es decir, nuestro punto de vista), plantearnos intenciones distintas y canalizar nuestras energías en otra dirección.

Gestionar estos hábitos —los nuestros y los de los demás— exige interés, habilidad y persistencia. En el capítulo siguiente veremos cómo escapar al juego de la culpa con otra forma de aproximación al conflicto: la colaboración. Cuando somos capaces de entablar un verdadero diálogo equilibrando nuestras necesidades propias con apertura de mente y consideración por las necesidades del otro, superamos la mentalidad del «o esto o lo otro», de la separación y la escasez, y surgen nuevas alternativas.

PRINCIPIOS

Nuestras intenciones, puntos de vista y experiencias se refuerzan mutuamente: los puntos de vista determinan las intenciones, estas dan forma a las experiencias y las experiencias confirman nuestros puntos de vista. Cambiar de punto de vista, por tanto, puede cambiar nuestras intenciones y nuestra experiencia.

Cobrar conciencia de nuestros estilos aprendidos de aproximación al conflicto nos permite transformar las creencias y las emociones subyacentes que perpetúan esos hábitos de conducta y optar por otras alternativas.

PUNTOS CLAVE

Las concepciones habituales del conflicto producen reacciones automatizadas de culpabilidad y autoprotección que cristalizan en cuatro patrones recurrentes habituales:

1. **Evitación del conflicto:** evitar afrontar el conflicto.
2. **Confrontación competitiva:** recurrir directamente a la agresividad o la fuerza.
3. **Pasividad:** ceder, transigir, renunciar a nuestras necesidades propias o recurrir al apaciguamiento.
4. **Agresividad pasiva:** afrontar de manera indirecta el conflicto expresando malestar u hostilidad al mismo tiempo que se finge que todo va bien.

PREGUNTAS Y RESPUESTAS

P: ¿Cómo puedo dejar de estar tan a la defensiva? Me gusta la idea de ser más curiosa y tener miras más amplias, pero en la práctica me resulta muy difícil.

El paso más importante, que al parecer ya has dado, es cobrar conciencia de lo que está sucediendo: fijarse en nuestros patrones de comportamiento automáticos. Intenta ver estos hábitos con una mirada amable. Recuerda que te han protegido y ayudado durante años. Si estás en alta mar y lo único que tienes para mantenerte a flote es un tronco, no lo soltarás hasta que surja algo mejor. Los conceptos y las prácticas de este libro son como una balsa más estable y manejable.

Tan pronto como identifiques los patrones, reflexiona sobre sus ventajas y sus limitaciones. Verlos con claridad aumentará tu motivación para probar nuevas herramientas. El truco consiste en empezar por algo pequeño. Cuando haces pesas, al principio solo levantas dos kilos, o cinco, no cien. A medida que se acumulen los pequeños logros, tu sistema nervioso irá ganando confianza y te resultará más fácil recordar que dispones de una nueva forma de hacer las cosas.

P: Mi patrón no es culpar a los demás o atacarlos, sino culparme a mí mismo. ¿Cómo puedo trabajar esto?

¡Qué duros somos a veces con nosotros mismos! Yo, desde luego, recibí una buena dosis de ese tipo de condicionamiento.

Hay dos formas básicas de trabajar este hábito dañino. La primera es crearnos recursos internos para contrarrestar la dureza de la autocrítica. Por ejemplo, cultivar prácticas positivas como la gratitud y la autoempatía (capítulo 9), y métodos como la autocompasión y la meditación del amor benevolente. Estas prácticas refuerzan la resiliencia. Es como salir de una casa en llamas y respirar aire fresco.

El segundo aspecto pasa por apagar el fuego; es decir, transformar el propio patrón. Aprende a desarrollar una relación de empatía, claridad y firmeza con esa voz crítica. Traduce las autocríticas para oír los mensajes que ocultan (capítulo 10). ¿Qué sentimientos y necesidades está expresando esa voz? También podemos servirnos del mindfulness para indagar en las creencias sobre las que descansa el patrón. A menudo, esos hábitos tienen su origen en la primera infancia, de modo que puede resultar útil buscar el apoyo de otra persona para desenmarañar y curar parte de esas heridas. Es igualmente importante encontrar formas de decir no a esa voz crítica. Cuando el sentimiento de culpa es muy fuerte, ejercitar la compasión puede llevarnos a repudiar ese patrón. Interrúmpelo y redirige tu atención de la manera que puedas para romper el ciclo.

5

¿De dónde partimos?

«Desarrollé la comunicación no violenta como un medio para entrenar mi atención, de iluminar, con la luz de la conciencia, lugares que tienen el potencial de darme lo que ando buscando. Lo que quiero en la vida es compasión, fluir entre el yo y los otros sobre la base de una entrega mutua del corazón.»

Dr. Marshall B. Rosenberg

¿Alguna vez has superado una situación conflictiva con un amigo a fuerza de perseverancia y habéis salido de ella sintiendo más respeto el uno por el otro? ¿O has resuelto una desavenencia con un ser querido y has descubierto que gracias a ello te sientes aún más unido a esa persona, que ha aumentado vuestro cariño?

La intimidad nace del conflicto. Las diferencias pueden unirnos y ayudarnos a conocernos mejor mutuamente. La fricción puede ser creativa y sinérgica y dar lugar a ideas y perspectivas nuevas. Las intenciones que caracterizan este tipo de conversaciones son muy distintas a las de nuestra conducta comunicativa inconsciente.

¿Y si hubiera un medio de identificar y reforzar los condicionantes que desembocan en este tipo de experiencia, una manera de escapar a nuestras respuestas aprendidas frente al conflicto y de adoptar una aproximación más útil y eficaz? Esta es una de las cuestiones centrales que impulsaron a Marshall Rosenberg a desarrollar la comunicación no violenta. Al principio de su célebre libro, escribe:

> Debido a que estoy plenamente convencido de que forma parte intrínseca de nuestra naturaleza sentirnos satisfechos cuando damos y recibimos algo de forma solidaria, hay dos preguntas que me han producido siempre una íntima desazón. ¿Qué ocurre cuando nos apartamos de esa actitud solidaria, cuando nos conducimos de forma violenta y abusamos de nuestro prójimo? Y a la inversa, ¿por qué algunas personas son consecuentes con esa actitud solidaria incluso en las circunstancias más adversas?[20]

Rosenberg creció en Detroit en la década de 1940. Durante esa época, fue testigo de los disturbios raciales en los que perdieron la vida decenas de personas. Estos acontecimientos —y su vivencia del antisemitismo cuando era joven— sembraron en él la pasión por comprender las raíces de la violencia. Descubrió que nuestros pensamientos y nuestra forma de hablar desempeñan un papel de enorme importancia en nuestra capacidad para mantenernos conectados con la compasión. Su método de CNV comprende un entrenamiento sistemático de la atención; es decir, reaprender a pensar, hablar y escuchar de maneras que fomenten la paz y la armonía.

En lugar de quedar atrapados por los discursos habituales de la culpa y la crítica, la CNV nos enseña a identificar las *observaciones* concretas que queremos debatir, nuestros *sentimientos* respecto a esos hechos, las *necesidades* humanas profundas de las que surgen esos sentimientos y nuestras *peticiones* sobre cómo avanzar juntos. Aprendemos a escuchar del mismo modo, percibiendo lo que alienta bajo las palabras de nuestro interlocutor. El sistema en su conjunto se estructura en torno a un tema central: crear una conexión cuya calidad baste para satisfacer necesidades.[21]

La cuestión no es *qué* decimos, sino *de dónde* partimos. Se trata, por tanto, de nuestra intención.

CUANDO DARYL DAVIS SE ENCONTRÓ CON EL KU KLUX KLAN

Daryl Davis es un músico y escritor afroamericano que pasó sus primeros años de vida en el extranjero. Hasta los diez años, en 1968, no descubrió que los demás podían odiarle por su color de piel. Un día, mientras desfilaba con su grupo de Lobeznos de los *boy scouts* —todos ellos blancos— por Massachusetts, la gente le tiró piedras y botellas. Este incidente despertó en él una curiosidad imperecedera por las actitudes humanas. «¿Cómo pueden odiarme si no me conocen?», se preguntaba.

Años después, tras actuar en un bar frecuentado solo por blancos en Maryland, se le acercó un hombre blanco que le dijo que era la primera vez que «oía a un negro tocar tan bien como Jerry Lee Lewis». Davis le contó que Lewis era amigo suyo y que había aprendido a tocar de músicos negros. Siguieron hablando y con el tiempo se hicieron amigos. El hombre le facilitó los nombres de los líderes locales del KKK y Davis se puso en contacto con ellos y los entrevistó para un libro que estaba escribiendo.

Les preguntó sobre diversos temas y escuchó sus opiniones. Al principio los *klansmen* no le preguntaban lo que pensaba, puesto que le consideraban «inferior». Sin embargo, con paciencia y cordialidad, y mediante un esfuerzo continuado, Davis consiguió entablar con ellos una verdadera conexión y poco a poco fueron interesándose por su punto de vista. Fue como si la cordialidad y el respeto de Davis hicieran aflorar lentamente esas mismas cualidades en ellos.

Al final, hizo amistad con muchos miembros del Klan cuyas opiniones cambiaron tras conocerle mejor. Muchos dejaron la organización y hasta le entregaron sus túnicas y capirotes. Con su labor constante, Davis ha convencido a más de doscientos miembros del KKK para que abandonen la organización sirviéndose solo del diálogo y la amistad.[22] Puede que Daryl Davis nunca haya ido a una clase de CNV, pero comprende el poder de la intención. Cuando creamos una conexión humana genuina, la transformación radical es posible.

INTERÉS SOLIDARIO

La intención es el elemento más potente y transformador del diálogo. Conforma la comunicación verbal y no verbal dirigiendo el curso de la conversación. Aunque no saques nada más en claro de este libro, confío en que al menos te lleves la idea de la importancia que tiene la intención de entender al otro, partiendo de la curiosidad y el interés, en tus interacciones.

Esta intención de entender supone un cambio crítico y radical en la posición desde la que abordamos el diálogo. Implica desterrar de nuestra conciencia la culpa, la hostilidad, el control o la manipulación y centrarse, en cambio, en crear una calidad de conexión que fomente la colaboración. Todo lo que comparto contigo en este libro está ideado con ese fin: mejorar la conexión y el entendimiento.

Para que se efectúe este cambio, debemos conocer los límites de nuestras respuestas habituales aprendidas y saber valorar la intención de entender: su potencial para la transformación, la creatividad y la plenitud. Hay dos principios clave a tener en cuenta en este sentido. El primero es uno de los hilos conductores de este libro: cuantos menos reproches y críticas contengan nuestras palabras, más fácil les será a los otros escucharnos. Cuando alguien confía en que nos interesa de verdad entenderle —es decir, cuando confía en que no estamos manipulando las cosas en provecho propio ni intentando ganar a toda costa o demostrar que el otro se equivoca—, puede dejar de defenderse y escuchar lo que decimos.

Principio: **Cuantos menos reproches y críticas formulemos, más fácil será que los otros nos escuchen.**

Visto así, partir de la curiosidad y el interés nos interesa porque redunda en nuestro provecho. Si nos apoyamos en esta intención, nuestra comunicación verbal y no verbal transmite el mensaje de que nos interesa sinceramente el diálogo, lo que a su vez ayuda a crear el espacio necesario para que nos oigamos mutuamente y trabajemos juntos.

Esto nos lleva al siguiente principio: cuanto mayor es la comprensión mutua, más fácil es colaborar y encontrar soluciones creativas. Parece algo evidente, pero a menudo nos olvidamos de ello. Cuando comprendemos en profundidad las razones que hay detrás de lo que cada uno de nosotros quiere, podemos empezar a colaborar.

Principio: **Cuanto mayor es la comprensión mutua, más fácil es colaborar y encontrar soluciones creativas.**

Estamos programados para sentir alegría cuando damos y empatía frente al sufrimiento. Ayudar a los demás es una de las experiencias más gratificantes que puede haber. Este impulso natural es como un pozo inagotable de buena voluntad situado en lo más hondo del espíritu humano.

Como sentimos alegría al dar y compasión ante el sufrimiento, cuando nos entendemos mutuamente por completo sentimos de forma instintiva el *deseo* de ayudar. Si entiendo de verdad lo que sientes y por qué quieres lo que quieres, tiendo instintivamente a encontrar una manera de que aunemos fuerzas. Cuando puedo ayudarte a ver por qué algo es importante para mí, las prioridades cambian y hay más espacio y voluntad para la colaboración. (Solo tienes que pensar en alguna ocasión en que al principio te negaras a hacer algo que te habían pedido y luego dijeras que sí al entender mejor la situación.)

Este acercamiento al conflicto es uno de los fundamentos de la resistencia pacífica. Nuestro poder y nuestra integridad aumentan cuando apelamos a la humanidad de nuestros congéneres. Este es el principio que alentó la obra de Gandhi y el movimiento por los derechos civiles, y la razón por la que Rosenberg llamó a su método «comunicación no violenta». Adoptar este planteamiento no significa que seamos pasivos, que no nos hagamos valer o defendamos aquello en lo que creemos. Cultivar la intención de entender nos hace más eficaces al vincular nuestra intención a la naturaleza humana que compartimos con nuestros interlocutores.[23]

OTRA FORMA DE VER

La historia de Davis, y la de muchos otros que han salido al paso del odio, el racismo y el fanatismo con amor, indica una forma distinta de ver el mundo. Es la visión que buscaba Rosenberg al preguntarse acerca de la naturaleza de la compasión y la violencia. Depende de nuestra capacidad de buscar la humanidad de cada cual, de ver más allá de nuestros desacuerdos para encontrar algo más esencial.

Todas las acciones humanas son intentos de suplir necesidades fundamentales. Por debajo de nuestros comportamientos, preferencias, convicciones y deseos hay siempre anhelos físicos, relacionales o espirituales. La seguridad, el arraigo, la conexión y la empatía son necesidades que nos atañen a todos. Todos necesitamos encontrarle sentido a la vida, contribuir con la sociedad, la creatividad o la paz. (Hablaremos con más detenimiento de este concepto en el capítulo 7.)

Esta idea se encuentra en numerosas tradiciones religiosas, espirituales y contemplativas, así como en las ciencias sociales y conductuales. El budismo la resume escuetamente: «Todos los seres quieren ser felices». Es el tipo de sabiduría que se me revela intuitivamente como cierta la primera vez que la oigo. La definición de la felicidad difiere de persona a persona, e incluso de día en día, pero en el fondo es un intento de satisfacer nuestras necesidades.

***Principio*: Todo lo que hacemos, lo hacemos para satisfacer una necesidad.**

Tener presente esta noción es esencial para poder partir de la curiosidad y el interés. El punto de vista conforma la intención. Sea lo que sea lo que esté pasando, podemos interesarnos con curiosidad por las necesidades profundas y los valores que alientan nuestras palabras o actos. Cuando nos comprendemos unos a otros al nivel de nuestras necesidades, las semejanzas pesan más que las diferencias. Esto, a su vez, crea un ciclo generativo y positivo de puntos de vista, intenciones y vivencias.

La gran ventaja de este planteamiento es que no está limitado a nuestras relaciones íntimas. La intención genuina de entender al otro posee el poder de crear o mejorar la conexión (de por sí y con el fin de satisfacer necesidades), al margen de que lo que queramos sea disfrutar de un rato con un amigo, colaborar con un compañero de trabajo o fundar una coalición plural.

Para poder aplicar este principio en la conversación deben darse ciertas condiciones. Primero, hemos de reforzar nuestra capacidad de partir de la curiosidad y el interés. Debemos haber asimilado realmente lo que es tener una intención genuina de entender para poder centrarnos en ese propósito a voluntad. Después, debemos entrenarnos para advertir cuándo estamos actuando conforme a patrones de conducta habituales. Y, por último, debemos aprender a volver al punto de partida, es decir, a la curiosidad y el interés.

PUNTOS DE VISTA →	**Conducen a → INTENCIONES**	**Crean → EXPERIENCIAS**
Todos salimos ganando El conflicto es natural, un terreno abonado para el aprendizaje Compartimos necesidades universales Los otros son valiosos por sí mismos, al margen de nuestras necesidades propias	Preguntar / Escuchar Cuidar Colaborar Conectar	Intimidad, seguridad Integración Comprensión y respeto mutuo Creatividad, sinergia

PARTIR DE LA CURIOSIDAD Y EL INTERÉS

Todo niño nace con el deseo natural de entender el mundo. Al igual que tenemos la capacidad innata de ser conscientes, tenemos la capacidad de interesarnos por nuestro entorno. Y al igual que podemos entrenar la presencia, también podemos cultivar la intención de entender.

En ocasiones, comprender de verdad exige curiosidad e interés. La curiosidad presupone que estamos interesados en aprender. Y aprender exige humildad. Debemos estar dispuestos a reconocer que no sabemos. En inglés, el verbo *understand* («entender») significa en su sentido más literal «hallarse debajo». Para comprender algo, hemos de dejar a un lado nuestras ideas preconcebidas y abrirnos a nuevas formas de ver.

La curiosidad requiere paciencia. La investigadora y conservacionista Cynthia Moss cuenta que tuvo que pasar veinte años observando a los elefantes y estudiando de cerca sus hábitos y movimientos para empezar a darse cuenta de lo complejos que eran.[24] Una paciencia tan constante solo puede darse cuando hay curiosidad verdadera y una profunda intención de entender.

Para interesarnos por algo y prestarle atención, también tiene que importarnos. No prestamos atención a las cosas que no nos importan, y no nos interesan las cosas a las que no prestamos atención. Conceder importancia y mostrar interés puede darse por muchos motivos. Puede importarnos especialmente la integridad, permanecer fieles a nuestros valores. O la paz y el bienestar. O ampliar nuestro punto de vista. O resolver conflictos que nos afectan personalmente a fin de alimentar la esperanza de construir una sociedad mejor. O tal vez transformar los sistemas y las instituciones que enmarcan nuestras vidas.

Lo esencial es la *calidad de lo que nos importa y del interés* en sí en el otro, la benevolencia ligada al sentido de la empatía. Esto implica cariño, vulnerabilidad y flexibilidad. Mostrar interés por la persona supone que estemos abiertos a la posibilidad de que lo que aprendamos nos afecte, que tengamos la voluntad de ver la humanidad del otro y estemos dispuestos a tomar en cuenta sus necesidades en lugar de obcecarnos en conseguir lo que queremos de la manera que queremos. Todo esto es posible con la práctica.

EJERCICIO: Partir de la curiosidad y el interés en el otro

Prueba a cultivar la curiosidad y el interés en la conversación. Previamente, reflexiona sobre tu intención. ¿Cómo quieres plantear las cosas? ¿Desde qué posición interior quieres partir? Intenta encontrar una intención genuina desde la que entender al otro: sus pensamientos, puntos de vista, sentimientos o necesidades. ¿Qué sientes al estar sinceramente interesado por lo que dice tu interlocutor?

Trata de recordar este planteamiento cuando estés en medio de una conversación. ¿Qué cosas le importan a esa persona? ¿Qué ansía o necesita? ¿Qué efecto surte el que tú partas de la curiosidad y el interés en ella? Como siempre, al principio haz este ejercicio en situaciones en las que no haya mucho en juego.

EL MINDFULNESS Y LA INTENCIÓN DE ENTENDER

La relación habitual con la experiencia es juzgarla y controlarla. Siéntate y observa tu mente durante unos minutos y notarás esta tendencia en carne propia. Ante una experiencia, reaccionamos acercándonos a lo que nos resulta grato y alejándonos de lo desagradable, juzgando lo agradable como bueno y lo desagradable como malo.

Mediante la práctica del mindfulness descubrimos que este hábito no solo es inútil, sino también estresante y agotador. Derrochamos gran cantidad de energía buscando el placer y resistiéndonos al dolor, y tratando de controlar cosas que escapan a nuestra esfera de influencia. El cambio fundamental que hacemos una y otra vez al practicar la meditación formal consiste en cultivar la intención de entender la experiencia en lugar de intentar juzgarla o controlarla. Cuanto más practicamos el mindfulness, más sencillo nos resulta efectuar este cambio en nuestras conversaciones y nuestra vida cotidiana.

EJERCICIO: Observar con la intención de entender

Reserva diez minutos o más para sentarte a practicar el mindfulness. Haz cualquier cosa que te ayude a alcanzar el estado de atención plena: orientarte; respirar hondo lentamente; relajarte en posición sentada.

Fija tu atención en las sensaciones de inspirar y espirar sin forzar la respiración. Cada vez que notes que te distraes, para suavemente y vuelve a centrar la atención en tu respiración.

Presta especial atención al momento en que tu mente reacciona a la experiencia con agrado o desagrado frente a lo que está sucediendo. Si sientes algo desagradable, ¿te resistes a ello, intentas alejarlo de ti? Si sientes algo agradable, ¿tratas de aferrarte a ello? Cuando afloran los pensamientos, ¿te irritas o te haces reproches? Fíjate en cómo tu mente evalúa e intenta controlar el flujo de la experiencia.

Cada vez que notes esta reactividad, cultiva la intención de entender en lugar de evaluar. Sea lo que sea lo que está pasando, ¿puedes aportar cierto grado de curiosidad e interés a la experiencia? Trata de diferenciar entre lo que sucede cuando tu mente se interesa por el presente y cuando reacciona en un sentido o en otro, precipitándose hacia delante o ejerciendo la manipulación. ¿Qué sucede automáticamente? ¿Cuándo te sientes más en paz?

Hay muchas formas de cultivar la intención de entender en medio de una conversación. En mi caso, una de las formas primordiales de reforzar la curiosidad y el interés ha sido integrar estas cualidades en mi vida cotidiana. Prueba a hacerlo durante un tiempo determinado: un día, una semana, o más. Ante cualquier interacción —un correo electrónico, una conversación—, procura, sencillamente, entender. «¿Qué es importante para mí, para el otro? ¿Qué puedo aprender de esto?» Cuanto más recordamos esta forma de ver las cosas y sentimos el interés sincero de aprender, más fácil nos resulta abordar el diálogo de esta manera.

LA CAMPANITA DE ALARMA DEL MINDFULNESS

Sandra Boston, una de mis primeras profesoras de comunicación, tenía un truco estupendo para acordarse de usar estas herramientas: decir «¡Uy!» Cuando nos descubramos recayendo en viejos patrones, podemos servirnos del malestar que sentimos como una especie de alarma del mindfulness: «¡Uy, pero si tengo aquí estas herramientas! Puedo manejar esta situación». De ese modo recordamos lo que hemos aprendido y podemos adoptar una perspectiva que genere curiosidad e interés.

El primer paso es darnos cuenta de cuándo estamos actuando con el piloto automático puesto, es decir, aprender a reconocer las señales que indican que estamos recayendo en viejos hábitos y servirnos de ellas como recordatorio para despertar del trance. Al retornar a la presencia, encontramos dentro de nosotros un terreno en el que apoyarnos. Luego empezamos a sentir curiosidad. En primer lugar y ante todo, sobre nuestra propia vivencia. «¿Qué está pasando aquí? A ver si puedo entenderlo.» Prueba el siguiente ejercicio cada vez que te descubras recayendo en hábitos inconscientes de comunicación.

EJERCICIO: **Decir «¡Uy!»**

Cuando seas capaz de reconocer los patrones establecidos de desencadenamiento del conflicto, observa el efecto que surten sobre tu cuerpo, tu corazón y tu mente. ¿Cuáles son los indicadores de que estás actuando automáticamente? He aquí algunos indicadores típicos:

Físicos

- Tensión en la mandíbula.
- Tensión en los miembros o en el cuerpo en general.
- Respiración agitada o entrecortada.
- Sofocos, sudores, o frío.
- Sensación de desconexión con el cuerpo, aturdimiento o ensimismamiento.

Emocionales

- Miedo, ansiedad o sensación de querer huir.
- Irritación, enfado, fastidio o agresividad.
- Impulso de defenderse, protegerse o dar explicaciones.
- Sensación de parálisis, agobio o estancamiento.

Mentales

- Pensamientos o imágenes de ira, odio o negatividad.
- Pensamientos o imágenes de impotencia o desesperación.
- Pensamientos o imágenes de situaciones catastróficas.

Verbales

- Aumento del ritmo, el tono o el volumen del habla.
- Reticencia a hablar o responder; repliegue verbal.
- «Pero... eso no es lo que yo quería decir...»
- «Tú no lo entiendes... No me estás escuchando...»
- «Debería... Nunca... Siempre... Bien... Mal...»

Cuando adviertas alguno de estos indicadores, haz una pausa interna. Expresa para tus adentros lo que sientes y procura relajar cualquier tensión o tirantez. Recuerda que puedes elegir cómo proceder. Utiliza cualquier método que te ayude a guiar con la presencia (buscar la gravedad, la línea central, la respiración o los puntos de contacto). Luego, utiliza una de las propuestas que encontrarás más abajo para hacer aflorar la curiosidad y el interés.

Estos patrones no son el enemigo. De hecho, reparar en ellos puede ser la clave para retornar a la presencia. También pueden ser indicadores importantes a la hora de investigar y desvelar lo que impulsa nuestra propia reactividad, lo que a su vez aporta más espacio y equilibrio para el diálogo.

EJERCICIO: Recordar tu intención

En la medida de lo posible, busca la intención sincera de entender. Puedes hacerte una pregunta que haga germinar la curiosidad y el interés. Aquí tienes varias sugerencias:

- «¿Qué está pasando? ¿Cómo puedo relajarme y encontrar cierto equilibrio?»
- «¿Y si hubiera algo que aprender aquí?»
- «¿Y si resolviéramos esto y nos hiciéramos amigos?»
- «¿Cómo podemos empezar a entendernos más?»
- «¿Qué puede servirnos a los dos?»
- «Al margen del resultado, ¿cómo quiero manejarme en esta situación?»
- «¿Qué es lo que más me importa? ¿Cuáles son mis necesidades?»
- «¿Qué es importante para el otro? ¿Qué necesita?»

Deja que la intención guíe lo que dices o haces a continuación. Incluso puedes expresarlo de manera explícita: «Me gustaría de verdad entender lo que te pasa».

Al principio, cuesta desprenderse de viejos hábitos y encontrar la curiosidad sincera. Pero, con la práctica, podemos aprender a advertir lo que está ocurriendo y a variar nuestra intención en cuestión de segundos.

Hace un par de años, mi novia y yo pasamos la Nochevieja de mudanza. Habíamos pasado el fin de semana embalando nuestras cosas y llevábamos un par de horas acarreando cajas y muebles por dos tramos de escaleras. Se estaba haciendo tarde, estábamos los dos muy cansados y a mí me dolía la espalda: la situación ideal para perder presencia e intención de entender.

Adoptando un rol típicamente masculino, yo me ocupé de cargar la furgoneta. Le decía a Evan lo que había que bajar a continuación y le indicaba dónde dejar las cosas, todo ello cada vez más irritado debido al cansancio. En determinado momento, reaccionando a mi tono de estrés, Evan dijo enfadada: «¡Tengo la sensación de que lo único que haces es criticarme y decirme que lo estoy haciendo mal!»

Me puse inmediatamente a la defensiva. Todo dentro de mí me impulsaba a replicar: «¡Solo intento acabar esto de una vez!» Pero cerré los ojos y me quedé allí parado, respirando agitadamente. Notaba que ella lo estaba pasando mal, y no quería empeorar las cosas. Sentí que una oleada de ira atravesaba mi cuerpo y que todo me ardía. No quería reaccionar desde ese lugar, y sabía que habría tiempo de explicar mi punto de vista tras dejarle espacio a ella. Así que fijé la atención en la parte inferior de mi cuerpo para centrarme. Sentí mis pies en el suelo y la oleada pasó. Exhalé, aflojé el ritmo de la respiración y abrí los puños.

«Te entiendo», dije mirándola. «Siento que mis palabras te hayan causado esa impresión.» Hice una pausa para ver cómo reaccionaba. «Gracias», dijo todavía un poco enojada, pero más tranquila. Solo hizo falta que cambiáramos un par de frases más para entendernos el uno al otro, tranquilizarnos y volver a cargar la furgoneta, sintiéndonos más a gusto y en sintonía.

No siempre «pillo la onda», pero esa vez mi entrenamiento me permitió percibir el impulso de defenderme, recuperar presencia y partir desde un lugar distinto. Si hubiera pasado por alto esas señales y actuado por hábito, puedo imaginarme la discusión que habría seguido.

DOS PREGUNTAS

Resistirse a la presión de nuestros viejos hábitos puede ser muy difícil. Podemos ver lo que está pasando pero carecer de la templanza necesaria para refrenarnos o de la energía para cambiar de intención. Quizá no confiemos del todo en que un nuevo enfoque funcione. En estos casos, reflexionar sobre nuestras expectativas y recordar nuestros valores puede ser muy útil.

Rosenberg tenía un método muy sencillo para conseguirlo. Animaba a la gente a hacerse dos preguntas: primero, «¿Qué quiero que haga la otra persona?» y, segundo, «¿Cuáles quiero que sean sus motivos para hacerlo?»

Si solo nos formulamos la primera pregunta, podemos utilizar cualquier estrategia que esté a nuestro alcance para satisfacer nuestras necesidades. Podemos culpabilizar al otro. Podemos manipularle, coaccionarle o incluso amenazarle de algún modo. (Aquella Nochevieja, yo podría haberle dicho a mi novia, por ejemplo: «¿Quieres dejar de quejarte? Solo intento acabar de una vez.») Aunque estas estrategias pueden dar resultado a corto plazo, dañan la calidad de la relación. Perdemos parte de la confianza y la benevolencia de la otra persona.

Si nos hacemos la segunda pregunta, es mucho menos probable que recurramos a esas estrategias. ¿Queremos que la otra persona cambie de conducta por temor a un castigo o una represalia o queremos que haga algo por motivación intrínseca, porque entiende su valía o porque es importante para nosotros?

Estos interrogantes nos ayudan a partir de un lugar interior muy distinto y a esforzarnos por intensificar la conexión. Nuestro planteamiento pasa a ser: «Vamos a ver si podemos entendernos mutuamente». En el ejemplo que he puesto, yo quería que Evan se centrara en embalar porque entendía lo que me estaba sucediendo a mí, no porque yo tuviera razón o demostrara que ella se equivocaba. Tan pronto como nos entendimos el uno al otro, fue fácil seguir adelante.

EJERCICIO: Cuestionario

Utiliza este ejercicio para prepararte para el diálogo. Reflexiona sobre las cuestiones de más abajo para ayudarte a aclarar tus intenciones y reforzar tu capacidad de mantenerte conectado con la curiosidad y el interés. Con la práctica, es muy posible que descubras que eres capaz de utilizar estas preguntas para modificar tu intención en plena conversación.

PREGUNTA 1: ¿Qué quieres que haga la otra persona? ¿Tienes más de una idea que podría servirte? Intenta ser todo lo creativo y tolerante que sea posible.

PREGUNTA 2: ¿Cuáles quieres que sean las *razones* de la otra persona para hacer algo concreto? ¿Por qué quieres que lo haga? ¿Qué es lo que te gustaría que supiera o entendiera?

REFLEXIÓN: Sabiendo esto, ¿cómo te gustaría plantear la conversación?

Cuando recaemos en nuestros patrones de conducta habituales, es fácil que recurramos a ideas preconcebidas al interpretar las intenciones del otro. Podemos sobredimensionar el hecho de que un amigo llegue tarde o de que nuestra pareja olvide algo que habíamos acordado y dar a entender que al otro no le importa. «Si supieras lo importante que era esto, habrías...» o «Si me quisieras, habrías...» Tener la intención de comprender te abre nuevos caminos para ver lo que está ocurriendo y puede crear ideas alternativas para resolver la situación.

UTILIZAR LA FUERZA PARA PROTEGER

Hay situaciones en la vida en las que el resultado inmediato es más importante que la colaboración y el diálogo. Especialmente, cuando está en juego la seguridad de las personas. Cuando nuestro objetivo prioritario es proteger a los nuestros o nuestro bienestar, empleamos lo que Rosenberg denomina *el uso protector de la fuerza*. Si un niño se precipita a la calzada, gritamos o le agarramos, es decir, hacemos lo necesario para protegerle.

En términos filosóficos, se trata de un asunto peliagudo. ¿Justifica el fin los medios? y, si es así, ¿en qué casos? ¿Quién tiene autoridad para decidirlo? Desde el momento en que decidimos que está bien emplear la fuerza unilateral «por el bien del otro» o «por el bien común», corremos el riesgo de incurrir en un abuso de poder y hacer daño.

Para avanzar en nuestra exploración, quiero señalar varias diferencias importantes entre el uso protector de la fuerza definido por Rosenberg y el hecho de apoyarnos en nuestros patrones habituales de conducta. Primero, según la definición de Rosenberg, empleamos la fuerza conscientemente en lugar de recurrir a ella de manera inconsciente por desesperación o por costumbre. Segundo, utilizamos la fuerza sin malicia y con el deseo de proteger y no de hacer daño. Tercero, se trata de una estrategia momentánea, y por tanto, limitada en el tiempo. Y, por último, nos mantenemos conectados con la humanidad de la otra persona en lugar de verla como un problema o un enemigo.

Una vez garantizada la seguridad de todos, podemos retomar un enfoque más relacional. Los sistemas de justicia restaurativa (al contrario que la justicia penal retributiva) se basan en estos principios. Cuando desaparece el peligro inmediato, podemos trabajar para entablar una comprensión mutua creando las condiciones que permitan la reparación del daño y una mayor seguridad en el futuro.

EL PODER DE LA CURIOSIDAD Y EL INTERÉS: AIKIDO EN ACCIÓN

El profesor de aikido Terry Dobson cuenta una historia que me encanta sobre la incorporación de la curiosidad y el interés. Dobson es un exmarine que estudió el arte marcial del aikido en Japón con su fundador. A pesar de que su maestro recalcaba que el aikido es una estrategia de paz y reconciliación, Dobson deseaba poner a prueba esta técnica en combate.

Una tarde, en Tokio, entró en su vagón de metro un obrero grandullón. Estaba borracho y despotricaba a diestro y siniestro, enfurecido. Se abalanzó hacia una mujer que tenía un bebé y estuvo a punto de golpearlos. Dobson se levantó e increpó al obrero, dispuesto a defender a los pasajeros. El hombre comenzó a insultarle y Dobson le provocó más aún lanzándole un beso. Justo en ese momento, desde el otro lado del tren, se oyó una voz imperiosa:

«¡Eh! Ven aquí a hablar conmigo», dijo.

Era un viejecito sentado en la otra punta del vagón. El obrero se volvió y le gritó:

«¿Y qué tengo yo que hablar con usted?»

«¿Qué has bebido?», preguntó el anciano.

«¡Sake! ¡Y lo que yo haya bebido no es asunto suyo!»

«¡Qué maravilla! —dijo el viejecito, alborozado—. ¡Es absolutamente delicioso! A mí también me encanta el sake. Todas las noches, yo y mi mujer, que tiene setenta y seis años, calentamos una botellita de sake, nos la llevamos al jardín y nos sentamos en el viejo banco de madera que hizo el primer aprendiz que tuvo mi abuelo. Vemos cómo se pone el sol y qué tal va creciendo nuestro árbol de caquis.»

Mientras el anciano hablaba, el semblante del borracho comenzó a suavizarse.

«Me encantan los caquis.»

«Seguro que también tienes una esposa encantadora», repuso el anciano.

El obrero se echó a llorar y contestó que su esposa había muerto.

«No tengo mujer —sollozó—, ni casa, ni trabajo, ni dinero, ni ningún sitio adonde ir. Me da tanta vergüenza…»

Al poco rato, el obrero estaba sentado junto al anciano, con la cabeza apoyada sobre su regazo, y el anciano le acariciaba el cabello apelmazado y sucio. Dobson concluye: «Lo que yo había querido hacer recurriendo a la fuerza y la provocación, él lo había logrado con unas pocas palabras amables. Acababa de ver el aikido en acción y su esencia era el amor (…) Tendría que practicar el arte marcial con un espíritu completamente distinto. Habría de pasar mucho tiempo antes de que pudiera hablar de resolución de conflictos.»[25]

Ese es el poder transformador de partir de la curiosidad y el interés, de mantenerse conectado con la humanidad del otro frente a la agresión. Crear este tipo de conexión es una habilidad que requiere práctica. El prerrequisito y el fundamento esencial para conseguirlo es guiar con la presencia. Tener la intención sincera de comprender es la brújula que nos señala la dirección correcta.

PRINCIPIOS

Cuanto menos culpemos y critiquemos, más fácil les resulta a los demás escucharnos.

Cuanto mayor es la compresión mutua, más fácil es colaborar y encontrar soluciones creativas.

Todo lo que hacemos, lo hacemos para suplir una necesidad.

PUNTOS CLAVE

La intención da forma a nuestra comunicación verbal y no verbal y dirige el rumbo de una conversación. La intención de entender al otro implica curiosidad e interés:

- La *curiosidad* implica que nos interesa aprender y cobrar conciencia de lo que no sabemos.
- El *interés* implica buena voluntad. Depende de nuestra disposición a prestar atención y de nuestro compromiso de ver la humanidad de nuestros semejantes.

La práctica del mindfulness nos ayuda a cultivar la intención de entender, en vez de juzgar. Mediante los siguientes ejercicios, puedes aprender a detectar los patrones habituales que te llevan a culpar a los demás y hacer tuya la intención de comprender a la otra persona:

- Pregúntate íntimamente: «¿Qué le importa a esta persona?»
- Di «¡Uy!» Fíjate en cualquier intención dictada por el hábito y ejercita la curiosidad.
- Recuerda tu intención.
- Plantéate dos preguntas: «¿Qué quiero que haga la otra persona? ¿Cuáles quiero que sean sus razones para hacerlo?»

PREGUNTAS Y RESPUESTAS

P: ¿Cómo partes de la curiosidad y el interés cuando crees que la otra persona no tiene buenas intenciones, cuando está haciendo algo a propósito para molestarte o para dificultar las cosas?

No es fácil, sobre todo si se trata de una situación de conflicto en la que hay poca confianza mutua. En primer lugar, tienes que encontrar el modo de manejar tu *propia* experiencia con curiosidad e interés: busca la empatía de un amigo, utiliza la autoempatía para aliviar cualquier malestar y ten claro cuáles son tus necesidades. También te animo a cuestionarte tu interpretación de las intenciones de la otra persona. Deseamos comprender la conducta de los demás, pero nuestras presuposiciones no siempre son acertadas.

Todo esto libera dentro de nosotros espacio para que nos preguntemos qué es lo que anhela la otra persona. Recuerda que todo lo que hacemos, lo hacemos para suplir una necesidad. Intenta cambiar de perspectiva. ¿Puedes ver sus actos como una estrategia para suplir necesidades más profundas y universales? Este intento de ensanchar el corazón imaginando la experiencia del otro puede ser transformador.

El último paso consiste en intentar cultivar la compasión por la otra persona, lo que aliviará la amargura que puedas sentir y abrirá nuevas posibilidades en la relación. Como dice el refrán, «de aquellos polvos estos lodos». Te animo a intentar ver la vulnerabilidad, el dolor o las inseguridades de la otra persona que puedan estar en el origen de sus actos.

P: He probado a partir de la curiosidad y el interés y no ha funcionado. A la otra persona no le interesa lo que me interesa a mí. Parece que esta táctica solo da buen resultado si la utilizan ambas personas.

¡Desde luego, facilita las cosas! Pero para cambiar la dinámica de una relación o el curso de un diálogo solo hace falta una persona. Si uno de los interlocutores cambia de postura, ello afecta a la forma y el fluir de todo el proceso.

Son muchos los factores que entran en juego. Podemos partir de la curiosidad y perder el contacto con esa intención genuina cuando nos sentimos presionados. Mantenerse centrado en situaciones de estrés requiere práctica y habilidad. Es posible que tengamos que equilibrar una y otra vez la culpabilidad o la ira con ecuanimidad, atender a las necesidades profundas de la otra persona, desactivar la agresión y compartir nuestro punto de vista de manera oportuna y útil. Por último, es importante que examinemos nuestras expectativas de éxito. Si lo único que nos interesa es salirnos con la nuestra, es que no estamos verdaderamente abiertos al diálogo. Debemos tener la disposición de cambiar de parecer y descubrir posibilidades creativas.

Una compañera cuenta la historia de dos grupos de mujeres de Boston, uno a favor del aborto y otro en contra, que se reunían con regularidad para debatir sus puntos de vista sobre esa cuestión. Al final, ninguna de ellas cambió de opinión, pero establecieron una relación sólida de respeto mutuo. Cuando el grupo contrario al aborto se enteró de que alguien de su entorno planeaba atentar contra una clínica abortista, dejó muy claro que estaban en contra de tales actos. Para mí, eso constituye un éxito. El punto de vista de esas mujeres no había cambiado, pero no estaban dispuestas a recurrir a la violencia como estrategia para suplir sus necesidades porque habían aprendido a ver la humanidad del otro bando.

P: ¿Y qué ocurre cuando sabes que no vas a ver satisfechas tus necesidades, que va a ser imposible? ¿Cómo manejas la situación?

Que sea imposible ver satisfechas nuestras necesidades puede resultar muy duro y doloroso. Utilizar estas herramientas implica en gran medida encontrar formas de gestionar el dolor de no haber podido satisfacer nuestras necesidades o deseos. Sentir tanto la tristeza como el anhelo puede ser muy curativo. Enternecerse con esos sentimientos nos ayuda a aprender a estar en paz con nuestras necesidades insatisfechas, lo que nos aporta mayor libertad.

En parte, se trata de aprender a diferenciar entre nuestras necesidades y nuestro empeño en emplear una *estrategia concreta*. Muchas veces, lo que nos entristece es sentir que una estrategia concreta ha fracasado. Una de las ventajas de identificar nuestras necesidades es que nos abre más alternativas. Nos da acceso a opciones más creativas.

También te animo a reflexionar sobre la diferencia entre lo que está pasando de verdad y tus predicciones o creencias. A veces, cuando nos decimos «Tal o cual cosa es imposible», lo que estamos haciendo es intentar protegernos de la desilusión o del dolor del rechazo. Prueba a ver si algo cambia si lo expresas de esta manera: «Me está costando imaginar una forma en la que esa persona acceda a lo que yo quiero». Esto puede empoderarte y conducirte a un planteamiento distinto sobre cómo afrontar la situación. O puede propiciar una experiencia íntima distinta, basada en la claridad sobre las otras necesidades que estás optando por satisfacer al no pedirle algo al otro.

6

Que no se interrumpa la conexión

«Vale más escuchar con el corazón que escuchar con las orejas.»

HSU-T'ANG CHIH-YU

Escuchar es una de las piedras angulares del diálogo y una poderosa metáfora de la práctica espiritual. Cuando partimos de la curiosidad y el interés, tenemos la disposición y la capacidad de escuchar. Estamos abriendo un conducto que permite que se den la conexión y la comprensión.

Hay muchas formas de escuchar. Podemos escuchar el contenido de lo que dice alguien, o lo que siente esa persona, o lo que subyace a sus palabras. Podemos escuchar con desgana o de todo corazón.

El poder escuchar de verdad depende de una suerte de silencio interior. Exige que nos vaciemos y que hagamos hueco para recibir algo nuevo. Hace unos años, viví una situación que me lo recordó vivamente cuando tuve un desacuerdo con Jeremy, un amigo de mis tiempos del instituto.

«¡Oye, no me estás escuchando!», exclamó.

Nos encontrábamos en la cocina de su casa y Jeremy estaba muy alterado. Aunque he olvidado los detalles de lo ocurrido, sí recuerdo que solo le estaba escuchando a medias. Estaba esperando a que acabara para poder explicarle mi punto de vista. A pesar de que me encontraba en completo silencio, le miraba a la cara y oía cada palabra, él se dio cuenta de que en realidad no le estaba prestando atención. Yo estaba hilando argumentos para mis adentros, preparándome para defenderme.

Respiré hondo. Cerré los ojos y me desprendí de mi interpretación de los hechos, de mi deseo de dar explicaciones. Ya habría tiempo para eso después. Dejé eso a un lado de momento y me relajé para escuchar y tratar de entender a mi amigo. Sentí los pies plantados en el suelo y abrí los ojos.

«Vale —dije—. Adelante, continúa.»

En cuanto dejé de intentar defenderme, el tono de la conversación cambió por completo.

«Gracias», dijo Jeremy con un suspiro antes de continuar, comprendiendo que desde ese instante yo estaba dispuesto a escucharle y era capaz de hacerlo.

Me explicó cómo se sentía y por qué. Yo le escuché —le escuché de verdad— y reconocí la verdad de su experiencia al margen de mis propios sentimientos y opiniones: «Sí, entiendo que es así como te sientes. Comprendo por qué estás disgustado».

Al ofrecer unas palabras de comprensión, las cosas se calmaron. Es posible que le explicara mi punto de vista; ya no me acuerdo, y tampoco importa. Lo importante es que pude cambiar de actitud y escucharle con auténtica curiosidad e interés.

APRENDER A ESCUCHAR

Escuchar implica, de manera fundamental, desprenderse del egocentrismo: tener la disposición de dejar temporalmente a un lado nuestras opiniones, nuestros puntos de vista y nuestros sentimientos para escuchar de verdad al otro. Es una receptividad sincera e incorporada a la vivencia física que constituye el núcleo tanto de la comunicación como de la práctica contemplativa.

Toda conversación requiere silencio. Sin él, no podemos escuchar ni hay verdadera comunicación. El silencio de la escucha no es forzado ni tenso. Es un silencio natural que surge del interés. Cuando quieres oler una flor, ¿qué haces? Cierras los ojos, te acercas y aspiras lentamente. Tu mente se aquieta al percibir el aroma. Quizá sea esa la manera más intensa de escuchar: con plena presencia. Como escribe el poeta y maestro Mark Nepo, «escuchar es inclinarse suavemente hacia el otro, con la disposición de dejar que lo que oigamos nos cambie.» [26]

El monte me ha enseñado mucho sobre cómo escuchar. La estabilidad ancestral de una secuoya centenaria, la quietud de un lago alpino o la música chispeante de un riachuelo, todo ello tiene el poder de aquietar la mente y sosegar el corazón. Ante tales maravillas, nuestra cháchara mental se disipa. Lo que queda es un estado de escucha pura.

La meditación nos enseña esta escucha profunda y nos permite descubrir la quietud de la atención plena. Con la práctica, podemos recurrir a esta escucha en medio de una conversación. Cuanto más aprendemos a escuchar, más nos abrimos a los demás y a la vida en general.

Esto es muy importante tanto en los momentos de dicha como en los de aflicción. La escucha verdadera nos permite valorar la presencia de un ser querido o dejar que la ternura cale en nosotros. Cuando Evan y yo nos damos un abrazo o nos demostramos nuestro cariño, a menudo nos invitamos mutuamente a estar presentes de esta forma preguntando: «¿Estás dejando que cale en ti esta sensación?» Esta escucha receptiva puede nutrir el espíritu.

EJERCICIO: **Escuchar de todo corazón**

Toda escucha comienza con la presencia. Cuando mantengas una conversación, trata de poner toda tu atención en la escucha. Fíjate en cualquier tendencia que experimentes a interpretar, comentar o planificar lo que vas a decir a continuación. ¿Puedes retornar a la simple presencia una y otra vez y escuchar solamente, desprendiéndote de esas tendencias cuando surjan?

QUE NO SE INTERRUMPA LA CONEXIÓN

Uno de los objetivos principales del diálogo es establecer una conexión (en la medida en que sea necesario para solventar la cuestión de que se trate) y hacer todo lo que podamos para mantenerla. Si perdemos esa conexión, la comunicación mengua o cesa por completo.

Esto resulta evidente en las discusiones acaloradas, cuando todo intento de entendimiento o reconocimiento mutuo entre los interlocutores puede desaparecer. Acabamos amontonando argumentos, uno tras otro, sin pararnos a comprobar si nos estamos escuchando mutuamente. La conexión se interrumpió hace tiempo, pero ambos seguimos hablando.

La mayor parte del tiempo mantenemos esta conexión de manera no verbal, mediante el lenguaje corporal sancionado por nuestra cultura: expresiones faciales, contacto visual, tono de voz, etcétera. Asentimos o decimos «Ajá». Puede que ladeemos la cabeza, que entornemos los ojos o que frunzamos el ceño para indicar que estamos perdiendo el hilo o pedir una aclaración. El hablante puede incluso insertar preguntas sencillas que se contesten con un sí o un no: «¿Me entiendes?», «¿Sabes lo que te quiero decir?», «¿No crees?»

De esta forma puede generarse un ritmo delicioso de interpelación y respuesta que refuerza la conexión al confirmar que se están dando tanto la escucha como la comprensión. Empleamos así la presencia y la intención para comprobar sucesivamente que seguimos conectados, es decir, que no se ha interrumpido la conexión. Es como mantener una mano sobre el volante mientras conduces para asegurarte de que no te sales de tu carril. Casi siempre lo hacemos de manera instintiva y automática, pero podemos mejorar nuestra habilidad en este aspecto introduciendo la atención consciente en esta dinámica.

EJERCICIO: Mantener la conexión

La próxima vez que estés participando en una conversación, fíjate en cómo se mantiene la conexión. Utiliza los dos primeros pasos —guiar con la presencia y partir de la curiosidad y el interés— para conectar con la otra persona. Luego escucha y emplea el lenguaje corporal, la expresión facial, el tono de voz o breves interpelaciones verbales para comprobar periódicamente que seguís conectados. Cada vez que decaiga la conexión —si percibes que empezáis a desconectar o que hay un malentendido—, baja el ritmo y prueba a reestablecer de nuevo la conexión.

COMPLETAR EL CICLO

Utilizar la voz y el lenguaje corporal de esta forma nos ayuda a calibrar el grado de conexión que se está dando en una conversación, pero ello depende de una suposición tácita. Si te pregunto si me entiendes y tú contestas que sí, lo único que puedo sacar en claro es que *crees* que me estás entendiendo. Como suele decirse, el principal problema de la comunicación es la ilusión de que ha tenido lugar.

Para asegurarnos de que no se ha interrumpido la conexión, necesitamos un método más fiable, una manera fácil y veraz de confirmar que nos estamos escuchando mutuamente. Cuando escuchamos, queremos saber que hemos oído correctamente, y cuando hablamos queremos saber que nos han entendido. En situaciones complicadas, esta necesidad es aún mayor.

«¡No me estás escuchando! ¡No me entiendes!» ¿Cuántas veces has dicho u oído esas frases en medio de una discusión? El hecho de que hablemos el mismo idioma no significa que nos estemos entendiendo. Yo digo una cosa y tú entiendes otra. Tú dices algo y en realidad quieres decir otra cosa. ¡Es asombrosa la rapidez con que puede embrollarse todo!

Cuando alguien te dice que no le estás escuchando, en parte lo que quiere decir es que no se siente escuchado en ese instante. A menudo se trata de una súplica de empatía y una señal de que hemos perdido la conexión. Para volver a encarrilar la conversación, primero hay que reconectar. Veamos dos ejemplos de cómo puede ocurrir esto en una conversación.

PERSONA A: ¡No me estás escuchando!

PERSONA B: ¡Sí que te escucho! He oído todo lo que has dicho.

PERSONA A: ¡No me estás escuchando!

PERSONA B: Creo que no te sientes escuchado. Estoy intentando escucharte, de verdad, pero deja que lo intente otra vez.

O BIEN, PERSONA B: Vale, de verdad que me gustaría entenderte mejor. ¿Qué puedo hacer o decir que ayude a que te sientas escuchado?

¿Cuál de estas conversaciones tiene más probabilidades de avanzar hacia su resolución? En el primer ejemplo, las dos personas pueden sentirse incomprendidas, lo que suele empujarnos a afirmar nuestra posición con mayor vehemencia. Esto conduce a un deterioro de la conexión, a un mayor acaloramiento, etcétera. Casi todos sabemos lo horrible que es sentirse atrapado en esa especie de remolino, lo fácil que es que la situación degenere y lo penoso que puede ser el desenlace.

Fíjate en cómo cambia la cosa en el segundo ejemplo, cuando nos mostramos dispuestos a escuchar con empatía. El hablante reconoce la validez de la experiencia de la otra persona e intenta reconectar. Que podamos hacerlo o no depende de nuestra capacidad de guiar con la presencia y partir de la curiosidad y el interés en lugar de recaer en nuestros patrones habituales poniéndonos a la defensiva o culpando al otro.

En este contexto, nuestra herramienta más útil es la reflexión verbal —en el sentido de *reflejar*— que permite «completar el ciclo» de la comunicación. Escuchamos y a continuación obtenemos confirmación en momentos clave de que lo que *oye* uno coincide con lo que *quiere decir* el otro, es decir, que el mensaje recibido es un reflejo del mensaje emitido.

Una *reflexión* es una reafirmación o una indagación sobre lo que se ha dicho para confirmar que hay entendimiento.

Si llamas a un restaurante para hacer un pedido, la persona que te atiende repite el pedido para comprobar que lo ha anotado correctamente. En una conversación, es necesario saber cuándo reflejar lo que se oye antes de responder. Si dices algo importante, solicita este reflejo a la otra persona para asegurarte de que ha entendido lo que querías decir.

Reflejar en este sentido antes de responder es un pilar esencial de la comunicación. Puede marcar la diferencia entre una conversación eficaz y una discusión. Cuando completamos un ciclo, nos sentimos satisfechos. Es gratificante obtener confirmación y saber que nos estamos escuchando mutuamente. Produce a menudo una sensación de tranquilidad o de alivio, o una exhalación espontánea. Y cuando nos sentimos escuchados, disponemos de más espacio interior para escuchar al otro. Así pues, ofrecer empatía y escuchar a los demás nos beneficia personalmente.

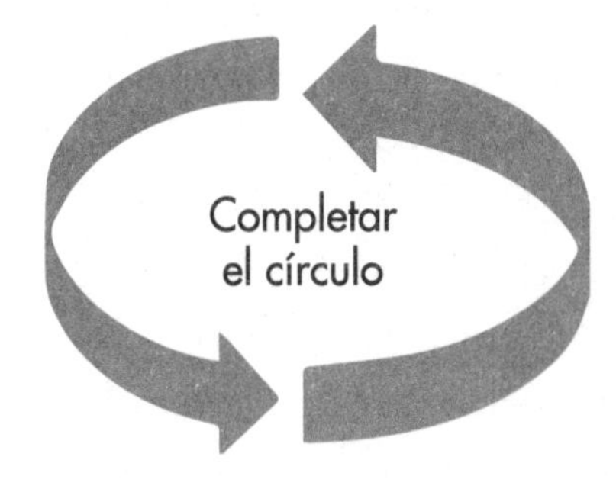

Figura 2

***Principio*: La gente suele estar más dispuesta a escuchar cuando se siente escuchada. Para propiciar el entendimiento, refleja lo que dice tu interlocutor antes de responder.**

Evan y yo solemos emplear esta herramienta para solventar cuestiones problemáticas. Recuerdo una vez, al principio de nuestra relación, en que estábamos sentados en el sofá hablando de nuestras expectativas sobre la frecuencia de la comunicación entre nosotros.

EVAN: Me siento agobiada, como si fueras a enfadarte si no contesto inmediatamente.

OREN: Da la impresión de que estás molesta porque te gustaría tener más tiempo para responder a mis mensajes cuando estás trabajando.

EVAN: Sí, no es razonable que esperes que conteste enseguida.

OREN: ¿Y quieres que entienda que tienes otras responsabilidades que pueden ser más importantes en ese momento que contestar a mis mensajes?

Evan, que se licenció en ingeniería medioambiental, prefiere la claridad científica. En cierto momento, cuando habíamos cogido el ritmo de completar cada ciclo antes de pasar a un nuevo contenido, exclamó: «¡Hala! ¡No sabía que la comunicación pudiera ser como las matemáticas!» Puede ser muy emocionante disponer de las herramientas y de la paciencia necesarias para escucharnos mutuamente y resolver una cuestión.

Además del alivio que produce sentir que se nos escucha, reflejar antes de responder desacelera la conversación. Ayuda a generar entendimiento paso a paso —hablar, escuchar, reflejar— y da a cada interlocutor tiempo para integrar y asimilar lo que se ha dicho.

Puede que en una conversación tengamos que reflejar muchas veces antes de responder. Quizá sean necesarios varios ciclos de reflexión empática antes de que se establezca una conexión suficiente, sobre todo cuando alguno de los interlocutores se encuentra en un estado de alteración emocional. Si nos ceñimos a ella, esta empatía constante puede tener resultados espectaculares.

EJERCICIO: Refleja antes de responder

Experimenta con la reflexión antes de responder, en el contexto de una conversación en la que haya poco en juego. Después de que la otra persona te cuente algo importante, ofrécele un reflejo de lo que has oído para comprobar que lo has entendido bien. Haz esto cuando no sea suficiente con una confirmación no verbal, cuando haya mucho contenido o cuando entren en juego emociones fuertes.

Sugerencias

- Expresa tu comprensión de lo que la otra persona ha dicho con palabras con las que esa persona puede identificarse fácilmente.
- Enuncia tu reflexión como una *pregunta*, más que como una *afirmación*. Lo que te interesa es asegurarte de que estás entendiendo a tu interlocutor, no exponerle lo que acaba de decir.
- Procura no perder la curiosidad sincera y el interés.
- Utiliza un lenguaje lo más natural y auténtico que sea posible.
- Prueba este ejercicio en situaciones de celebración y entusiasmo, así como en contextos de dificultad.

Fíjate en las señales que indican que se ha completado un ciclo comunicativo: una afirmación verbal, una exhalación o alguna manifestación de que se ha llegado a un acuerdo. Aunque tu reflexión no sea acertada al 100 por cien, a menudo contribuye a mejorar la conexión porque brinda a la otra persona la posibilidad de aclarar algún punto o de explicar mejor lo que quiere decir.

Ejemplos

ENUNCIADO: «No puedo creer que haya dicho eso. Después de todo lo que hemos pasado juntas...»

REFLEXIÓN: «Te parece increíble que haya dicho eso, ¿eh?»

O BIEN: «Parece que estás muy disgustada y que te cuesta entender qué ha podido llevarla a decir eso.»

ENUNCIADO: «¡Estoy cansado de ser el único que mueve un dedo aquí!»

REFLEXIÓN: «Vaya, parece que estás harto. ¿Crees que eres el único que hace algo?»

O: «Estás muy harto de esto, ¿no? ¿Quieres que haya más trabajo en equipo o que el reparto de tareas sea más equilibrado?»

NO PERDER DE VISTA LA REALIDAD

Mi propuesta difiere de lo que suele denominarse «escucha activa». Mucha gente aprende a hacer esto mismo empleando fórmulas fijas como: «Entonces, si no te he entendido mal...» Pero, cuando usamos una técnica sin poner en ella autenticidad, nuestro discurso suena rígido e impostado, lo que merma la conexión. Y podemos equivocarnos por completo. Nos centramos tanto en la técnica que nos olvidamos de escuchar de verdad.

Es esencial no perder de vista en ningún momento el principio que subyace a la técnica. Reflejar antes de responder es una *herramienta* para facilitar la conexión y el entendimiento que nos permite colaborar. No es un dogma: «Reflejarás siempre antes de responder».

La práctica de la comunicación no se centra en lo que decimos, sino en de dónde partimos y en cómo lo decimos. Procura que la sinceridad de tu intención guíe tu escucha y tus palabras. ¿Qué puedes decir si deseas sinceramente que la otra persona se sienta escuchada? ¿Cómo puedes comprobar que tú la estás entendiendo? ¿Cómo preguntarías, si quisieras sinceramente sentir que el otro te escucha?

También es importante señalar que, por más que nos esforcemos en ser naturales, cuando estamos aprendiendo a hacer algo suele haber un periodo en el que todavía nos mostramos torpes. Cuesta algún tiempo encontrar la propia voz y sentirse a gusto con una nueva forma de comunicarse.

LAS RAÍCES DE LA EMPATÍA

La empatía se halla en el centro mismo de la reflexión verbal: es una forma intuitiva de tender puentes para comprender la experiencia del otro en sus propios términos. Sin empatía, la reflexión es un ejercicio vacuo.

Cuando pasas un rato con un niño pequeño que se ríe o con un cachorro, algo dentro de ti se enternece. Si te encuentras cerca de una persona enfadada o asustada, lo notas. Es el fenómeno conocido como *contagio emocional.* Los bebés empiezan a llorar cuando oyen llorar a otros bebés. Cuando vemos sufrir a un niño pequeño o a un cachorro, nos estremecemos. Sentimos el impulso compasivo de tenderle los brazos.

Hoy en día estamos aprendiendo mucho acerca de las bases neurológicas y evolutivas de la empatía. Los bebés necesitan conexión empática para que sus cerebros se desarrollen correctamente. Uno de los hallazgos más asombrosos de la neurobiología de la empatía fue el descubrimiento de las neuronas espejo, que producen una empatía somática inmediata. Las neuronas espejo se activan cuando vemos a otro ser humano ejecutar una acción. Una parte de nuestro cerebro está recreando calladamente los movimientos de los que nos rodean como si los estuviéramos haciendo nosotros mismos. Esto incluye las expresiones faciales. Nuestro cerebro imita íntimamente las manifestaciones emocionales de nuestros congéneres: está programado para la empatía.

La empatía es el núcleo mismo de la escucha. Cuando cerré los ojos y me tomé el tiempo necesario para escuchar de verdad a Jeremy, me estaba reorientando hacia la empatía. Esta desempeña muchas funciones: puede contribuir a la sanación y a mejorar la resiliencia; puede estimular vínculos saludables; puede desactivar emociones violentas, facilitar la comprensión y ayudar a resolver diferencias.

Empatía es la capacidad de comprender o sentir, desde su punto de vista, lo que está experimentando otra persona.

Empatía significa literalmente «participar de un sentimiento». Aunque pueda expresarse de muchas maneras (escucha silenciosa, reflexión verbal, contacto, acción), la empatía es esencialmente una *cualidad de presencia* del corazón. Es una sintonización receptiva que nos permite sentir tanto la experiencia propia como la de los demás. Podríamos decir que la empatía es la unión de la presencia y de la intención de entender. Es un interés sincero y afectivo que nos permite penetrar en el universo del otro y comprender su vivencia. Carl Rogers, uno de los fundadores de la psicología humanista, describía así la empatía:

> La empatía es una forma de ser compleja, exigente, firme y, sin embargo, tierna y sutil (...) Supone entrar en el mundo perceptivo íntimo del otro y sentirse completamente a gusto en él. Implica percibir segundo a segundo los significados cambiantes que fluyen dentro de esa otra persona.[27]

La empatía, esa facultad receptiva y evocadora, es una de las principales cualidades que nos hacen humanos.[28] Si se dan las condiciones adecuadas de sustento, seguridad y otras necesidades básicas, los seres humanos tendemos de manera natural a la empatía y la compasión: a sentir *con* el otro.

EL BLOQUEO DE LA EMPATÍA

Aunque la empatía es innata, hay toda clase de circunstancias que pueden obstaculizarla. En términos generales, es el proceso de socialización el que nos enseña a no ser empáticos. La familia, la cultura y la sociedad en general nos enseñan a temer u odiar a los que son distintos a nosotros. Cancelamos nuestra capacidad empática a fin de integrarnos y encajar, de protegernos o de sobrevivir en un mundo que no está estructurado para suplir nuestras necesidades.

Desconectarse de la empatía tiene un precio muy alto, como explica Miki Kashtan en su libro *Spinning Threads of Radical Aliveness*:

> Decir, como creo, que estamos «programados» para el reconocimiento mutuo y la empatía no significa necesariamente que vayamos a actuar siempre con afecto y compasión. Significa más bien que, en la medida en que ignoremos el afecto y la empatía y cultivemos otras posturas emocionales, pagaremos un precio enorme por ello: depresión, apatía, pesadillas, victimización e ira a nivel individual y delincuencia, abandono y aislamiento a nivel social.[29]

Recuperar nuestra capacidad para la empatía es esencial para el bienestar, las relaciones saludables y el diálogo eficaz. Muchas de las cosas que nos desconectan de la presencia obstaculizan también nuestro acceso a la empatía: el cansancio, el estrés o el hambre; la alteración emocional, la ira o la impotencia; el hecho de desear algo ardientemente o de esperar con fervor un resultado concreto. Las opiniones inflexibles, el miedo, la anticipación del dolor o el sentimiento de hartura pueden ser obstáculos para la empatía. Estudios recientes sugieren incluso que cuanto más tiempo pasamos utilizando dispositivos electrónicos, menos empatía sentimos.[30]

Cuando no obtenemos de los demás la empatía que buscamos y no comprendemos (u olvidamos) que hay cosas que pueden *bloquear* la empatía, podemos inventar historias para intentar explicar qué está pasando. Podemos dar por sentado que hay una falla en nuestro carácter, o en el de la otra persona, o que no le importamos. En lugar de prestar oídos a esas historias, podemos reparar en que quizá no se den las condiciones necesarias para que se manifieste la empatía. Ello deja más espacio para que partamos de la curiosidad y el interés, identifiquemos esa condiciones y las resolvamos de manera creativa.[31]

Cuando no sentimos empatía, solemos reaccionar de determinadas maneras, muy corrientes. El psicólogo Thomas Gordon las denomina «barreras comunicativas» porque obstaculizan la conexión y el entendimiento.[32]

EJERCICIO: Identificar las barreras que impiden la empatía

Tómate un momento para pensar en alguna ocasión en que hayas sentido frustración o impotencia. Puede tratarse de algo importante y complicado, como una ruptura sentimental, o de algo prosaico, como una visita al Ayuntamiento para resolver un trámite. Imagínate contándoselo a una amiga, y luego lee las respuestas siguientes:

CULPABILIZACIÓN, CRÍTICA O CONDENA: «Seguramente es culpa tuya. Siempre lías las cosas».

AMONESTACIÓN, DIDACTISMO: «Tienes que aprender a hacerte valer.» «Deberías haber protestado...»

CONSEJO: «Lo que tienes que hacer es...» «Conozco a un terapeuta estupendo...»

ADVERTENCIA, AMENAZA: «Más vale que lo resuelvas pronto o...» «¿Cuántas veces te he dicho...?»

AUTORITARISMO, DIRIGISMO: «Supéralo de una vez. Ya va siendo hora de que lo olvides y pases a otra cosa».

ANÁLISIS, DIAGNÓSTICO: «El problema es que...» «Creo que hay un patrón de comportamiento que tal vez tenga que ver con tu infancia...»

COMPARACIÓN, «ESO NO ES NADA»: «¿Y eso te parece tan malo? Pues a mí una vez...»

DISTRACCIÓN, SARCASMO, INDULGENCIA: «Bueno, ¿y qué vas a hacer con tu tiempo libre? ¿Has visto esa película nueva?»

INTERROGATORIO: «¿Dónde estabas? ¿Por qué te metiste en eso?»

ALABANZA, COMPRENSIÓN: «Eres la persona más amable y generosa que conozco.» «Tienes razón...»

COMPASIÓN, CONSUELO: «Ay, pobrecilla...» «Lo has hecho lo mejor que has podido. Seguro que todo sale bien.»

¿Qué sientes al no recibir empatía? ¿Cuál de estas respuestas tipo emplean otras personas de tu entorno? ¿Cuáles empleas tú habitualmente?

La diferencia entre la empatía y alguna de estas reacciones puede ser muy sutil. La compasión, que suele considerarse positiva, puede implicar cierto grado de piedad caracterizado por el alejamiento del otro y una reticencia a afrontar el dolor ajeno. El interrogatorio puede distraer al hablante y hacerle perder el hilo del discurso. La alabanza y la comprensión, aunque sirvan de apoyo, pueden ignorar las emociones del otro. Incluso el consuelo puede ser ineficaz a la hora de abrir el espacio que nos permita sentir la verdad del otro, además de que a menudo está motivado por nuestro propio malestar.

Aunque algunas de estas reacciones pueden ser útiles dependiendo del momento, normalmente surgen del hábito y el automatismo y ocupan el lugar de la auténtica empatía. ¿Cómo sería, por el contrario, *exponerse a sentir* la vivencia de la otra persona? ¿Cómo reaccionarías partiendo de la empatía natural y manteniéndote presente?

Con empatía, nos sumamos al sentir del otro. La empatía se expresa más frecuentemente a través del tono que de palabras concretas. Podemos decir «Lo siento» con frialdad y distancia o con preocupación sincera. Esencialmente, la empatía busca conocer la experiencia de manera directa, en sus propios términos, sin tratar de rectificarla, modificarla o explicarla. Esta disposición a participar de la experiencia del otro es la clave de la empatía.

LAS TRES DIMENSIONES DE LA EMPATÍA

Maya Angelou dijo una vez: «Si pudiera, haría que todo el mundo fuera afroamericano al menos una semana; para que sepa lo que es».[33] ¿Qué efecto surtiría el que todos los ciudadanos estadounidenses vivieran *en carne propia* la experiencia cotidiana de ser negro en Estados Unidos? Una empatía semejante podría comenzar a restañar las heridas causadas por la esclavitud y el racismo en mi país.

La verdadera empatía es tridimensional. Es al mismo tiempo cognitiva, afectiva y somática. La empatía cognitiva se centra en adoptar la perspectiva del otro. Es la capacidad de ponernos en su lugar y comprender en el plano intelectual lo que le sucede a esa persona. La empatía afectiva o emocional consiste en ser capaz de sentir *junto con* esa persona. Trasciende la comprensión cognitiva del mundo íntimo del otro y pasa a ser una experiencia emocional. Del mismo modo que un instrumento de cuerda vibra con resonancia armónica, nuestro corazón puede ser una caja de resonancia para el sufrimiento o la alegría del otro.

La tercera clase de empatía es de índole somática: es la capacidad de percibir físicamente la experiencia del otro.[34] Se trata de una comprensión visceral e instintiva. En su afamado libro *Entre el mundo y yo*, el escritor afroamericano Ta-Nehisi Coates describe una poderosa experiencia de empatía somática en una carta a su hijo adolescente:

> Pero toda nuestra fraseología —las relaciones raciales, el abismo racial, la justicia racial, el perfil racial, el privilegio blanco, incluso la supremacía blanca— contribuye a ocultar que el racismo es una experiencia visceral, que obtura el cerebro, tapona las vías respiratorias, desgarra el músculo, arranca órganos, fractura huesos y rompe dientes. No debes perderlo nunca de vista. Has de recordar siempre que recae (…) con enorme violencia sobre el cuerpo.[35]

Intensificar la empatía no es solamente un ejercicio cognitivo o intelectual, aunque empiece siéndolo. Es un esfuerzo por incorporar una comprensión física y emocional de la experiencia del otro. Sin estas dimensiones complementarias, nuestra empatía estará incompleta. Cuando la empatía cognitiva está separada de la empatía afectiva, puede utilizarse para manipular o lastimar a los demás, incluso para hacer más eficaz la tortura. La verdadera empatía integra estos tres ámbitos y puede aportar curación, resiliencia y transformación.

La empatía cuestiona la opinión de que somos entes separados y nos invita a celebrar la humanidad que compartimos con nuestros semejantes. Un primer paso consiste en conectar de manera más honda con nuestra propia experiencia mediante el mindfulness. La conciencia del yo es el fundamento de la conexión empática. Al percibir el paisaje íntimo de nuestra existencia con más detalle e intensidad, aumenta nuestra capacidad de comprender la vida interior de los demás.[36]

A continuación debemos dejar a un lado nuestro propia historia, salirnos de nuestro marco referencial. Al describir el papel que desempeña la empatía en su profesión, el actor de Broadway Okieriete Onaodowan lo expresó con elocuencia: «Para recorrer una legua con mis zapatos, primero tienes que quitarte los tuyos».[37] Ensanchamos la mente y el corazón más allá de los límites de nuestras opiniones, ideas y sentimientos para visualizar el mundo íntimo de otro ser humano. Nos servimos de la imaginación, la creatividad y la intuición para percibir cómo es vivir en el pellejo de otro.

Escuchar con empatía es una manera esencial de partir de la curiosidad y el interés y una piedra angular del diálogo. He aquí tres formas de ejercitar la empatía en tu vida cotidiana que sintetizan lo que hemos aprendido en este capítulo:

EJERCICIO: **Empatía**

Intenta practicar este ejercicio en conversaciones que no traten de ti. Suele ser más fácil conectar con la empatía cuando tú no estás en el punto de mira. Recuerda que la empatía no reside en las palabras; es una cualidad de la presencia que surge del corazón. Procura entender la experiencia de la otra persona y deja que las palabras fluyan de manera natural.

PRESENCIA EMPÁTICA SILENCIOSA. Practica la escucha total con la intención sincera de entender y «participar» de lo que la otra persona está diciendo. ¿Qué está experimentando tu interlocutor?

PARÁFRASIS. Tras escuchar, resume lo que has oído. ¿Cuáles son los puntos esenciales de lo que ha dicho la otra persona? A veces, con repetir una o dos palabras clave puede ser suficiente.

REFLEXIÓN EMPÁTICA. Después de la escucha, comprueba que has entendido a tu interlocutor reflejando lo que crees que es más importante para esa persona. Esto puede incluir lo que siente y/o lo que necesita. ¿Qué es lo que más le importa a esa persona, más allá de sus palabras concretas? ¿Cómo puedes ayudar a esa persona a sentirse escuchada? Recuerda enunciar tus reflexiones en forma de preguntas y asegurarte de que has entendido bien.

Hay muchas otras formas de demostrar empatía. Podemos expresarla mediante una palabra amable o un gesto de cariño o manifestando los sentimientos que nos ha generado lo que hemos oído. A veces podemos demostrar empatía expresando interés con invitaciones abiertas, como «Cuéntame más» o «Continúa».

Susan, una de mis alumnas, profesora de artes plásticas en un instituto de secundaria, me contó la siguiente historia: Avery, una estudiante de primero de bachillerato que solía ser muy alegre y vivaz, empezó a llegar a clase antes de su hora. Susan trabó conversación con ella y se dio cuenta de que lo estaba pasando muy mal. Quedaron en hablar más tarde ese mismo día, cuando Susan tuviera más tiempo.

«No quiero seguir en el instituto», dijo Avery.

Estaba pensando en dejar los estudios. Susan sintió el impulso de ponerse en «modo resolución de problemas», un hábito muy arraigado en ella. Como habíamos tratado hacía poco en clase el tema de la empatía, hizo una pausa y decidió intentar escuchar.

«Cuéntame más. ¿Qué está pasando?»

Avery comenzó a abrirse. La estaban acosando. Se sentía triste, sola y deprimida. Cada vez que Susan notaba el impulso de arreglar o solucionar la situación, procuraba sentir el peso de su cuerpo y sus pies pegados al suelo y resistía la tentación de ofrecer soluciones. Centró su atención en lo que estaba sintiendo Avery y en reflejar lo que estaba oyendo. La chica comenzó a llorar. Hablaba entrecortadamente, entre sollozos, y de vez en cuando miraba a Susan con timidez como si quisiera comprobar si iba todo bien. Lloró un montón, gastó muchos pañuelos desechables y hubo largos ratos en que Susan se limitó a sostenerle la mirada.

Avery siguió hablándole de su sentimiento de tristeza y soledad, y de lo poco valorada que se sentía.

«Me siento así desde primero de primaria», dijo.

«¿Fue la primera vez que te sentiste tan triste y sola?», preguntó Susan.

No, empezó a sentirse así a los tres años, cuando se marchó su padre. Se miraron la una a la otra comprendiendo que habían llegado a la raíz de su dolor. Al final, reflexionaron juntas sobre lo que podía necesitar Avery en el instituto y dieron con algunas estrategias para resolver la cuestión del acoso. Avery decidió seguir con sus estudios y hacer un trabajo sobre la depresión que presentaría en clase de arte.

Ese es el poder de la empatía: recibir cada palabra que se expresa, cada emoción que se revela, con el corazón atento. Cuando partimos de la curiosidad y el interés en lugar de apoyarnos en estrategias de comunicación dictadas por el hábito, la curación y la transformación se hacen posibles.

PRINCIPIOS

La gente suele estar más dispuesta a escuchar cuando se siente escuchada. Para propiciar el entendimiento, refleja lo que dice tu interlocutor antes de responder.

PUNTOS CLAVE

La intención de entender se manifiesta con frecuencia mediante la escucha, que implica dejar a un lado temporalmente nuestros pensamientos, sentimientos, ideas y opiniones. Podemos escuchar de muchas maneras:

- Estando presentes de todo corazón y por completo.
- Atendiendo al contenido de lo que dice la otra persona.
- Atendiendo a los sentimientos y las necesidades que subyacen al contenido.

Mantenernos conectados durante la conversación nos ayuda a forjar el entendimiento y a colaborar:

NO DEJES QUE SE INTERRUMPA LA CONEXIÓN. Procura establecer la conexión y mantenerla en todo momento durante la conversación.

REFLEJA ANTES DE RESPONDER. Confirma que tu interlocutor y tú os estáis entendiendo mutuamente con exactitud antes de seguir adelante. Así se completa un ciclo de comunicación.

La escucha tiene su núcleo en la empatía, que incluye:

- Empatía cognitiva: ver las cosas desde otra perspectiva.
- Empatía afectiva: sentir las emociones del otro.
- Empatía somática: percibir la experiencia corpórea del otro.

PREGUNTAS Y RESPUESTAS

P: ¿Y si alguien quiere consejo? ¿Está bien dárselo?
Claro que sí. Cuando alguien te pide consejo, primero puedes intentar ofrecerle empatía. Yo suelo decir: «Puedo darte alguna idea, estaré encantado de hacerlo, pero primero quiero que me cuentes qué te ocurre, nada más». A continuación, reflejo de manera empática lo que he oído para comprobar si lo he entendido bien. Esto puede ayudar a la otra persona a

procesar su experiencia y a aclarar qué es lo que más le importa. Después, vuelvo a preguntarle a mi interlocutor si todavía quiere que le aconseje. A veces ya no es necesario.

Si ocurre al contrario y eres tú quien quiere aconsejar a alguien, pregunta primero. Dile a esa persona: «Tengo una idea que creo que podría serte de ayuda. ¿Me permites que te dé un consejo?» Así respetas su autonomía, minimizas la posibilidad de que tu aportación desempodere a esa persona y evitas el riesgo de dar consejos como forma de aliviar tu propia ansiedad.

P: He estado practicando estos ejercicios de empatía con amigos íntimos y familiares y mi nuevo enfoque genera mucha incomodidad. ¿Qué se hace cuando los demás esperan que te comuniques de determinada manera?
Puede ser muy desconcertante que nuestros intentos de conectar más intensamente con los demás produzcan un efecto contrario al deseado. Lo que estás experimentando es, en parte, la dimensión relacional de los hábitos de comunicación. Estos constituyen una dinámica: si introducimos un factor de cambio, toda la dinámica cambia. Puede que también se trate simplemente de una cuestión de aprendizaje; hace falta tiempo para encontrar la propia voz al servirse de estas herramientas.

Olvídate de la forma y concéntrate en tu intención genuina de conectar. ¿Qué ayudaría a que esta persona se sienta escuchada? Si nuestro interlocutor está acostumbrado a que le demostremos afecto haciéndole preguntas o dándole la razón y de pronto respondemos reflejando sus necesidades, eso puede descolocarle. Intenta sintonizar con lo que quiere esa persona. Y, si falla todo lo demás, advierte a los demás que estás probando algo nuevo que crees que puede acercaros. Pídeles que tengan paciencia contigo mientras aprendes.

TERCERA PARTE

El tercer paso

Centrarse en lo que importa

Los dos primeros pasos de los que hemos hablado en este libro han allanado el camino para que se dé una conversación eficaz: guiar con la presencia hace que todo sea posible; partir de la curiosidad y el interés nos indica la dirección correcta y encarrila la conversación. El tercer paso, centrarse en lo que importa, determina adónde llegamos.

Este tercer paso consiste en entrenar nuestro foco de *atención*. Una conversación la forman numerosos elementos. ¿Cómo distinguimos lo que es relevante de lo que no? ¿Cómo decidimos qué asunto encarar primero? Entrenar nuestra atención es un recurso sumamente valioso para avanzar abriéndose paso entre estas complejidades.

Quisiera invitarte a hacer un breve experimento. Primero, centra tu atención en tus manos y fíjate en las sensaciones que notes en ellas: calor o frío, pesadez o ligereza, sequedad o humedad. Ahora, céntrate en tus pies y en sus sensaciones: temperatura, peso y tacto.

Trasladar la atención de las manos a los pies sirve para ilustrar un aspecto fundamental de la mente: podemos elegir conscientemente dónde fijar nuestra atención. Nos pasamos el día usando las manos y los pies, así que podemos centrarnos en ellos a voluntad. Esta capacidad para entrenar la atención es el fundamento del tercer paso para lograr una conversación eficaz.

Marshall Rosenberg señala cuatro aspectos clave de la experiencia que, cuando se identifican con claridad, nos ayudan a mantenernos conectados con nuestra humanidad y fomentan la colaboración. En lugar de quedar constreñidos por la culpa, la crítica reactiva y la estrechez de miras, aprendemos a analizar las *observaciones* más relevantes dentro de una situación dada, las *emociones* asociadas con esos acontecimientos, las preocupaciones y las *necesidades* profundas de las que surgen esos sentimientos y las *peticiones* concretas que pueden hacer que una conversación avance. Dicho de otra manera: ¿qué ha ocurrido? ¿Cómo te sientes al respecto? ¿Por qué? ¿Y qué hacemos a partir de ahora?

En esta tercera parte, vamos a entrenar nuestra atención para aprender a discernir y entrelazar estos cuatro elementos: observaciones, emociones, necesidades y peticiones. Al familiarizarnos con estos aspectos de la experiencia, descubrimos cómo se suceden y encajan como pasos de una danza. Podemos utilizarlos para expresarnos con mayor claridad y escucharnos mutuamente con facilidad.

Dentro de este contexto tan amplio y variado, el tercer paso para la conversación eficaz es extremadamente flexible. Centrarse en lo que importa puede suponer una visión panorámica de las cosas o un tratamiento específico de un aspecto aislado. Afinamos la atención para identificar qué es lo que más importa en cada momento. Esta habilidad nos brinda gran libertad y flexibilidad de comunicación al separar lo superfluo de lo esencial. Cuando nos mantenemos centrados en lo que importa, podemos decir lo que queremos decir y forjar una conversación eficaz paso a paso.

7

Afrontar lo que importa

«He aquí mi secreto. Es muy sencillo. Solo con el corazón puede verse con claridad. Lo esencial es invisible al ojo.»

ANTOINE DE SAINT-EXUPÉRY

Imagínate lo que sería que, al margen de lo que digan o hagan los demás, pudieras escuchar las preocupaciones profundas que se ocultan bajo sus palabras y sus acciones. ¿Cómo sería asomarse a su corazón y ver qué es lo que anhelan de verdad, sentir empatía natural por esa persona? ¿O saber intuitivamente qué es lo que más te importa *a ti* en cualquier situación que se plantee?

Es posible hacerlo entrenando la atención para identificar las necesidades y los valores humanos. Se trata de una práctica que es al mismo tiempo transformadora, poderosa y liberadora. Aprender a ver de esta manera puede llevar su tiempo y exigir cierta disciplina, pero es algo que está al alcance de cualquiera y cuyos resultados calan muy hondo.

En el capítulo 5 exponíamos una de las premisas fundamentales de la práctica de la comunicación: *todo lo que hacemos, lo hacemos para suplir una necesidad.* Se trata de un principio tan esencial que me parece necesario ahondar en sus implicaciones y en el entrenamiento de la atención en el que se apoya. Para comprender el poder transformador de esta premisa, debemos aprender sobre necesidades y valores. Saber identificar las necesidades que entran en juego en una situación y afrontarlas con sabiduría aporta más libertad, lucidez y capacidad de elección, lo que nos permite avanzar incluso en las relaciones más difíciles.

Cuando descubrí el concepto de necesidad en un taller sobre comunicación al que asistí cuando tenía poco más de veinte años, me quedé anonadado. Estaba atravesando una época difícil: me sentía solo, luchaba por encontrar mi lugar en el mundo y tenía conflictos con mis compañeros de trabajo y mi familia. Saber que detrás de mis emociones había algo concreto, motivos verdaderos, fue una revelación y un alivio. Había encontrado una nueva herramienta —de uso intuitivo— para entender el comportamiento: cada uno de nosotros se limita a hacer todo lo que puede por satisfacer sus necesidades.

En la teoría de la comunicación no violenta y en la obra de muchos psicólogos y sociólogos, el término *necesidad* tiene un contenido muy concreto, distinto a su uso más corriente. En el lenguaje hablado, podemos decir «necesito que me escuches» o «necesito que seas puntual». Se trata de *estrategias*, es decir, de ideas sobre cómo satisfacer nuestras necesidades. Las necesidades son lo que importa, lo que se oculta bajo esas estrategias.[38] Son valores fundamentales que impulsan nuestros actos. Si quiero que me escuches, puede que necesite comprensión. El deseo de mayor puntualidad puede tener que ver con la valoración del respeto, el trabajo en equipo o la eficiencia.

Las necesidades son valores centrales que motivan nuestros actos. Son lo que más importa, los motivos esenciales por los que queremos lo que queremos.*

Podemos ver las necesidades como facetas de nuestra humanidad. Son atributos universales y positivos que animan la floreciente vida humana. Todos compartimos las mismas necesidades aunque las sintamos con dis-

* A lo largo de este capítulo empleo los términos *necesidad, valor* y *lo que importa* de manera intercambiable para referirme a este aspecto esencial de la experiencia humana. Aunque haya distinciones filosóficas entre los conceptos de necesidad y valor, lo que me interesa en este caso es proponer distintas formas de referirnos coloquialmente al abanico de atributos que nos sirven de motivación.

tinto grado de intensidad y pongamos en práctica estrategias diferentes para satisfacerlas.[39] Cualquier cosa que esté vinculada a una persona, un lugar, un tiempo, un objeto o una acción concretos es una *estrategia*. Algunas estrategias dan resultado; otras, no. Algunas son prudentes; otras, insensatas. Cualquier acción puede entenderse como una tentativa de suplir diversas necesidades. Podemos salir a caminar para mejorar nuestra salud, para relajarnos o para despejarnos. De igual modo, hay muchas estrategias distintas para satisfacer una necesidad dada: podemos relajarnos hablando con un amigo, saliendo o haciendo yoga.

UNA CONSTELACIÓN DE NECESIDADES

Abraham Maslow fue uno de los primeros pensadores de la era moderna en introducir el concepto de necesidad humana. En su teoría formativa de la salud psicológica proponía una «jerarquía de necesidades», descrita a veces como una pirámide, con nuestras necesidades fisiológicas más elementales en la base; las necesidades relacionales, como la comunidad, el arraigo y el respeto, en el centro; y las necesidades más elevadas, como encontrar sentido a la vida, la plenitud y la paz, en la cúspide.[40] Estas ideas de Maslow fueron desarrolladas con posterioridad por el también psicólogo humanista Carl Rogers, que fue mentor de Marshall Rosenberg.

El concepto de jerarquía de necesidades indica que, en muchas situaciones, se hace difícil atender a las necesidades elevadas cuando no pueden satisfacerse las más básicas. Si sentimos estrés o cansancio, puede que nos resulte difícil mostrar empatía. La creatividad puede quedar relegada si no disponemos de agua limpia, medicinas o seguridad física.

No hay, sin embargo, una jerarquía *absoluta* de necesidades. Hay incontables maneras de elevarse por encima de nuestras necesidades básicas. Podemos hacer acopio de paciencia para soportar una conversación difícil incluso estando estresados; los padres y las madres y los amantes se sacrifican a diario por sus hijos y sus seres amados; a lo largo de la historia —y en la actualidad—, los individuos han sido capaces de encontrar dentro de sí fortaleza, compasión y perdón en situaciones de violencia y pobreza espantosas.

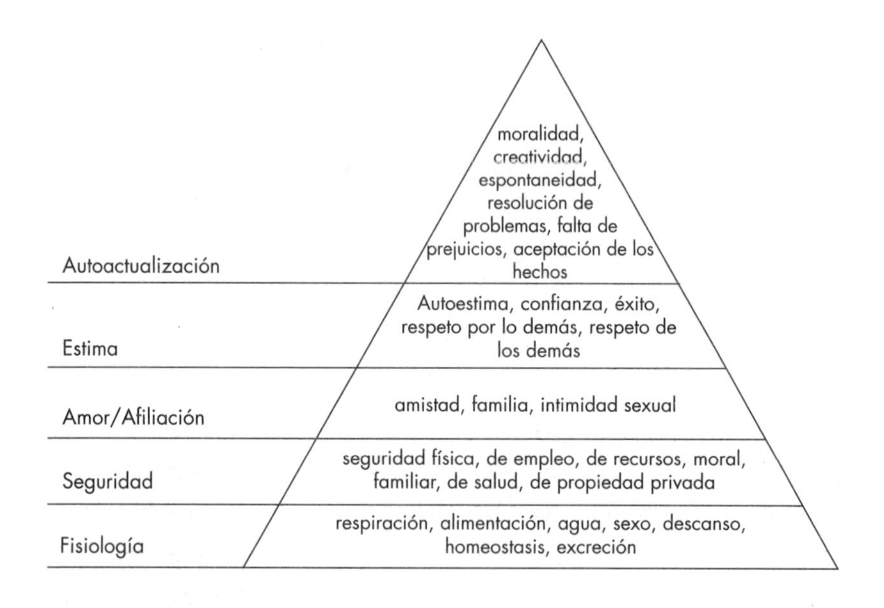

Figura 3. La jerarquía de necesidades de Maslow

A menudo me conmuevo al pensar en personas como Nelson Mandela, que, tras pasar veintisiete años en prisión, sin poder asistir a los entierros de su madre y de su hijo, dijo: «Al salir por la puerta y encaminarme a la verja que me conduciría a la libertad, supe que si no dejaba atrás mi amargura y mi odio seguiría en prisión».[41] O cuando pienso en Etty Hillesum, una mujer judía cuyos diarios y cartas narran la extraordinaria transformación interna que experimentó durante la Segunda Guerra Mundial, en la Ámsterdam ocupada y posteriormente en un campo de concentración desde el que fue enviada a Auschwitz. Camino de Auschwitz, donde murió, lanzó una nota desde el tren que decía: «Dejamos el campo de concentración cantando». Esas seis palabras ponen de manifiesto la fortaleza del espíritu humano para sobreponerse a las circunstancias.

Los seres humanos poseen un profundo caudal de resiliencia. No somos ni podemos ser del todo autosuficientes, pero podemos desarrollar nuestra capacidad intrínseca de resiliencia hasta un grado inconmensurable.[42] Las necesidades son fluidas. No hay una jerarquía fija, ni universalmente ni en el plano individual. Más bien, nuestras necesidades son una constelación íntima de cualidades interrelacionadas. Las que más valoramos en un momento dado vienen definidas por un sinfín de factores cambiantes.

Y sin embargo todas nuestras necesidades importan. Los seres humanos pueden sobrevivir unos minutos sin aire, unos días sin agua y unas semanas sin alimento. Cuando nuestras necesidades relacionales y elevadas no se satisfacen, existe también un peligro real para nuestra supervivencia, solo que más alejado en el tiempo. Los bebés se mueren sin contacto afectivo. Los niños criados con un déficit de empatía y apego pueden tener dificultades para entablar relaciones saludables a lo largo de su vida. Muchas personas debemos esforzarnos por restañar las heridas íntimas provocadas por las carencias relacionales básicas que sufrimos en la infancia. Los adultos solo pueden resistir cierto tiempo sin comprensión y calor humanos antes de que la mente se trastorne y el espíritu se quiebre.

La lista de necesidades humanas del ejercicio siguiente no pretende ser exhaustiva. Indica el abanico de necesidades que tenemos como humanos, cualquiera de las cuales puede estar presente en un momento dado. Los formadores en CNV suelen compartir una versión de esta lista allá donde estén, en cualquier lugar del mundo y con personas de todas las culturas y los estatus sociales, preguntando: «¿Necesitas esto para crecer?» Con pequeños matices, la respuesta siempre es sí.

EJERCICIO: Reflexionar sobre las necesidades humanas

En la siguiente página encontrarás una lista parcial de necesidades humanas. Fíjate en lo que sientes al leer cada palabra. ¿Cuál de ellas te aporta una sensación de apertura, de alegría o de alivio? ¿Hay alguna palabra que te provoque malestar o ansiedad? ¿Qué necesidades son más importantes para ti en la vida? ¿Difieren según los contextos: en casa, en el trabajo o con amigos?

Lista de necesidades humanas*

Subsistencia

Sustento físico

Aire, comida, agua
Refugio
Salud, sanidad
Seguridad física
Descanso / Sueño
Movimiento

Seguridad

Coherencia
Estabilidad
Orden / Estructura
Seguridad (emocional)
Confianza

Libertad

Autonomía

Elección
Desenvoltura
Independencia
Poder
Espacio
Espontaneidad

Ocio / Relajación

Aventura
Humor
Alegría
Juego
Placer

Conexión

Afecto

Aprecio
Atención
Compañía
Armonía
Intimidad
Amor
Expresión sexual
Apoyo
Ternura
Afecto
Contacto

De importar

Aceptación
Interés
Compasión
Consideración
Empatía
Bondad
Reconocimiento mutuo
Respeto
Ser visto u oído
Ser comprendido
Que confíen en uno

Afiliación

Arraigo
Celebración
Cooperación
Igualdad
Inclusión
Reciprocidad
Participación
Autoexpresión
Solidaridad

Significado

Sentido del yo

Autenticidad
Competencia
Confianza
Creatividad
Dignidad
Crecimiento
Curación
Sinceridad
Integridad
Autoaceptación
Autocuidado
Autoconexión
Autoconocimiento
Autorrealización

Entendimiento

Conciencia
Lucidez
Descubrimiento
Aprendizaje
Comprender la vida

Significado

Viveza
Reto
Contribución
Creatividad
Eficacia
Exploración
Integración
Propósito

Trascendencia

Belleza
Comunión
Fe
Esperanza
Inspiración
Duelo
Paz (interior)
Presencia

---

* Adaptada a partir de la versión desarrollada por Inbal, Miki y Arnina Kashtan y publicada con permiso de los autores, www.baynvc.org

MITOS CULTURALES: INDEPENDENCIA, AUTOSUFICIENCIA Y NECESIDADES

Podemos ser muy reacios a reconocer nuestras necesidades y las ajenas. Quizá tengamos muchas cosas asociadas a la palabra *necesidad*: debilidad, dependencia, egoísmo, flaqueza… A veces he preguntado a alguien qué necesitaba y esa persona me ha contestado encogiéndose de hombros que no necesitaba nada, que estaba bien. Pero yo mismo he contestado así cuando luchaba por defenderme del dolor emocional o por mantener una fachada de independencia.

Cuando nos encontramos frente a frente con las necesidades de otras personas, podemos experimentar sentimientos de obligación, resentimiento, agobio o indiferencia. Dependiendo de cómo nos relacionemos con los demás, podemos estar muy pendientes de las necesidades de los otros y sentir el impulso de satisfacerlas (a menudo a expensas de nuestra propia autonomía, libertad o bienestar) o podemos estar más centrados en nuestras necesidades individuales y sentirnos amenazados por los requerimientos ajenos (con frecuencia a expensas de nuestra sensibilidad y de nuestras necesidades de conexión o intimidad). Casi siempre se da una mezcla compleja de respuestas condicionadas socialmente que varían dependiendo del contexto. Sea cual sea el estilo particular de cada cual, por desgracia es muy común que este entrenamiento cultural haga que nos sintamos inauténticos, agobiados o impotentes.

El condicionamiento social se manifiesta especialmente en el ámbito del género: la cosificación de los roles de género acota y limita nuestras necesidades. En mi caso, ese condicionamiento estaba representado por los mitos contemporáneos occidentales de la autosuficiencia masculina («No necesito nada»), la meritocracia («El que se esfuerza lo suficiente, consigue lo que se propone») y el hiperindividualismo («Decide solo y actúa por tu cuenta»). Desde edad muy temprana, esas premisas conformaron mi experiencia y mis expectativas.

Como varón sometido al condicionamiento de nuestras normas culturales, a veces me costaba reconocer mis necesidades de afecto, intimidad y apoyo. Durante muchos años, además, sufría cada vez que necesitaba ayuda porque me sentía sobrepasado. Las suposiciones tácitas del universo escolar y las imágenes de las series de televisión, las películas y los cómics me ponían ante los ojos un ideal de héroe independiente que realizaba hazañas gracias a su fortaleza y su presencia de ánimo. Cuando las cosas se ponían feas, yo reprimía mis emociones y trataba de arreglármelas solo. Hizo falta mucha paciencia e incontables recordatorios por parte de quienes me querían para que comprendiera que todos necesitamos apoyo en ocasiones y que podía, de hecho, pedir ayuda.

En algún momento me di cuenta de que no puedo hacerlo todo yo solo. Y, lo que quizá sea más importante, ¿por qué habría de querer hacerlo todo sin ayuda? Comprendí que el espejismo de la independencia, la fantasía del perfecto héroe masculino, me separaba de los demás, mientras que reconocer mis limitaciones y pedir ayuda me conectaba con ellos. Les di a los otros la oportunidad de verme y de hacer aportaciones significativas.

Muchas mujeres de mi entorno inmediato recibieron durante su infancia y juventud mensajes más orientados hacia el cuidado de los demás («El significado de la vida se halla en el cuidado de los otros») y el autosacrificio («Dar es el mayor bien»). El proceso de socialización de muchas mujeres entrañó la ignorancia o la negación de sus necesidades personales. Se les enseñaba a creer que sus necesidades carecían de importancia. (Esto es especialmente cierto en el caso de mis abuelas, que tuvieron menos acceso a la educación y consagraron toda su vida al cuidado de sus familias.) Algunas amigas y compañeras de trabajo han tenido que luchar a brazo partido para contrarrestar este condicionamiento social, y a menudo han encontrado el equilibrio aceptando su necesidad de autonomía, reconociendo la verdad de su experiencia individual y confiando en su capacidad asertiva.[43]

Según nuestra cultura y nuestro rol social, ciertas necesidades pueden considerarse impedimentos, más que una expresión natural de nuestra humanidad o un valor innato que alienta nuestra existencia. Muchas de las creencias y las nociones que aprendemos acerca de nuestras necesidades —aunque profundamente arraigadas y sostenidas con firmeza— no son ciertas; es así de sencillo. Se oponen a la realidad de nuestra existencia como seres humanos. Son mitos. La autosuficiencia absoluta es imposible. El autosacrificio total rara vez es saludable cuando obedece a un rol impuesto.

Como mamíferos que somos, dependemos psicológicamente de las personas que nos rodean desde el momento de nuestro nacimiento. Durante la infancia y la adolescencia, nuestro sistema nervioso se forma mediante vínculos relacionales con personas adultas. Somos seres sociales y durante milenios nuestro bienestar mental, emocional y espiritual ha dependido de la fortaleza de las comunidades humanas en las que nos hallábamos insertos. Y eso por no hablar de nuestra dependencia del entorno que nos servía de sustento. Cada día —ahora más que nunca en la historia de nuestra especie— dependemos de miles de personas para suplir nuestras necesidades más elementales, desde el alimento a la ropa, pasando por la energía y el transporte. El uso del dinero enmascara la inmensa red de interconexiones sobre la que descansa nuestra existencia cotidiana, y al mismo tiempo revela la anchura y la profundidad de dicha red.

De igual forma, la historia de la gran meritocracia de Estados Unidos —estrechamente vinculada con los mitos de la autosuficiencia y el individualismo— no tiene en cuenta el enorme desequilibrio que aqueja al país en cuanto al acceso a recursos y oportunidades dependiendo del color de la piel, la clase social, el género, la orientación sexual y la capacidad física, entre otros factores, así como los sesgos implícitos a favor o en contra del éxito de una persona basados en dichos factores.

Los efectos que estos mitos surten sobre el individuo, la familia y la sociedad son devastadores. Cuando nos sentimos impotentes, deprimidos o solos, ¿adónde dirigimos la mirada en busca de respuestas? ¿Nos paramos a considerar que nuestro malestar quizá se deba en parte a la devaluación de necesidades fundamentales tales como la necesidad de conexión y el sentimiento de pertenencia? ¿Somos conscientes de la pobreza espiritual de la cultura moderna? ¿Pensamos en la desintegración de la vida comunitaria y en el aluvión constante de mensajes que equiparan la felicidad con el consumo y el éxito material? ¿O nos culpamos a nosotros mismos y, llevados por un sentimiento de fracaso personal, nos preguntamos qué nos pasa, en qué nos hemos equivocado?

En lugar de reconocer nuestra interconexión como seres humanos —en lugar de asumir la verdad sanadora de que somos inseparables del resto de la vida y dependemos los unos de los otros y de este planeta para cada bocanada de oxígeno, para cada trago de agua y cada bocado de alimento o de cariño—, luchamos por ir tirando, creyéndonos seres independientes y autónomos.

Para aprender a identificar y cobrar conciencia de nuestras necesidades más profundas, hay que asumir todo esto. Hay que llorar lo que hemos perdido en el plano individual y en el social y enfurecerse quizá por cómo nuestras instituciones, nuestra cultura y nuestros medios de comunicación perpetúan la desconexión y la falta de conciencia de nuestras necesidades humanas. Lloré al darme cuenta de cuánto me había esforzado por hacerlo todo yo solo y cómo, debido a una serie de creencias incuestionadas, había evitado pedir ayuda durante muchos años.

La clave está, por tanto, en reivindicar nuestra humanidad. *Somos* interdependientes. Al margen de condicionamientos sociales, nuestras necesidades importan. Casi siempre son las relaciones personales las que aportan mayor alegría y sentido a nuestras vidas, así como dolor y aflicción. Tienen, por tanto, gran importancia en la sanación y el sentimiento de plenitud individuales. A una escala mayor, es fácil ver que solo mediante la colaboración y el reconocimiento de nuestras necesidades compartidas podremos resolver los graves problemas de nuestro tiempo. No hay soluciones individuales a problemas estructurales.

Este proceso de sanar el corazón, reivindicar nuestras necesidades y trabajar juntos para crear un sociedad más justa y equitativa comienza con nuestra capacidad para identificar esas necesidades. Podemos servirnos del mindfulness y de la intención de entender para preguntarnos qué nos importa más en cada circunstancia. El siguiente ejercicio ayuda a reforzar esta capacidad básica.[44]

EJERCICIO: **Percibir tus necesidades**

Piensa en algo que sucediera hace poco y que no satisfizo tus necesidades. Recuerda elegir algo que no sea demasiado complejo o te resultará más difícil aprender esta habilidad.

1. Identifica lo que quieres de verdad, una estrategia concreta. ¿Qué podría haber ocurrido? ¿Qué podrían haber dicho o hecho los demás que te hubiera complacido?
2. Pregúntate por qué eso es tan importante para ti. ¿Por qué te importa exactamente? O, si lo tuvieras, ¿qué ocurriría *entonces*? Es una forma de indagar en tus necesidades. No te lo pienses demasiado ni trates de utilizar tus capacidades cognitivas para averiguarlo. Escúchate íntimamente.
3. Sea cual sea la respuesta, vuelve a hacerte una de las preguntas anteriores. Continúa formulándotela y escuchándote hasta que llegues a algo que sientas que es un valor o una necesidad fundamental para ti. Es posible que, cuando identifiques qué es lo que más te importa, experimentes un sentimiento de claridad o sosiego.
4. Fija tu atención en esa necesidad en sí misma, como una faceta universal del ser humano, con independencia de la situación. ¿En qué parte del cuerpo sientes que se trata de algo importante, de algo que deseas no solo para ti sino para todos? ¿Puedes apreciar la belleza y la dignidad de ese anhelo? ¿Percibes su valor intrínseco? ¿Qué sensaciones te produce?

Puede que te sea fácil identificar lo que necesitas, o puede que no consigas verlo con claridad. Hace falta tiempo para desarrollar esta habilidad. Ten paciencia con las ideas y las emociones que puedan despertarse en ti. Lo importante es la indagación propiamente dicha, aprender a escuchar lo que importa con curiosidad e interés.

Cuando cobramos conciencia de las necesidades en un plano esencial, algo cambia dentro de nosotros. Entramos en contacto directo con una fuerza impulsora de nuestra existencia y ello se traduce en sensaciones corporales. Puede que al identificar un valor o una necesidad esencial experimentemos una sensación somática de reposo, de claridad o de anclaje en la tierra. Podemos tener una sensación de espaciosidad y desahogo, sentir que algo se alinea dentro de nosotros o un arranque de energía y vitalidad.

En parte, el truco para llegar a ese nivel consiste en aprender a ser conscientes de nuestras necesidades en positivo, no en negativo. Se trata de lo que *queremos*, no de lo que *no queremos*. Para dominar esta habilidad hemos de oponernos activamente al sesgo negativista, es decir, a nuestra tendencia evolutiva a buscar amenazas y a centrarnos en lo que no funciona. Para promover el cambio —en nuestra existencia cotidiana, en nuestras relaciones personales y en nuestra sociedad— tenemos que imaginar e identificar nuevas posibilidades. Gandhi hablaba del «programa constructivo». Martin Luther King imaginó la «Comunidad Amada».

Entrenar la atención para identificar necesidades (las nuestras y las ajenas) implica desarrollar distintas capacidades. En primer lugar, como ya se ha apuntado, debemos ampliar nuestro vocabulario en lo relativo a las necesidades. Cuanto más familiarizados estemos con las palabras y las expresiones sucintas que identifican necesidades, más fácil nos será advertir dichas necesidades en nuestra vida cotidiana. En segundo lugar, hemos de entrenar la atención para ver la vida a través de la «lente de la necesidad», partiendo del enfoque de que todo acto es un intento de suplir una necesidad. Practicaremos cambiando una y otra vez de perspectiva —de la estrategia a la necesidad— hasta que nos resulte tan fácil como trasladar nuestra atención de las manos a los pies.

Cuanto más capaces seamos de diferenciar entre estrategias y necesidades, más claridad y posibilidad de elección tendremos. Tras un breve taller de CNV celebrado en Israel, uno de los participantes contó que había experimentado un cambio drástico. Iba a encender un cigarrillo en el coche cuando, al recordar lo que acababa de aprender —que todo acto es un intento de suplir una necesidad—, se detuvo a considerar su elección. «Si eso es cierto, ¿qué es lo que necesito de verdad en este momento?» Necesitaba relajarse y distraerse. En ese momento vio con claridad numerosas opciones para suplir esas necesidades, opciones que además no eran dañinas para su salud. Dejó de fumar ese mismo día.

Después de un retiro que dirigí, una mujer me contó cómo su nueva comprensión de las necesidades había influido en una situación difícil que había vivido con su hija adulta. Su hija estaba en casa para pasar las fiestas navideñas, tenía poco dinero para regalos y necesitaba urgentemente algunas cosas. Se sentía avergonzada e incómoda ante la perspectiva de recibir más de lo que podía dar. Hablaron y la hija se dio cuenta de lo gozoso que sería para sus padres poder echarle una mano. Comprendió que su necesidad de respeto por sí misma y autonomía era compatible con el anhelo de ayudarla que sentían sus padres. La vergüenza se disipó y ella pudo dar y recibir con mayor libertad.

***Principio*: Cuanto más capaces seamos de diferenciar entre estrategias y necesidades, más claridad y posibilidad de elección tendremos.**

Siempre tenemos elección. Incluso cuando las opciones que se nos ofrecen externamente son limitadas, podemos elegir cómo responder intrínsecamente a la vida. Las cosas que nos decimos que «tenemos que hacer» son opciones por las que nos decantamos para suplir nuestras necesidades. Podemos seguir en un trabajo que detestamos porque valoramos el hecho de tener un lugar donde vivir o porque necesitamos alimentar a nuestros hijos. Optamos por una estrategia que nos desagrada porque dicha estrategia suple necesidades más profundas. Cobrar conciencia de nuestras necesidades puede aportarnos energías y vitalidad renovadas o puede impulsarnos a reevaluar nuestra conducta y a optar por otras alternativas.

EJERCICIO: Ver la vida a través de la lente de las necesidades

Para familiarizarte con esta forma de prestar atención, dedica un periodo de tiempo —una hora, un día o más— a verte a ti mismo y a los demás a través de la lente de las necesidades humanas. A lo largo del día, párate a pensar qué necesidades estás intentando satisfacer mediante las opciones que eliges. Cuando observes a otra persona, pregúntate qué es lo que le importa y cuáles pueden ser sus motivaciones: alguien que sube a un autobús, que habla por teléfono en tono alterado, que se despide agitando la mano... ¿Qué necesidades intentan satisfacer esas personas?

Amplía esta indagación a conversaciones que oigas de pasada, o a las charlas que mantengas con tus compañeros de trabajo, a las noticias, etcétera. ¿Qué es lo que importa detrás de cada enunciado? ¿Qué puede necesitar esta persona? ¿Cuándo es más fácil identificar posibles necesidades? ¿Cuándo resulta más complicado? Fíjate en el efecto que surte prestar atención de esta forma a tu experiencia propia y a la de los demás.

Cuando empezamos a ver la vida a través de la lente de las necesidades, puede ocurrir algo inesperado. Cabe la posibilidad de que las cosas que tenemos en común pesen más que las cosas que nos diferencian. Prestar atención a las necesidades nos abre la puerta de la compasión. Podemos entender la culpa y las críticas que impregnan nuestro discurso, y las palabras de indignación o defensa de los demás, como manifestaciones de necesidades insatisfechas. Incluso los actos de violencia extrema pueden verse como un intento de satisfacer necesidades profundas —de autonomía, de libertad, de empatía— mediante una estrategia errónea y distorsionada. Como solía decir Rosenberg, «toda violencia es una expresión trágica de necesidades insatisfechas».

Tomar conciencia de las necesidades humanas surte un efecto transformador. El mecanismo interno que expresa en forma de reproche o condena (del propio yo o de los otros) nuestras necesidades insatisfechas se basa en nuestro condicionamiento inconsciente. Sabiendo qué necesidades entran en juego, accedemos a un ámbito de conciencia más amplio en el que son posibles nuevas formas de comprensión y creatividad. Si estoy a punto de tachar a alguien de egoísta, puedo pararme y preguntarme qué es lo que necesito. En lugar de proyectar mi insatisfacción hacia fuera en forma de reproche, puedo reconocer que necesito consideración o más apoyo.

EL PODER DE LA VULNERABILIDAD

Es normal que nos sintamos vulnerables o violentos cuando hablamos de nuestras necesidades. Podemos ampliar nuestra capacidad de ser sinceros y al mismo tiempo reconocer que quizá no en todos los contextos relacionales se dan las condiciones necesarias para hablar de nuestras necesidades. Podemos tener interés con lo que compartimos, con quién lo compartimos y cuándo. Si percibimos, por ejemplo, que alguien carece de la capacidad para satisfacer nuestra necesidad de empatía, podemos buscar la empatía de otras personas.

Hay algunos métodos para aprender a discernir cuándo y cómo hacer a los demás partícipes de nuestra vulnerabilidad. En primer lugar, es esencial forjar relaciones estrechas de confianza y respeto mutuo en las que nos sintamos lo bastante seguros como para exponer nuestras necesidades. En un mundo que con frecuencia no reconoce las necesidades humanas, una conexión así es de incalculable valor. Para mí, conocer cuando tenía poco más de veinte años a un par de amigos que fueron capaces de ver mi dolor y de ofrecerme empatía fue inmensamente estimulante. Creó el espacio necesario dentro de mí para que rompiera el ciclo del aislamiento y empezara a abrirme a los demás.

En segundo lugar, podemos aprender a calibrar el nivel de vulnerabilidad que fomenta el entendimiento y la colaboración dependiendo del contexto. Evan trabajó durante una temporada en un hospital que no valoraba a sus empleados. Trabajaba muchas horas al día, haciendo turnos extra cuando faltaba personal o en días festivos. El hecho de no sentirse valorada por su contribución le producía sentimientos de inadecuación y de desconfianza hacia su propia valía. En casa podíamos hablar de su anhelo de que se reconociera y valorara su esfuerzo. En el trabajo prefería mostrarse menos vulnerable. Planteaba la cuestión en términos de reconocimiento de la aportación individual de cada trabajador como una forma de mejorar la motivación y el trabajo en equipo. En lugar de exponer sus necesidades psicológicas profundas, enunciaba valores comunes relativos a la cooperación, el entendimiento y el trabajo en equipo de manera que su superior estuviera más dispuesto a escucharla.

En tercer lugar, podemos transformar nuestra relación con la propia experiencia de la vulnerabilidad reconociendo esta como una fuente de fortaleza en lugar de considerarla un lastre. Sentir nuestra vulnerabilidad es estar en contacto con la realidad. Cuando superamos el malestar, hallamos lucidez y dignidad. Es un don maravilloso poder abrir el corazón y expresar la verdad con afecto.

Antes de que yo naciera, mi padre luchó en dos guerras y perdió a su hermano pequeño en la segunda. Más adelante, el trauma de esos acontecimientos y el dolor de su divorcio le pasaron factura. Tenía sobrepeso y se volvió sedentario, cada vez estaba más deprimido. Mi madre, mi hermano y yo hacíamos lo posible por ofrecerle apoyo, aliento, planes dietéticos... De todo. Pero, hiciéramos lo que hiciéramos, volvía a recaer en los mismos hábitos.

Cuando nos quedamos sin opciones, probé una estrategia distinta. Durante una de mis visitas, nos sentamos a la mesa del comedor, como solíamos hacer. Le hablé con el corazón en la mano, exponiendo por completo la vulnerabilidad de mis sentimientos. «Papá, tú sabes cuánto te quiero. Quiero que estés aquí, que formes parte de mi vida mucho, mucho tiempo. Y cuando veo cómo vives, siento mucho miedo. Me enfado, me preocupo y me siento impotente. Quiero que te cuides más, he hecho todo lo que podía por ayudarte y nada ha funcionado. No sé qué más hacer, por eso te estoy diciendo esto. ¿Cómo te sientes tú al oír todo esto?»

Me miró y me cogió de la mano. Dijo que me entendía y que no sabía qué decir. Lloramos un poco, los dos. Mis palabras no le salvaron de la depresión ni de la obesidad, pero estrecharon el vínculo entre nosotros. El dolor y la rabia que yo sentía empezaron a disiparse, y desde entonces hemos tenido una relación marcada por el cariño y la compresión. Cuando uno habla con autenticidad, la vulnerabilidad tiene un poder enorme.

LA BELLEZA DE LAS NECESIDADES

Nuestra relación con las necesidades madura con el paso del tiempo. Al principio solemos pensar en ellas desde un plano personal. Las necesidades pertenecen a alguien (a ti, a mí) y las medimos según el grado en que se ven satisfechas. Debido a nuestra evolución como especie, una parte de nuestra mente tiende a evaluar continuamente: ¿se está satisfaciendo mi necesidad? ¿Hasta qué punto? De esta forma, nuestro bienestar viene determinado principalmente por la satisfacción de nuestras necesidades.

Este planteamiento limita nuestra capacidad de diálogo y constriñe nuestra vida interior. Nos mantiene encerrados en nosotros mismos, siempre al capricho de las circunstancias. La vida escapa en gran medida a nuestro control, al margen de cuáles sean nuestras habilidades comunicativas. A veces vemos satisfechas nuestras necesidades y a veces no. La libertad íntima no surge del hecho de ser capaces de controlar los resultados, sino de conocer nuestros valores propios, desarrollar recursos internos para afrontar la vida con equilibrio y desprenderse de necesidades.

Este proceso de maduración comienza con el desarrollo de la capacidad de asumir con serenidad la no satisfacción de nuestras necesidades. Cuando la vida no nos brinda lo que anhelamos, aprendemos a sobrellevar ese duelo. Sentimos el dolor de la pérdida, grande o pequeña, con ternura. Para ello quizá tengamos que restañar ciertas heridas profundas relacionadas con necesidades cuya insatisfacción se ha cronificado a menudo desde la niñez. Cuando una necesidad ha quedado insatisfecha durante muchos años, podemos desarrollar una especie de desesperación en torno a ella. Una persona perdida en el desierto se obsesiona con el agua; se aferra con frenesí, como si su vida dependiera de ello, a una gota de rocío; puede que incluso después de llegar a un oasis tema que no haya agua suficiente. Sediento de cariño y afecto, yo padecí la desintegración de numerosas relaciones sentimentales al aferrarme a una pareja tras otra con intensidad desmesurada.

Volver la mirada hacia dentro nos abre las puertas a una nueva forma de ver. La disposición a indagar conscientemente y con lucidez en una necesidad insatisfecha es un ejercicio transformador. Al acompañar la pena con empatía y compasión, aprendemos a ampliar nuestras miras. En lugar de centrarnos en la *satisfacción* de la necesidad, podemos trasladar nuestra atención a la necesidad *propiamente dicha*, con independencia de cuáles sean las circunstancias.

Las necesidades tienen una característica fascinante: la de ser al mismo tiempo personales y universales. Son personales en el sentido de que las padecemos íntimamente y experimentamos en carne propia el resultado de su satisfacción o su insatisfacción. Y universales porque son comunes a todos los seres humanos. Forman parte de la naturaleza humana.

Toda necesidad, satisfecha o no, es también un valor que llevamos dentro. Cuando estamos en estrecho contacto con nuestra vida interior, la gratificación de una necesidad es menos importante que la conciencia y la apreciación que tenemos de esa necesidad como valor.[45] Cada necesidad, por su sola existencia, por ser un aspecto más de nuestra humanidad, entraña belleza y plenitud.[46] La necesidad de paz se exacerba en tiempos de guerra. El anhelo de amor y equidad se siente con especial viveza en un contexto de opresión violenta.

Esto entraña un nivel avanzado de conciencia y, sin embargo, cuando entramos en contacto con esta dimensión más universal de nuestras necesidades, hallamos un caudal mayor de libertad. Con independencia de que nuestras necesidades se satisfagan o no, podemos conocerlas, salirles al paso cara a cara. Cuando me encuentro cara a cara con mi necesidad de paz —cuando la experimento como un atributo primigenio de mi humanidad—, puedo sentirla como un valor intrínseco, al margen de que pueda satisfacerla o no. Esto me permite, paradójicamente, abogar por la paz con firmeza y energía, sin desesperarme si no logro el resultado deseado, pues mis actos proceden de la integridad y del alineamiento con mi propio yo, en lugar de estar motivados por una obsesión con el resultado.

La cuestión no es si tenemos o no necesidades —dado que estas son intrínsecas a la existencia humana—, sino cómo nos relacionamos con ellas. Cuando nuestra perspectiva incluye solamente la gratificación de la necesidad personal (de «mis necesidades» o «las tuyas»), tendemos a adoptar una actitud de avidez acaparadora. Dependiendo de nuestro condicionamiento, podemos pasar por alto la realidad de las necesidades de los demás o ignorar la importancia de las propias. Podemos limitar nuestras aspiraciones a satisfacer ciertas necesidades e ignorar otras, lo que a menudo conduce a conflictos y tensiones. Cuando ampliamos nuestras miras y adoptamos una perspectiva más universal, valorando las necesidades por sí mismas, podemos volcarnos plenamente en satisfacer tanto nuestras necesidades como las de los demás, sin dejarnos limitar *a priori* por el posible resultado. Desprenderse no significa que renunciemos a nuestros valores, que dejemos de preocuparnos o que desistamos de propiciar un cambio.[47] Significa que reconocemos que el resultado de nuestros esfuerzos no está por completo en nuestras manos porque el contexto escapa a nuestro control en muchos aspectos.

Podemos ejercitar esta atención avanzada centrándonos en necesidades más periféricas. Por ejemplo, si tus compañeros de trabajo están demasiado atareados para valorar una presentación que has hecho, ¿puedes sentirte bien sabiendo que lo has hecho lo mejor que has podido y percibiendo el valor que le concedes a la apreciación de los demás sin *necesitar* que ese anhelo se vea satisfecho? Prueba a hacer el ejercicio de la página siguiente para acostumbrarte a trasladar tu atención del plano personal al plano universal de la necesidad, es decir, de satisfacer una necesidad a experimentar su belleza y su valor intrínsecos.[48]

EJERCICIO: **Ceder y satisfacer tus necesidades**

Piensa en una situación de las últimas semanas en la que no hayas conseguido suplir una necesidad. Para este ejercicio, es esencial que elijas algo sencillo a fin de aprender a trasladar tu atención del plano personal al plano universal de una necesidad. Si elijes algo muy complicado (encontrar agua en el desierto, por ejemplo), es probable que el estrés emocional dificulte tu aprendizaje.

Identifica una necesidad clave de la situación elegida y pregúntate: «¿Qué es lo que me importa de esto? ¿Qué es lo que quiero?» Escúchate íntimamente y luego vuelve a interrogarte: «Si lo tuviera, ¿qué ocurriría?» Sigue interrogándote hasta que sientas que has alcanzado una serena lucidez respecto a esa necesidad o ese valor que anhelas.

Fija tu atención en el aspecto personal de esa necesidad: en el hecho de que *no* hayas podido satisfacerlo. Puedes decirte para tus adentros: «Mi necesidad de... ha quedado insatisfecha». Fíjate en lo que sientes al experimentar la necesidad como una carencia, como un anhelo personal que no se ha cumplido.

A continuación, olvídate de la situación y las circunstancias concretas y prueba a fijar tu atención en la necesidad propiamente dicha. Concéntrate en el valor intrínseco de esa necesidad como aspecto universal de la naturaleza humana. Puedes decirte para tus adentros: «Valoro profundamente...» o «Igual que yo anhelo tal cosa, toda la gente necesita...» ¿Sientes la belleza y la dignidad de ese anhelo? ¿Puedes percibir su plenitud, al margen de que haya quedado o no satisfecho?

Si te cuesta percibir el carácter universal de la necesidad, intenta recordar (o imaginar) un momento en que esa necesidad haya quedado saciada. Recuerda lo que se siente y luego intenta fijar tu atención en el aspecto universal de esa necesidad pensando que es lo que querrías para todo el mundo.

LAS NECESIDADES DENTRO DEL DIÁLOGO

Identificar nuestras necesidades propias y desarrollar una relación equilibrada con ellas es el punto de partida para poder expresarnos y entablar un diálogo eficaz. Cuando comprendemos qué es lo que más importa, podemos desactivar la tensión, alimentar la empatía y fomentar la colaboración. Cuanto más conozcamos nuestras necesidades y confiemos en nuestra capacidad para satisfacerlas, más espacio tendremos para oír a los demás. Al mismo tiempo, identificar las necesidades de los demás nos permite establecer conexiones auténticas salvando nuestras diferencias. Adquirimos la capacidad de percibir los valores más profundos que se ocultan detrás de posiciones muy distintas a las nuestras. Puntos de vista y opiniones que pueden parecernos incomprensibles a primera vista se convierten en manifestaciones de nuestra humanidad compartida.

El conflicto se da en el plano de las estrategias. Comprender qué es lo que está en juego puede sacarnos de esa perspectiva basada en la pura estrategia —en nuestro enfoque polarizado de «esto o lo otro», «ganar o perder»— y generar más espacio para que utilicemos la imaginación y pensemos juntos de manera creativa.

En un retiro reciente en torno al tema de la comunicación, Kristin relató una situación recurrente en la que su madre criticaba su forma de educar a su hijo, gesticulando y haciendo comentarios delante del niño. Se sentía dolida y enfadada. En ocasiones anteriores, cuando había hablado con su madre de este tema, habían acabado gritando, intentando imponerse la una a la otra. Al indagar sobre sus necesidades, nos dimos cuenta de que Kristin quería que su madre respetara y apoyara el estilo de educación por el que había optado, y también que su hijo tuviera una relación sólida con su abuela. Al analizar la actitud de la abuela, dedujimos que quería contribuir a la crianza y al aprendizaje de su nieto. Enunciar estas necesidades nos sirvió para descubrir nuevas posibilidades de entablar diálogo. En lugar de discutir por las convicciones personales de cada una, Kristin podía imaginarse debatiendo estrategias de crianza y articulando lo que no era negociable para ella y hasta dónde estaba dispuesta a ceder.

Este centrarse en las necesidades que entran en juego en una conversación se basa en un principio muy simple del que ya hemos hablado: cuanto mejor nos entendemos mutuamente, más fácil resulta encontrar soluciones. Resulta muy útil tener presente este principio al discutir cualquier tema. Nuestra meta es poner sobre el tapete todas las necesidades que entran en juego y, a continuación, examinar juntos la situación desde todos los ángulos.

Principio: **Cuanto mejor nos entendemos mutuamente, más fácil resulta encontrar soluciones válidas para todos. Así pues, antes de resolver un problema, hay que esforzarse por llegar a un entendimiento mutuo lo más amplio posible.**

Este entendimiento mutuo tiene el potencial de cambiar nuestra postura dentro del diálogo. Cuando entendemos la vida interior del otro, nuestras prioridades suelen recalibrarse. Al conectar con el plano universal de las necesidades, la identificación con «mis necesidades» o «tus necesidades» puede suavizarse y podemos afrontar la situación desde una perspectiva distinta. Todas las necesidades presentes importan, con independencia de a quién pertenezcan. Gracias a esta conexión más profunda, nuestra necesidad de compasión puede aflorar y abrir espacio para que el resultado sea distinto.

Un año, durante la festividad de Acción de Gracias, Laura se sintió desbordada y furiosa cuando, además de tener que cocinar y ser la anfitriona de la cena, su marido la ofreció «voluntaria» para hacerse cargo de su abuela anciana, tanto la víspera como la noche de la cena. Al discutir con él la situación, descubrió que su marido se había esforzado por encontrar una forma de que todo el mundo estuviera contento y que se sentía fatal por haberle «asignado» aquella tarea extra. A su abuela le incomodaba que un hombre cuidara de ella por la noche, y él no había podido encontrar otra manera de juntar a la familia. Al comprender su conflicto íntimo, el enfado de Laura se disipó. Llegaron a un acuerdo sobre cómo trabajar juntos en el futuro y sobre cómo compartir las tareas que suponía la cena.

Este resultado fue posible gracias a un cambio fundamental en la manera en que Laura enfocaba el diálogo: de sus estrategias de conflicto habituales a la intención de comprender al otro. Tras participar en uno de mis cursos, Laura pudo revisar sus suposiciones y su impulso de culpar al otro y afrontar, en cambio, la conversación con curiosidad. La clave de este cambio está en valorar todas las necesidades que entran en juego y dejar que la otra persona sepa que nos interesa hallar una solución válida para todos. Cuando la otra persona confía en que nos interesa sinceramente entender lo que quiere (y no solo salirnos con la nuestra), podemos empezar a colaborar. Esta dinámica transforma la oposición de fuerzas en un análisis cooperativo de la situación, mano a mano y con curiosidad sincera.

***Principio*: El conflicto suele darse en el plano de las estrategias (*qué* queremos). Cuanto más profundamente seamos capaces de identificar nuestras necesidades (*por qué* queremos lo que queremos), menos conflicto habrá.**

A Noga, otra alumna mía, le gusta meditar por la mañana, pero su compañero de piso suele madrugar para irse a trabajar. Noga se sentía atrapada. Reclamar su necesidad de silencio dejaba poco espacio para el diálogo, y no afrontar la situación la dejaba a merced del horario de su compañero de piso. Se produjo un cambio cuando Noga comprendió que valoraba sinceramente las necesidades de ambos. Quería que hubiera silencio y que se respetara su espacio, pero también que su compañero pudiera prepararse para ir a trabajar tranquilamente, sin agobiarse ni tener que andar de puntillas por la casa. Al comprender que quería encontrar una solución que tuviera en cuenta las necesidades de ambos, le fue mucho más fácil plantear la conversación de una manera franca y atenta.

Efectuar este cambio depende de nuestra capacidad para identificar las necesidades de los demás. En el siguiente ejercicio afinaremos la práctica de la empatía que ya hemos aprendido, fijando nuestra atención en lo que le importa más a nuestro interlocutor.

EJERCICIO: **Atender a las necesidades ajenas**

Este ejercicio se compone de tres partes que desarrollan nuestra capacidad para identificar las necesidades de los demás. Practícalo en conversaciones poco trascendentales con amigos.

1. Céntrate en la presencia y la intención de entender. Procura partir de una curiosidad y un interés sinceros.
2. Mientras escuchas, fija tu atención en lo que pueden necesitar los demás. Quizá puedas preguntarte para tus adentros: «¿Qué importa aquí? ¿Qué es lo que más les importa de esto?»
3. A ratos, prueba a completar un ciclo de comunicación reflejando antes de responder. Pregunta de un modo natural: «¿Esto es lo que te importa?» Recuerda que la intención de esta pregunta es comprobar que has entendido, no analizar al otro ni decirle lo que siente.

Fíjate en cómo te sientes al escuchar de esta manera. ¿Qué sensaciones te produce comprobar si has entendido bien? ¿Te ayuda a conectar mejor con el otro? ¿Qué ocurre si lo que has entendido no es del todo exacto?

Centrar nuestra atención en las necesidades puede resultar violento al principio. A veces es más fácil escuchar de todo corazón y sopesar después lo que importa cuando la otra persona ha terminado de hablar.

A mucha gente le resulta más fácil conectar cuando escucha de esta forma. Ofrecer al otro una reflexión empática puede producir un alivio ostensible. De igual modo que nosotros experimentamos un cambio somático al reconocer nuestras necesidades propias, la otra persona puede exhalar espontáneamente, suspirar o emitir una afirmación verbal: «¡Exacto!» Intentar deducir qué es lo que importa no implica, sin embargo, que vayamos a dar siempre en el clavo. No se trata de aprobar un examen. Se trata de poner en práctica la intención sincera de entender al otro. Si no hemos entendido correctamente, la otra persona nos aclarará lo que ha querido decir. Incluso cuando no acertamos, esta práctica puede conducir a un mayor entendimiento e incluso revelar nuevas facetas de significado que el hablante no había percibido hasta ese momento.

La escucha empática es un regalo que podemos ofrecer en cualquier situación. Puede mejorar la calidad de cualquier relación al aumentar la confianza y la intimidad de nuestros lazos de amistad, familiares o sentimentales. También es esencial cuando las cosas se tensan. Acordarse de atender a las necesidades en una situación de conflicto es como abrir una ventana al mundo del otro. Las imágenes negativas que tenemos de la otra persona comienzan a desmoronarse cuando vemos su humanidad: «Ah, quiere respeto, apoyo, tranquilidad... *igual que yo*».

Cuando cobramos conciencia de las necesidades del otro, nuestro corazón se abre. Algo se ablanda dentro de nosotros cuando entendemos intuitivamente lo que le importa al otro. Es este un punto esencial. Si no podemos respaldar lo que hemos identificado en nuestro interlocutor, es que no estamos conectando en el plano de las necesidades. Si no puedo asumirlo y decir: «Sí, quiero esto para esa persona», es que no es una necesidad. Las necesidades son universales: nos conectan. Son por definición algo que queremos para todos, algo que podemos hacer nuestro íntimamente.

AUTENTICIDAD Y NECESIDADES

Al aumentar nuestra conciencia de las necesidades, aprendemos a encontrar formas sinceras de debatir este aspecto de la experiencia humana. En una conversación, enunciar las necesidades en positivo, de una manera coloquial, puede facilitar el que conectemos y nos escuchemos mutuamente. Considera los ejemplos de la tabla siguiente. ¿Qué diferencias notas al leer los distintos enunciados?

Necesidades en negativo	Necesidades en positivo
«No soporto que las cosas estén sucias y desordenadas.»	«Me encanta que las cosas estén limpias y ordenadas.»
«No quiero sentirme atrapado/a en esta relación.»	«Quiero sentir que tengo espacio y flexibilidad dentro de esta relación.»
«No quiero que me controlen o que me digan lo que tengo que hacer.»	«Para mí es muy importante tener cierta autonomía y libertad.»
«No quiero seguir sintiéndome enfermo/a o cansado/a.»	«Quiero estar sano/a y a gusto.»

Fíjate en que los enunciados negativos implican a menudo un reproche que puede obstaculizar la escucha. En estos ejemplos, que tienen un tono más coloquial, no aparece el verbo *necesitar*. A continuación encontrarás algunas sugerencias para referirte a las necesidades de manera distendida. Al experimentar con estas herramientas, trata de encontrar tu manera personal y espontánea de hablar de necesidades y valores.

Prescinde del verbo necesitar

Debido a sus evocaciones culturales, el verbo *necesitar* puede no ser muy útil. En su lugar, prueba a usar expresiones más naturales.

EJEMPLO: En lugar de preguntar «¿Necesitas más respeto?», puedes decir: «Me parece que valoras mucho el respeto» o «Quieres más respeto, ¿verdad?»

OTRAS EXPRESIONES: «Deseo / deseas… Valoro / valoras… Disfruto con / disfrutas con… Anhelo / anhelas… Me sentiría / te sentirías reconfortado si… Me encantaría / te encantaría… Lo que me importa / lo que te importa… Lo que es divertido / significativo para mí / para ti…»

Describe la necesidad con una frase

Nombrar necesidades con una sola palabra es muy útil para adiestrar nuestra atención y llegar al meollo de la cuestión. Pero, para tener presente el contexto y favorecer la exactitud, prueba a describir la necesidad con una frase completa.

> **EJEMPLO:** En lugar de decir «Parece que necesitas más orden», puedes decir: «Te gusta saber que está todo en su sitio, ¿verdad?»

Enuncia la necesidad en positivo

Las necesidades suelen ser cosas que *queremos*, no cosas que *no* queremos. Enunciarlas en positivo puede ser empoderador y estimulante, además de hacernos avanzar hacia soluciones más creativas. Reformula las necesidades enunciando lo que le importa al otro.

> **EJEMPLO:** En lugar de decir «Entiendo que te saca de quicio no saber a qué atenerte», prueba con: «Entiendo que quieres claridad y franqueza, saber que puedes tomarte lo que se dice al pie de la letra. ¿Es correcto?»

Pregunta, no informes

A pocas personas les gusta que les digan lo que sienten: puede entenderse como un gesto de condescendencia. Cuando atiendas a lo que importa, enuncia las reflexiones empáticas en forma de pregunta para comprobar que has entendido bien, en lugar de informar a tu interlocutor de lo que acaba de decir.

> **EJEMPLO:** En vez de afirmar «Quieres sentirte más integrado en el trabajo», pregunta «¿Quieres sentirte más integrado en el trabajo?» O acompaña la reflexión con una pregunta del tipo «¿Es correcto?»

Con el tiempo, cada vez te resultará más fácil hablar de necesidades de un modo natural y distendido. La clave está en aprender a centrar la atención en las necesidades y los valores, en lo que más le importa a uno mismo y a los demás.

Rosenberg enseña que, al crecer en destreza y habilidad, podemos aprender a escuchar cada enunciado como un «por favor» o un «gracias». En cierto modo, podemos reducir la esencia de cualquier diálogo a uno de estos dos mensajes: «Por favor, dame lo que necesito» o «Gracias, me has dado lo que necesito». ¿Acaso no estamos siempre diciendo una cosa o la otra?

Cuando nos escuchamos mutuamente de esta forma, surgen en nuestro corazón dos emociones profundas. El «por favor» genera compasión; el «gracias», gratitud. En esos momentos experimentamos nuestras necesidades como una manifestación fundamental de lo que nos une. En lugar de sentirnos abocados a defendernos por nuestros propios medios, comprendemos que nuestra existencia está interconectada. Las necesidades señalan esa interconexión con los otros, con el entorno y con la vida en general.

PRINCIPIOS

Cuanto más capaces seamos de diferenciar entre estrategias y necesidades, más claridad y posibilidad de elección tendremos.

Cuanto mejor nos entendamos mutuamente, más fácil resultará encontrar soluciones válidas para todos. Así pues, antes de resolver un problema, hay que esforzarse por llegar a un entendimiento mutuo lo más amplio posible.

El conflicto suele darse en el plano de las estrategias (*qué* queremos). Cuanto más profundamente seamos capaces de identificar nuestras necesidades (*por qué* queremos lo que queremos), menos conflicto habrá.

PUNTOS CLAVE

Las necesidades son los motivos fundamentales por los que queremos lo que queremos. Cuando identificamos nuestras necesidades, podemos:

- Conectar: todos compartimos las mismas necesidades, aunque las sintamos con distinto grado de intensidad y utilicemos distintas estrategias para suplirlas.
- Elegir: cobrar conciencia de nuestras necesidades puede aportarnos energías y vitalidad renovadas e impulsarnos a reevaluar nuestros actos y a optar por alternativas distintas.
- Transformar actitudes de reproche o crítica: sabiendo qué necesidades entran en juego, accedemos a un ámbito de conciencia más amplio en el que son posibles nuevas formas de comprensión y creatividad.
- Colaborar: trabajar juntos para encontrar soluciones creativas atendiendo a tantas necesidades como sea posible.

Entrenar la atención para identificar necesidades (propias y ajenas) implica:

- Ampliar nuestro vocabulario en lo relativo a las necesidades.
- Entrenar la atención para ver la vida a través de la «lente de las necesidades».
- Forjar relaciones estrechas de confianza y respeto mutuo en las que nos sintamos lo bastante seguros como para indagar en nuestras necesidades comunes.
- Calibrar el nivel de vulnerabilidad que fomenta el entendimiento y la colaboración dependiendo del contexto.
- Aprender a asumir necesidades insatisfechas.
- Desarrollar la capacidad de trasladar nuestra atención del plano personal al plano universal de las necesidades: de la fijación por satisfacer nuestras necesidades propias a una valoración más amplia de la bondad de las necesidades humanas.

PREGUNTAS Y RESPUESTAS

P: Cuando intento descubrir qué necesito, me pierdo, culpo a la otra persona, me angustio planeando qué voy a decir… ¿Tienes algún consejo para evitarlo?

Hemos de enfrentarnos a décadas de condicionamiento social. Si estamos emocionalmente activados, la fuerza de esos patrones de conducta aprendidos es aún mayor. Date tiempo. La práctica básica del mindfulness, que centra nuestra atención, es de enorme ayuda.

Al aprender ciertas habilidades asociadas a la comunicación no violenta, como percibir sentimientos y hacer observaciones, tendrás más herramientas para desenmarañar las cosas. La forma básica de CNV —observaciones, sentimientos, necesidades y peticiones— brinda una especie de mapa de carreteras que nos permite conectar con nuestra experiencia íntima. Cuanto más ejercites la atención siguiendo esos pasos, más fácil te será hacerlo en cualquier momento.

También es muy importante que ancles toda esta experiencia en el cuerpo. Las necesidades tienen un componente conceptual, pero también se experimentan físicamente como un saber instintivo. Sigue escuchándote íntimamente.

Por último, no me canso de recalcar lo importante que es contar con la ayuda de otros. Aprendemos a pensar y a hablar en relación con los demás, y la mejor forma de transformar patrones de comunicación aprendidos es también relacional.

P: Hablas mucho de colaborar para suplir las necesidades de todos, pero ¿qué ocurre cuando esas necesidades entran en conflicto? ¿O si no hay modo de satisfacerlas todas?

Hay que analizar si de veras son las *necesidades* las que entran en conflicto o más bien las estrategias para satisfacerlas. Con frecuencia son estas últimas. Cuando nuestras necesidades se oponen —pongamos por caso cuando un miembro de una pareja desea intimidad y conexión y el otro desea espacio y autonomía—, debemos esforzarnos por profundizar en el entendimiento mutuo. Comprendernos de verdad, completamente, el uno al otro puede producir una transformación. Una de las dos personas, o ambas, cambian porque, al ahondar en el entendimiento, la necesidad de compasión y contribución de uno puede pesar más que la necesidad original de espacio o conexión.

En ciertas situaciones es imposible satisfacer las necesidades de todos, pero aun así podemos encontrar un terreno común valorando nuestras mutuas necesidades y esforzándonos juntos por satisfacer tantas como sea posible. Y, si somos incapaces de encontrar una estrategia creativa que satisfaga cuantas más necesidades mejor, podemos apenarnos juntos. La experiencia de no encontrar una solución adecuada también puede generar un sentimiento de conexión y afecto.

P: ¿Puedes extenderte un poco más sobre la idea de desprenderse de necesidades? Creo que eso me cuesta.

«Desprenderse» de necesidades no significa negarlas, rechazarlas o librarse de ellas de algún modo. Significa transformar la forma en que nos relacionamos con nuestras necesidades pasando de un planteamiento de contracción y exigencia a otro de receptividad y apertura.

El primer paso consiste simplemente en saber cuáles son tus necesidades. Luego, analiza cómo te relacionas con necesidades concretas, una por una. ¿Te estás aferrando a algo, *necesitas* que una necesidad se satisfaga de determinada manera? ¿La estás alejando de ti o rechazándola? ¿O notas una sensación de espacio vacío en torno a esa necesidad? Desprenderse de necesidades significa que aceptamos nuestras necesidades y que no nos sentimos menoscabados si esas necesidades no se satisfacen. Puede que nos sintamos tristes o desilusionados, pero tenemos resiliencia de sobra para hacer frente a ello. Hay espacio dentro de nosotros para experimentar esas emociones y llorar la ausencia del objeto de nuestro anhelo.

Este cambio se da poco a poco y surge al hallar dentro de nosotros el equilibrio y la compasión necesarios para convivir con la tensión y el malestar que produce el anhelo insatisfecho. Si te obsesionas y te estancas, empieza por ahí. Es horrible sentirse atrapado por la desesperación. Si conseguimos asimilar esa experiencia, respirar tranquilos y encontrar la manera de calmar y aliviar el dolor, este comenzará a suavizarse y a disiparse por sí solo. En este ámbito, como en muchos otros, es de gran ayuda (incluso necesario a veces) recibir el apoyo de otros. Acepta que otras personas empaticen con tu dolor. Buscad juntos otras formas de empezar a suplir esas necesidades y de escapar al ahogo que produce ese afán insatisfecho.

8

Agilidad emocional

«Sentir emociones enriquece la vida.»

DANIEL GOLEMAN

La vida humana es un tapiz de emociones cambiantes.

La capacidad para relacionarnos con sensatez con ese flujo de emociones es una de las habilidades más importantes que podemos desarrollar. Cuando las entendemos, las emociones nos brindan información muy valiosa acerca de nuestras necesidades y de las de los demás, percepciones de crucial importancia sobre nuestro entorno y una guía casi infalible para desenvolvernos en el diálogo. Las emociones son el vehículo del que se sirven el cuerpo y la mente para enviarnos mensajes inmediatos y ostensibles acerca de nuestra relación con el mundo.

La forma en que manejamos las emociones —las nuestras y las ajenas— puede forjar o romper una relación. La intensidad de nuestros sentimientos puede impulsarnos a decir o hacer cosas de las que nos arrepintamos después. Una emoción fuerte puede impedirnos decir la verdad o expresar lo que anhelamos. Hay numerosas frases hechas que indican la influencia que ejercen las emociones sobre nuestra conducta: nos ciega la rabia, nos quedamos sin habla, nos tiemblan las piernas o nos subimos por las paredes de nerviosismo.

En un solo día, ¿cuántas emociones distintas experimentamos? Apenas podemos elegir *qué* sentimos, pero sí podemos, en cambio, decidir cómo manejar nuestras emociones. En este capítulo veremos de dónde proceden las emociones, el papel que desempeñan en el diálogo y cómo desarrollar agilidad emocional para no quedar paralizados cuando sube el volumen emocional de una conversación.

UNA ENSEÑANZA DEL CORAZÓN

A los treinta y pico años estaba insatisfecho con mi trabajo y con mi vida en general, y tuve el privilegio de poder abandonar mi rutina y centrarme en la práctica espiritual. Me fui al monasterio y, al cabo de unos meses, decidí ordenarme temporalmente como *anagarika*, el primer paso de la trayectoria monástica budista.[49]

Cuando informé a mi madre —que es judía— de mi decisión, reaccionó airadamente. No concebía que su hijo se rapara la cabeza, se vistiera con una túnica blanca y «renunciara al mundo». En uno de los momentos más decisivos de mi vida, se mostró horrorizada, furiosa y apenada.

Los dos nos sentimos profundamente dolidos. A su modo de ver, yo estaba dando la espalda a todo aquello en lo que ella creía y que me había inculcado: la acción ética para hacer del mundo un lugar mejor. A mí, su rechazo me llegó al alma. Deseaba fervientemente que mi madre comprendiera qué me había llevado a tomar esa decisión. Hice lo que pude por escucharla, pero el dolor que se instaló entre nosotros era insoportable. Ella se cerró por completo y estuvo casi un año sin hablarme. Uf.

Pasé dos años y medio en el monasterio como *anagarika*, durante los cuales tuve tiempo de sobra para reflexionar sobre nuestra relación: para llorar, perdonar y restañar heridas. Mi madre y yo acabamos por reconciliarnos. Pudimos debatir nuestras opiniones y sentimientos. Con el paso del tiempo, ella comprendió que mi formación budista me permitía ayudar al prójimo y, al final, nuestro vínculo se fortaleció. Este proceso fomentó en ambos cualidades muy valiosas (valentía, vulnerabilidad sincera, paciencia y humildad), y a mí me enseñó muchas cosas acerca de la disposición a sentir y de los dones que nos aguardan al otro lado.

EL CAMINO INTERMEDIO

Las emociones son un fenómeno complejo y rico en matices. Tienen lugar en el cuerpo y a menudo incluyen un elemento mental o psicológico. Como veremos, la capacidad de reconocer las sensaciones que genera una emoción diferenciándolas de nuestros pensamientos e interpretaciones es fundamental para aprender a gestionar y expresar adecuadamente las emociones. Con este propósito (y siguiendo el léxico de la CNV de Rosenberg), uso indistintamente los términos *emociones* y *sentimientos*.[50]

Las *emociones* son experiencias afectivas polifacéticas que se experimentan en el cuerpo.

El espectro de nuestras emociones —y la forma en que nos relacionamos con ellas— varía enormemente. En los casos más extremos, nos inunda una marea y, embargados por la emoción, hablamos impulsivamente. En un arranque de ira, miedo o dolor, podemos descubrirnos atacando a los demás. Incluso, en ocasiones, lastimando a nuestros seres queridos. O podemos convertirnos en objeto de la ofuscación de los demás y sentirnos agredidos por «puñales verbales», como dijo una vez Buda. El coste de expresar nuestras emociones de esta manera reactiva puede ser extremadamente alto. Quizá tardemos semanas, meses o años en reparar el daño que causa lo que tardamos solo unos segundos en decir, y a veces esa reparación es imposible. Las emociones menos intensas también pueden adueñarse de una conversación y reducir nuestra capacidad de decidir cómo reaccionamos o dificultar el que nos escuchemos unos a otros.

En vista de todo esto, podemos pasar al otro extremo: es decir, reprimir las emociones. El temor a ofuscarnos y dañar una relación o complicar el diálogo nos impulsa a intentar ignorar o evitar nuestras emociones. Fingimos que no existen o tratamos de sortearlas. Puede que intentemos contenernos hasta no poder más, o que reprimamos nuestras emociones indefinidamente. Pero, a pesar de nuestros esfuerzos, las emociones siempre se las arreglan para calar en la conversación, a menudo de manera contraproducente.

Las emociones reprimidas pueden dificultar el que escuchemos a otra persona y conducir a malentendidos y desconfianzas. La gestualidad, las expresiones faciales y el tono de voz denotan sentimientos profundos. Las emociones se manifiestan en las palabras que elegimos y en la rapidez de una réplica, pero también en nuestros silencios. Podemos montarnos toda una película acerca de una persona, de sus motivaciones y sus puntos de vista, con el único fin de intentar dar sentido a una emoción que no aflora a la superficie.

Según las enseñanzas budistas, el mejor modo de atravesar este terreno pantanoso es optar por el camino intermedio entre la expresión reactiva y la represión automática de las emociones. Desarrollar la agilidad emocional implica tres cosas: identificar las emociones, equilibrar nuestra experiencia íntima de esas emociones y expresarlas abiertamente sin hacer reproches ni juzgar a los demás. Las herramientas que nos brinda el mindfulness y la CNV nos ayudan a regular la intensidad de las emociones, a entenderlas mejor y a canalizar su poderosa energía hacia fines más útiles.

UNA MITOLOGÍA DE LAS EMOCIONES

Al explorar este terreno, puede ser útil analizar cómo hemos aprendido a relacionarnos con las emociones. Todos somos depositarios de una herencia emocional que nos viene dada. Al margen de dónde hayamos nacido, heredamos ideas, creencias y modos de conducta que se han transmitido durante generaciones a través de la familia, la cultura, la religión y el orden social. Mediante el proceso de socialización, se nos inculcan machaconamente ciertos mensajes acerca de las emociones que tenemos permitido sentir y expresar conforme a diversos aspectos de nuestra ubicación en la sociedad tales como el género, la edad, la clase social o la raza.

En Occidente, la plantilla fundamental para comprender nuestras emociones se instauró hace más de dos mil años. Desde la época de los filósofos griegos y los primeros gnósticos, diversos aspectos de la filosofía y la religión occidentales han establecido una brecha entre razón y emoción. Las «pasiones» del corazón se consideran irracionales y «bajas». Nos inducen a hacer cosas dañinas y amenazan el tejido social, de modo que debemos sofocarlas, domeñarlas y controlarlas mediante la razón.[51] Hoy en día, las emociones suelen asociarse con la vulnerabilidad, lo femenino, la debilidad y el peligro, o bien con la manipulación y la coacción sutil.

Esta dicotomía se halla en el origen de casi todas las ideas a las que me vi expuesto durante mis años de escolarización. En el colegio es donde se nos enseña a razonar. Las emociones suelen considerarse inoportunas y rara vez se habla de ellas, y mucho menos se las integra en la vida escolar. Durante tu infancia, ¿cuántas veces te preguntaron tus maestros cómo te sentías?

Yo me crie en la periferia de Nueva York, en el seno de una familia judía. En casa me enseñaron que era natural expresar emociones muy diversas y encontradas. En el colegio, aprendí por las malas lo que era y no era socialmente aceptable. Cuando me expulsaban de clase por levantar la voz o decir una palabrota, estaba aprendiendo que es arriesgado manifestar la ira. Cuando un maestro o algún otro niño me ridiculizaba por llorar, aprendía que es peligroso llorar en público, sobre todo si estás rodeado de hombres. Aunque recibamos mensajes distintos según nuestra ubicación sociocultural, de niños a casi todos se nos inculcan ciertas reglas sociales sobre las emociones, atendiendo a la identidad de género que se nos asigna externamente: «No llores»; «Madura, compórtate como un hombre»; «Las niñas grandes no lloran».

Se nos adiestra sistemáticamente para evitar y reprimir las emociones. Estas normas no son simplemente teóricas. El impacto que ejercen sobre los individuos se manifiesta cada día en el debilitamiento de nuestra vitalidad; en la vergüenza, la depresión y la ansiedad que están tan presentes en la sociedad actual; y en nuestra incapacidad para gestionar las emociones en el plano de las relaciones personales.

A pesar de estas experiencias, yo conseguí interiorizar el mensaje de que es importante sentir. Mi madre lo hizo posible al esforzarse por fomentar mi sensibilidad y mi inteligencia emocional. En mi caso, el sentimiento de soledad que me producía el hecho de ser un hombre sensible y heterosexual se convirtió en un acicate importante para querer entender y transformar los condicionantes emocionales que heredé de la sociedad.

EJERCICIO: **A la búsqueda de mitos**

Para desarrollar una relación sensata con nuestras emociones es necesario cobrar conciencia de las nociones que se nos han inculcado sobre ellas. Reserva un rato para reflexionar sobre tus convicciones acerca de los sentimientos. ¿Qué mensajes recibiste de tu familia, cultura, religión o sociedad? ¿Qué mensajes te llegan actualmente a través de los medios de comunicación y de tu entorno social? ¿Cuáles son explícitos («No llores») y cuáles implícitos (a través del ejemplo o la conducta)?

Haz una lista de estas opiniones y creencias. ¿Hay emociones que se consideren más aceptables que otras? A lo largo del día, fíjate en los posibles miedos que percibas a sentir tus propias emociones o a que otros expresen las suyas.

REIVINDICAR NUESTRO DERECHO A SENTIR

Estos mitos culturales, históricos y religiosos nos inducen a creer que las emociones son síntoma de una debilidad de carácter, anormalidades que pueden ignorarse, superarse o desdeñarse. Hay, no obstante, algo más profundo en nuestro interior. Cada persona tiene una herencia que es más antigua, más grande y mucho más poderosa que el legado que recibimos de la familia, la cultura y la sociedad.

Las emociones son expresiones inmutables de nuestra biología. Son tan naturales y esenciales para la vida humana como el sistema inmunológico de nuestro organismo. Lejos de ser irracionales, tienen una razón de ser. *Si hay emoción, es que algo nos importa.* Las emociones son vehículos esenciales mediante los cuales el cuerpo y la mente, unidos, envían señales acerca de nuestras necesidades. Experimentamos emociones placenteras cuando suplimos nuestras necesidades, y emociones desagradables cuando no conseguimos satisfacerlas.

Nuestros sentimientos constituyen una forma de experiencia y un sistema de información. Una emoción no es más «problemática» que el detector de humos de nuestra casa. Cuando salta la alarma, entendemos la señal y nos ponemos a buscar el origen del humo. Del mismo modo, podemos aprender a experimentar y entender nuestras emociones como señales vitales de alarma y retroalimentación. ¿Qué nos indican esas señales? En lugar de tomárnoslas como imperativos para la acción, podemos verlas simplemente como una fuente de información.

Naturalmente, la memoria, el pensamiento y el condicionamiento social, al atraparnos en sus bucles de retroalimentación, pueden complicar la manera en que experimentamos nuestras emociones. A veces hay fuego y a veces no, ¡pero no tiramos el detector de humos a la basura solo porque haya que cambiar las pilas! Podemos aprender a escuchar la sabiduría de la emoción.

Desde esta perspectiva, es válido sentir cualquier emoción. Lo que importa es cómo reaccionamos, lo que hacemos con esas emociones. Cuando no somos conscientes de nuestras emociones o cuando nos ofuscamos y permitimos que se apoderen de nosotros, las emociones pueden ser dañinas. Lo problemático *no es la emoción en sí*, sino nuestra expresión reactiva ante ella, o su represión impuesta por el hábito. Cuando expresamos de manera reactiva una emoción, proyectamos hacia fuera el daño inmediato. Cuando la reprimimos internamente, el daño se vuelve hacia dentro y puede lastimar a otros con el paso del tiempo.

Nuestra capacidad de sentir emociones es producto de millones de años de evolución y está profundamente arraigada en nuestra neurobiología.[52] Somos seres sensibles hechos para sentir. El mundo que nos rodea nos toca, literalmente, muy de cerca. Los nervios que recorren nuestro cuerpo y nuestras vísceras nos proporcionan información inmediata sobre el entorno que nos rodea, tanto sensorial como mental y emocional.

Hoy en día, un sinfín de estudios atestiguan el valor intrínseco y la inteligencia de nuestra vida emocional.[53] Del torrente de hormonas que se libera para robustecer el vínculo entre el niño y la persona encargada de su cuidado al arrebato de furia o el temblor de miedo en respuesta a un peligro, el ámbito de los afectos constituye una parte esencial del ser humano. Cuando entendemos la función natural de las emociones como una fuente de información, podemos desprendernos del influjo de los mitos que tenemos interiorizados, cobrar conciencia de nuestras emociones y sentirlas más plenamente.

UNA PALETA DE EMOCIONES

El mindfulness es la herramienta primordial para desarrollar nuestra capacidad de identificar la emociones (reconocimiento de emociones) y sentirlas equilibradamente (regulación de emociones). El reconocimiento de las emociones, o *etiquetado afectivo*, se produce al advertir y nombrar lo que estamos sintiendo. Al principio, nuestro vocabulario para designar las emociones puede parecer rudimentario. Quizá nos demos cuenta de que solo disponemos de un puñado de palabras para describir nuestros sentimientos: feliz, triste, enfadado, confuso. Es como intentar pintar un cuadro sólo con un par de colores.

EJERCICIO: **Reflexionar sobre los sentimientos**

En la página siguiente encontrarás una relación parcial de sentimientos que experimentamos cuando nuestras necesidades se satisfacen o no se satisfacen. Léela tranquilamente y pregúntate qué sentimientos te resultan más familiares y cuáles menos. A lo largo del día, ¿qué sentimientos adviertes en ti o en otros? Nómbralos para tus adentros. Fíjate, sobre todo, en cómo varían tus emociones en el transcurso del día.

Lista de sentimientos humanos*

Cuando tus necesidades se satisfacen te sientes

Tranquilo	*Cariñoso*	*Contento*	*Juguetón*	*Interesado*
Apacible	Cordial	Feliz	Enérgico	Inquisitivo
Calmado	Afectuoso	Emocionado	Revigorizado	Enriquecido
Sosegado	Tierno	Ilusionado	Estimulado	Alerta
Absorto	Admirado	Alegre	Travieso	Excitado
Sereno	Amigable	Satisfecho	Vivo	Asombrado
Cariñoso	Sensible	Encantado	Vivaz	Preocupado
Pleno	Compasivo	Agradecido	Efusivo	Curioso
Relajado	Confiado	Inspirado	Aventurero	Entusiasta
Aliviado	Franco	Conmovido	Lioso	Fascinado
Silencioso	Agradecido	Orgulloso	Tontorrón	Intrigado
Despreocupado	Apasionado	Eufórico	Optimista	Sorprendido

Cuando tus necesidades no se satisfacen, te sientes

Enfadado	*Triste*	*Asustado*	*Cansado*	*Confuso*
Impaciente	Solo	Temeroso	Agotado	Perplejo
Irritado	Dolido	Nervioso	Fatigado	Vacilante
Frustrado	Infeliz	Sobresaltado	Letárgico	Afligido
Malhumorado	Melancólico	Ansioso	Indiferente	Incómodo
Alterado	Agobiado	Preocupado	Harto	Retraído
Exasperado	Distante	Atemorizado	Sobrepasado	Apático
Asqueado	Desanimado	Inseguro	Nervioso	Indiferente
Resentido	Consternado	Angustiado	Soñoliento	Avergonzado
Amargado	Abatido	Sensible	Desinteresado	Impotente
Rencoroso	Desmoralizado	Horrorizado	Reticente	Inquieto
Furioso	Desesperado	Ansioso	Aburrido	Desconfiado
Enfadado	Apenado	Celoso	Apagado	Desconcertado
Hostil	Deprimido	Aterrorizado	Apático	Desequilibrado
Rabioso	Tristón	Espantado	Desganado	Nervioso
	Desgraciado	Perdido	Torpe	Escéptico

* Para ampliar este listado, véase www.baynvc.org y www.cnvc.org

Estos límites no son con frecuencia solo conceptuales. También son sensoriales o sea, que la capacidad para percibir los matices de nuestra vida emocional puede estar atenuada o incluso atrofiada. Si pasamos años sofocando nuestras emociones o esquivándolas, podemos acallarlas por completo.[54] Pero esto tiene remedio. Para empezar, solo hay que cobrar conciencia de nuestra experiencia tal y como es, allí donde estemos.

Cada persona tiene una relación distinta con las emociones. Es frecuente que no sepamos cómo nos sentimos, o incluso que en ocasiones nos sintamos embotados. Otras veces, en cambio, sentimos las cosas con enorme intensidad. No hay una manera «correcta» de sentir. Nuestro objetivo es desarrollar la capacidad de identificar lo que sentimos en el momento, despejando los canales mentales y sensoriales para recibir la retroalimentación de nuestro entorno y nuestras relaciones personales.

Nombrar las emociones es un fundamento esencial de la comunicación consciente y el primer paso para el reconocimiento de las emociones. Podemos afinar esta capacidad sintiendo las emociones físicamente.

¿Alguna vez te has parado a analizar directamente una emoción? ¿Qué es esa efusión de energía que te atraviesa como un huracán? Si prestas atención, descubrirás que toda emoción es una interrelación dinámica entre cuerpo, mente y corazón, una fusión de sensaciones alimentada por pensamientos y significados.

Palabras como *tristeza* o *alegría* hacen referencia a un rico universo de experiencias íntimas. Las sensaciones son un componente esencial de las emociones. La tristeza puede ir acompañada de una sensación de opresión en el pecho, constricción en la garganta o pesadez en los párpados. La alegría, en cambio, produce sensaciones expansivas, de espacio, calidez o luz.

Las emociones tienen, además, manifestaciones físicas visibles. La tristeza nos hace bajar la cabeza y los hombros; la ira, apretar los dientes y cerrar los puños; la seguridad, levantar la barbilla. Esto también funciona al revés: adoptar la postura corporal característica de una emoción estimula la química neuronal asociada a esa emoción. Forzar los músculos faciales para sonreír puede levantarnos el ánimo, y erguirnos en toda nuestra estatura puede producirnos un sentimiento de fortaleza y aplomo.

Cuanto más conscientes somos de la experiencia somática de nuestras emociones, más alerta estamos y más fácil nos resulta identificar lo que sentimos. Con el paso del tiempo, gracias a la atención consciente ejercitada con paciencia, nuestra paleta de emociones se amplía. Pasamos de cuatro colores a diez, luego a veinte y, finalmente, a un rico abanico de tonalidades. Al igual que un pintor que se sirve de distintos tonos de azul, violeta y gris para plasmar el cielo, podemos aprender a identificar y percibir toda la gama de nuestras emociones.

El hecho de que nuestra paleta de emociones se amplíe no significa, sin embargo, que sepamos pintar. Podemos ser conscientes de lo que sentimos y aun así sentirnos dominados o asfixiados por nuestras emociones. Esta intensidad emocional puede ofuscar nuestra atención y descentrarnos por completo.

El siguiente paso para ejercitar la agilidad emocional es aprender a gestionar las emociones, es decir, experimentarlas de manera no reactiva. A esto se le llama a veces *regulación emocional* y tiene más que ver con el equilibrio interno que con el control. Volviendo a la analogía anterior, si el reconocimiento de emociones amplía nuestra paleta de colores, la regulación de las emociones nos enseña a sostener el pincel adecuadamente.

Cada emoción tiene una tonalidad, una suerte de «sabor» primigenio: agradable, desagradable o neutro. Este matiz subyacente, agradable o desagradable, es con frecuencia lo que nos impulsa a actuar. Es lo que ansiamos, lo que tratamos de evitar o lo que nos resistimos a sentir. Las emociones pueden tener también un componente energético, una experiencia sensorial que se extiende por todo el cuerpo. La ira suele ir acompañada de una sensación de urgencia y agitación. El afecto amoroso, de una sensación sedante, de calma, blandura, suavidad o calor. El entusiasmo y la alegría pueden producir una especie de burbujeo. La ansiedad, una sensación de fragilidad o crispación.

La tonalidad y la energía de las emociones tiende a tirar de nosotros en un sentido o en otro o a empujarnos de acá para allá. Lo que dispara nuestra reactividad es la incapacidad para tolerar la intensidad de una tonalidad desagradable. Podemos servirnos del mindfulness para cobrar conciencia de este aspecto de nuestros sentimientos y fijar en él nuestra atención, en lugar de dejarnos arrastrar por los pensamientos y el discurso que los alimentan. En lugar de cerrarnos a nuestras emociones o distanciarnos de ellas, la regulación de las emociones nos invita a sentirlas plenamente.[55] Desarrollamos paciencia, fortaleza y espacio para permitir que estas oleadas de energía y tonalidad nos embarguen sin arrollarnos.[56]

Nuestras emociones suelen llevar aparejado un bagaje. Aunque podamos sentir alegría o tristeza sin ningún motivo aparente, lo más frecuente es que estemos respondiendo a algo concreto que ha sucedido en nuestro entorno, interna o externamente. Esta dimensión de las emociones, formada por los pensamientos, los discursos y las connotaciones asociados a ellas, es la más compleja.

La interrelación entre nuestros pensamientos y nuestras emociones es un terreno fascinante de explorar. A menudo se alimentan mutuamente: los pensamientos y las ideas actúan como el combustible de la emoción, que a su vez prende la chispa de nuevos pensamientos y cavilaciones.[57] Al indagar en nuestros pensamientos, es frecuente que descubramos, en el meollo de una emoción, una idea o creencia que está conectada con nuestras necesidades más profundas. Centrarse en lo que importa implica llegar al quid de la cuestión, es decir, a las nociones cruciales y a las necesidades que llevan aparejadas. Puede que en el meollo de la tristeza se encuentre la noción de soledad y un anhelo de compañía, amistad o integración. O que en el núcleo de nuestro sentimiento de vergüenza se encuentre la convicción de que no damos la talla y la necesidad de autoaceptación, dignidad y reconocimiento.

Cuando le dije a mi madre que iba a ordenarme monje budista, una tormenta formada por todos estos elementos —tono, energía, sensación y significado— atravesó nuestros corazones desgarrándolos. Para gestionar nuestros sentimientos, hemos de desarrollar la habilidad de percibir estos elementos y sentirlos plenamente, de conectar con todas las dimensiones de una emoción sin dejarnos zarandear por ninguno de ellos.

Cuando más equilibrio interno tenemos, más fácil nos resulta hablar de nuestras emociones y de las de los demás.

***Principio*: Tener conciencia de nuestras emociones fomenta nuestra capacidad de elegir conscientemente cómo participamos en una conversación.**

EJERCICIO: **Sentir emociones**

Reserva un rato para practicar el mindfulness y analizar minuciosamente los diferentes elementos de una emoción. Empieza por anclar la atención en tu cuerpo. Respira conscientemente y deja que las cosas se aquieten todo lo posible. Después, recuerda una situación que te haya generado algún sentimiento (nada muy difícil). Deja que ese sentimiento se aclare en tu mente. Utiliza los pasos que se detallan a continuación para analizar una por una las emociones presentes.

EMOCIÓN. Nombra la emoción. ¿Qué sientes?

UBICACIÓN. ¿Dónde lo sientes? ¿En la cara, el pecho, la espalda? ¿En algún otro sitio?

SENSACIÓN. ¿Qué sientes en esa zona? ¿Qué sensaciones asociadas a la emoción experimentas? ¿Presión, tirantez, dolor, pesadez? ¿Calor, apertura, ligereza, fluidez?

TONALIDAD. ¿Cuál es el sabor o el tono general de la emoción? ¿Es agradable o desagradable? ¿Puedes relajarte, destensando y ampliando tu atención?

SIGNIFICADO. ¿Hay algún pensamiento, noción o significado asociado a la emoción? Si pudieras resumirlo en una sola palabra, ¿cuál sería?

NECESIDADES. ¿A qué necesidades está conectada esa emoción? ¿Qué te importa en ese contexto?

Nombrar nuestras emociones e identificar los elementos que las componen puede ayudarnos a autorregularnos.[58] Utilizar el mindfulness para identificar lo que está pasando nos brinda perspectiva. Tan pronto como nombramos una cosa, dejamos de identificarnos por completo con ella; nos relacionamos con ella. Y, en el espacio que genera esa perspectiva, la emoción puede empezar a decantarse.

A veces las emociones son tan potentes que no conseguimos identificar ninguno de sus componentes, y menos aún tolerarlos. Una oleada de intensidad inunda nuestra mente y nuestro cuerpo. Esto puede suceder con emociones gratas tales como el amor o la euforia, pero también con emociones desagradables como la cólera o la repulsión.

Podemos servirnos del mindfulness de la respiración para atenuar la intensidad de las emociones fuertes, apreciar plenamente las que nos producen agrado y equilibrar las desagradables. Igual que utilizamos un punto de referencia corporal para anclar nuestra atención y mantenernos presentes, podemos emplear la respiración o el cuerpo para centrar nuestra conciencia en medio del torbellino de las emociones fuertes.

EJERCICIO: **Sosegar emociones fuertes**

La próxima vez que sientas brotar en ti una emoción fuerte, trata de utilizar la respiración para calmar y aquietar tu mente y tu cuerpo. Respira hondo, lentamente. Siente cómo el aire llena tu pecho y tu abdomen al aspirar. Frunce un poco los labios y exhala despacio liberando el aliento en un chorro de aire fino. Fíjate en tus sensaciones corporales, especialmente en las que asocies con la calma y el sosiego.

Todas las emociones reclaman nuestra atención. Quieren que les hagamos caso, que las sintamos, que las liberemos. Al observar nuestras emociones sintiéndolas plenamente, empezamos a cobrar conciencia de una verdad esencial: que son pasajeras. Aunque nos envíen señales relevantes, son como borrascas que vienen y van. La raíz latina de la palabra *emoción* significa literalmente «mudar». Cuando nos permitimos sentirlas conscientemente, nuestras emociones pueden cumplir su función, que es la de ayudar a cuidarnos. Ponen de relieve nuestras alternativas sobre cómo reaccionar ante las cosas, y luego siguen su camino.

ESCAPAR AL JUEGO DE LA CULPA: LA RESPONSABILIDAD RADICAL

Al aumentar el equilibrio interno y la estabilidad de las emociones, aumenta también nuestra capacidad de relacionarnos con nuestro entorno. Con una paleta llena de colores y un buen manejo del pincel, ya podemos empezar a pintar. La última fase de la agilidad emocional consiste en desarrollar la capacidad de escuchar las emociones y expresarlas sin culpabilizar a nadie. Es cuestión tanto de lo que *pensamos* como de lo que decimos.

Uno de los mitos más extendidos y arraigados sobre las emociones es que *son culpa de otros*. Los medios de comunicación y la industria del entretenimiento apuntalan a diario esta noción. «Estoy enfadada *porque has...*» Aquí entra en juego nuestro adiestramiento comunicativo inconsciente, que nos enfanga en el atolladero de la culpabilización. Yo te lanzo la pelota de la culpa y tú me la devuelves, y en ese juego ambos nos convertimos en atacantes y defensores.

Las ideas y las palabras tienen el poder de modelar nuestra experiencia. Para aceptar la responsabilidad de nuestros sentimientos y liberarnos del impulso de buscar culpables es necesario prestar atención a los mecanismos mentales de percepción que generan y refuerzan este impulso. El diagrama que se muestra abajo ilustra la lógica que se oculta tras esta dinámica. Un amigo con el que habías quedado llega quince minutos tarde y tú le dices: «Me saca de quicio que llegues tarde». ¿De veras hay una relación directa causa-efecto entre sus actos y tus emociones?

Figura 4. El juego de la culpa

Otro día quizá reaccionarías de otro modo. Podrías sentir pena, preocupación o incluso —si hubieras tenido un día muy ajetreado— alivio por disponer de unos minutos para estar a tu aire.

Nuestros sentimientos nunca los causan *directamente* otras personas o sus actos. Existe relación, pero es siempre *indirecta*. El acontecimiento externo es el *estímulo* de nuestros sentimientos: una condición necesaria pero insuficiente para que se dé nuestra respuesta emocional. La causa más directa y radical de nuestros sentimientos es cómo nos relacionamos con ese acontecimiento: nuestras necesidades y nuestros valores, representados por el punto B del diagrama de abajo. Esto incluye el contexto: las circunstancias de ese día, nuestro condicionamiento cultural, personal e histórico-social y nuestras expectativas, así como las historias que nos contamos y las implicaciones que extraemos de la situación. Todos estos factores están ligados a nuestras necesidades.

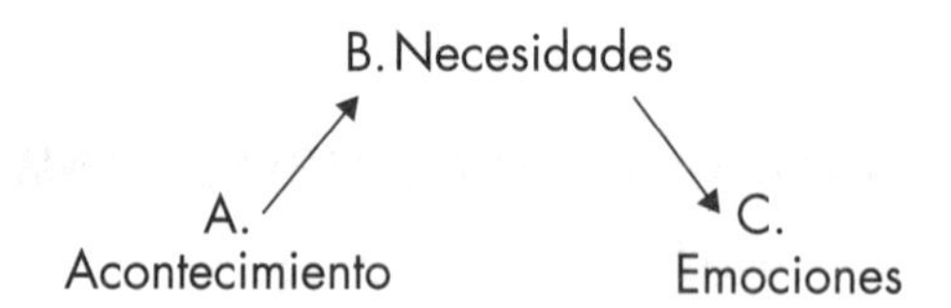

Figura 5. Los sentimientos dependen de las necesidades

El juego de la culpa trata de hacer responsable al otro de nuestras reacciones emocionales, enmarañándonos en una discusión. ¿Puede alguien *obligarte* a sentir algo? ¿Cómo puedes ser tú responsable de mi reacción? Y al contrario, ¿cómo puedo ser yo responsable de tu reacción?

Cada uno es responsable de sus acciones y reacciones. Recuerda que los sentimientos dependen de las necesidades. Aceptar la responsabilidad de mis reacciones implica entrenar la mente para rastrear el origen de mis emociones hasta las necesidades de las que estas surgen. Cada vez que dirija mi atención hacia fuera para culpabilizar a otro, puedo hacer una pausa y preguntarme si esa persona es la única responsable de mi reacción; qué significado estoy atribuyendo a la situación; qué es lo que necesito y de qué forma están condicionando mi experiencia mis circunstancias vitales o mi posición social.

Cuando renunciamos al juego de la culpa y aceptamos la responsabilidad radical de nuestros sentimientos, abrimos los canales necesarios para liberarnos. Si tú eres el causante de mis emociones, tienes poder sobre mí y yo me encuentro en la indefensión. Cuando entendemos los sentimientos en función de las necesidades y no como resultado directo de las acciones de otra persona, estamos recuperando nuestra autonomía y nuestra capacidad de acción. Así es como los seres humanos que se enfrentan a un maltrato brutal, a la tortura o a otros horrores pueden sentir compasión en lugar de odio hacia sus opresores. Nuestra vida emocional pasa a ser una extensión de nuestros valores propios y un barómetro de nuestras necesidades, en vez de un lastre o una debilidad que debemos ocultar.

LA GRAMÁTICA DE LA LIBERTAD ÍNTIMA

¿Alguna vez has probado a arrancar la hierba silvestre para plantar un jardín? Si lo has hecho, seguro que entenderás por qué dice el refrán que «mala hierba nunca muere». El hábito de culpabilizar a otras personas de nuestros sentimientos es igual de tenaz. Es una forma de ver el mundo profundamente arraigada en nuestra mente.

Hay varias señales que indican sin lugar a dudas que estás jugando al juego de la culpa, y una forma muy clara de interrumpir la partida. En primer lugar, presta atención a cómo el lenguaje construye el discurso de la culpa. Si te descubres buscando fuera de ti la causa de tus sentimientos, pensando o diciendo «Me siento _______ porque tú...», cambia las tornas y conecta con tus necesidades. Como enseñaba Rosenberg, utiliza la fórmula siguiente para localizar el origen interno de tus emociones:

Yo siento ________ ***porque (yo)*** necesito / quiero / valoro ________.
Tú sientes ________ ***porque (tú)*** necesitas / quieres / valoras ________.

Fíjate en el paralelismo de los sujetos: mis sentimientos están ligados a mis necesidades; tus sentimientos, a las tuyas. Practica repitiendo esta fórmula una y otra vez, hasta integrarla y convertirla en tu manera habitual de pensar en las emociones. De esta forma estarás socavando los cimientos del juego de la culpa y facilitándote el expresarte y escuchar a los demás.

Otra manifestación del juego de la culpa en nuestro lengua es disfrazar las ideas de sentimientos:

Siento como *que* no me quieres.
Siento que *todo* esto es ridículo.
Siento que *no* me estás escuchando.

El verbo *sentir*, así empleado, expresa una *idea*, no un *sentimiento*; frecuentemente, un reproche, una crítica o una suposición. De igual forma, otras construcciones con el verbo *sentir* seguido de un pronombre o un nombre propio contribuyen a llenarnos la cabeza de conjeturas y valoraciones:

Siento que *(yo)* no sirvo para esto.
Siento que *(ellos)* me están dando largas a propósito.
Siento que *Amy* no está cualificada.

Se trata de manifestaciones indirectas e inconscientes de nuestras emociones que entorpecen nuestra capacidad de tomar plena conciencia de lo que sentimos, de expresarnos o escuchar a los demás de un modo que fomente el entendimiento.

El último truco del juego de la culpa es aún más insidioso si cabe. Hay numerosas expresiones en nuestro lenguaje cotidiano que hacen referencia a las emociones, pero que expresan reproche y culpabilizan a los demás. Si digo «me siento atacado», estoy contando una versión de lo que sucede: *tú me estás atacando*. Es más, esto omite información esencial sobre mis sentimientos reales, que pueden ser muy variados: tristeza, furia o desconcierto, por ejemplo. He aquí unos cuantos ejemplos de cómo podemos expresarnos cuando pensamos que se nos está atacando:

«Me siento abrumado y confuso y me gustaría que habláramos de esto de un modo que haga que me resulte más fácil asimilarlo. ¿Podríamos ir un poco más despacio?»

«Estoy un poco sorprendido y descolocado porque no tenía ni idea de que estuviera pasando esto. ¿Estás diciéndome que...[conjetura empática]?»

«Uf, eso me ha dolido. Me encantaría que te dieras cuenta de lo mucho que me he esforzado ¿Podemos dar un poco marcha atrás y revisar primero qué ha salido bien?»

Cada uno de estos enunciados expresa nuestras necesidades de manera coloquial aportando contexto y autenticidad, y termina con una petición (de esto hablaremos en el capítulo 11).

EJERCICIO: **Reparar en los sentimientos falsos**

Hay toda una serie de palabras que denotan «sentimientos falsos», es decir, que hacen referencia a una emoción culpabilizando al otro. De la lista siguiente, ¿qué palabras sueles utilizar para expresar emociones? ¿Qué sientes íntimamente cuando las empleas?

Palabras que denotan sentimientos falsos

Abandonado	Menospreciado	Descuidado	Tratado injustamente
Maltratado	Despreciado	Subestimado	Amenazado
Atacado	Humillado	Presionado	Menoscabado
Traicionado	Interrumpido	Ofendido	Desatendido
Vapuleado	Intimidado	Injuriado	Invisibilizado
Engañado	Decepcionado	Rechazado	Desvalido
Coaccionado	Manipulado	Pisoteado	Indeseado
Arrinconado	Incomprendido	Ninguneado	Utilizado

EJERCICIO: **Traducir los sentimientos. «¿Cómo me siento íntimamente?»**

A lo largo del día, presta atención a cómo piensas y hablas sobre tus emociones. Fíjate en cualquier indicio de que estás incurriendo en el juego de la culpa: «porque tú», «siento que / como si»; y palabras que denotan sentimientos falsos. (¡Y ojo también a la tendencia a culpabilizarte por culpabilizar a los demás!)

Cuando adviertas alguna de estas cosas, haz una pausa y pregúntate: «¿Cuándo me digo esto? ¿Cómo me siento íntimamente?» Sigue haciéndote esa pregunta hasta que tengas claro cuáles son las emociones que estás experimentando. Luego intenta conectar tus sentimientos con lo que importa. ¿Qué es lo que valoras o necesitas?

Escucha a otras personas siguiendo este mismo patrón. Procura identificar lo que sienten y piensa en qué les importa, con la intención sincera de entenderles. ¿Qué necesitan que conecta con esos sentimientos? Al principio haz este ejercicio para tus adentros, en silencio, esforzándote por identificar sentimientos y necesidades.

Si descubres que no consigues desprenderte de percepciones culpabilizadoras, recuerda que son solo un vehículo más de información, una manera aprendida de cobrar conciencia de nuestras necesidades. Traslada tu atención a las emociones que alientan bajo las palabras. Sintoniza con tus sentimientos y atiende a las necesidades con las que conectan. ¿Qué es lo que te importa?

EXPRESAR SENTIMIENTOS

El conocido presentador de televisión Fred Rogers afirmó en cierta ocasión ante un comité del Senado de Estados Unidos que el objetivo de su programa era «dejar claro que los sentimientos son manejables, que puede hablarse de ellos».[59] Este planteamiento es el punto de partida para poder mantener conversaciones fructíferas y eficaces sobre las cosas que importan, incluidas nuestras emociones.

Cuando hemos entrenado nuestra mente con ese fin, disponemos de una herramienta muy poderosa para traducir la culpabilidad y los reproches en sentimientos y necesidades afectivas. Bajo el «Eres muy frío» se escucha un angustioso anhelo de afecto o intimidad. En la expresión «No seas tan susceptible» intuimos frustración, y quizás un deseo de mayor flexibilidad o comprensión. Aprendemos a sentir empatía por los demás al margen de cómo se expresen y a hacerles partícipes de nuestros sentimientos abiertamente, de tal modo que les resulte más fácil entendernos.

Compartir así nuestros sentimientos y necesidades puede ser muy eficaz. Hace poco, la madre de mi amiga Sarah murió de repente en el hospital. A falta de un diagnóstico claro, su familia tomó la difícil decisión de autorizar que le hicieran la autopsia. Mientras se encargaba de los trámites, Sarah pasó un mal rato hablando por teléfono con el encargado de la funeraria, que se burló de las opciones que habían elegido y le escamoteó información importante sobre la planificación del sepelio.

Molesta por su falta de empatía, pidió verle en persona y le habló con franqueza y sinceridad, sin hacerle reproches. «Me preocupa la conversación que tuvimos ayer —le dijo—. Mi familia lo está pasando muy mal por el fallecimiento de mi madre, y es muy importante para nosotros tener lo más claro posible cómo va a hacerse todo.» Le explicó que la decisión de autorizar la autopsia había sido muy angustiosa para ellos. «Por todos esos motivos, me sentí decepcionada y enfadada por cómo respondió a nuestras preguntas.» Le urgió a respetar los deseos de las familias y a interactuar con ellas de manera más compasiva. Al acabar la conversación, su tono claro y mesurado y su sinceridad surtieron efecto. El director de la funeraria se disculpó y le dijo que la comprendía y que procuraría ser más empático en el futuro.

***Principio*: Cuanto más nos responsabilizamos de nuestros sentimientos conectándolos con nuestras necesidades propias y no con los actos de los demás, más fácil les resulta a los demás escucharnos.**

***Principio*: Cuanto más escuchamos los sentimientos de los demás como un reflejo de sus necesidades, más fácil nos resulta entenderlos sin sentir que nos hacen reproches, sin el impulso de darles la razón o sentirnos responsables de sus emociones.**

Hablar de emociones, como de necesidades, puede hacer que nos sintamos vulnerables. Es importante elegir con prudencia cuándo, dónde y cómo hablamos de nuestros sentimientos. Esto puede variar enormemente dependiendo del contexto y la cultura. Suele haber más espacio para hablar de emociones en el contexto de nuestra vida personal, nuestras relaciones íntimas y nuestras amistades que en el ámbito laboral. Sin embargo, cuando hay sentimientos en juego, es importante encontrar la manera de manifestarlas e incluirlas en la conversación con independencia del contexto. De lo contrario, pueden empezar a apoderarse subrepticiamente de la situación.

Cuando las circunstancias no propician el que se hable abiertamente de sentimientos, podemos incluirlos en la conversación mostrando nuestra comprensión: reconocer la ira o el enfado sin propiciar una vulnerabilidad excesiva, tratar de elegir palabras que reflejen una emoción menos intensa o restarle importancia con expresiones del tipo «un poco» o «una especie de». Por ejemplo: «¿Estás enfadada porque querías que hubiera menos complicaciones?» puede convertirse en «Me da la impresión de que estás un poco molesta porque querías que hubiera menos complicaciones».

EJERCICIO: Escuchar y expresar emociones

Prueba a hacer explícitas las emociones en situaciones poco comprometidas. Mientras escuchas, refleja de una manera natural y auténtica las emociones que oigas. Puedes comentar simplemente: «Uf, qué molesto parece eso», o lanzar una conjetura empática del tipo «¿Estás... [sentimiento]?» Cuando sea posible, conecta las emociones que sientes con necesidades para tratar de descubrir qué es lo que importa de veras.

Cuando sientas emociones, ancla la conciencia a tu cuerpo. Date tiempo para percibir qué está ocurriendo. Prueba a compartir tus sentimientos y a ligarlos con lo que te importa. ¿Puedes percibir tus sentimientos como un reflejo de tus necesidades? ¿Puedes encontrar maneras de expresarlos abiertamente y con sinceridad sin culpabilizar a nadie, vinculándolos a lo que *quieres* en lugar de a lo que *no quieres*?

Ser conscientes de nuestros sentimientos y nuestras necesidades nos permite elegir con mayor libertad cómo queremos reaccionar ante la vida. Cuando nuestras necesidades se ven satisfechas, podemos paladear el instante, celebrarlo y expresar gratitud. Cuando no, podemos hacer saber a los demás que sus palabras o acciones nos han afectado, vinculando lo que sentimos a nuestras necesidades propias. Cuando los demás expresan alabanza o enfado, podemos sintonizar con los sentimientos y las necesidades que sienten.

Cuando mi madre y yo nos reconciliamos por fin, pudimos expresar lo que sentíamos y su porqué. Mi madre quería que yo fuera feliz, que llevara una vida que ella pudiera comprender, una vida que fuera, además, respetuosa con sus valores. Yo quería que me viera tal como soy, que confiara en mi integridad y que me apoyara en la búsqueda de mi camino personal. Esta comprensión mutua nos acercó mucho más que antes.

En algunas circunstancias, quizá necesitemos efectuar un cambio o incluso poner fin a una relación que nos perjudica. Sea lo que sea lo que decidamos hacer, podemos elegir responder de manera consciente, no reactiva, apoyándonos en un discernimiento claro de nuestras necesidades y en una franca disposición hacia el diálogo.

No tenemos por qué tener miedo a nuestras emociones. Podemos aprender a manejarlas con agilidad, a escuchar sus señales y a equilibrar su vehemencia. Cuando superamos la dicotomía de evitarlas y reprimirlas o identificarlas y reaccionar dejándonos arrastrar por ellas, estamos permitiendo que las emociones fluyan a través de nosotros como parte intrínseca de nuestro ser. De ese modo, podemos recibir la información que nos brindan sobre nuestro corazón y sobre las necesidades y los valores profundos que delinean nuestra existencia.

PRINCIPIOS

Tomar conciencia de nuestras emociones fomenta nuestra capacidad de elegir conscientemente cómo participamos en una conversación.

Cuanto más nos responsabilizamos de nuestros sentimientos conectándolos con nuestras necesidades propias y no con los actos de los demás, más fácil les resulta a los demás escucharnos.

Cuanto más escuchamos los sentimientos de los demás como un reflejo de sus necesidades, más fácil nos resulta entenderlos sin sentir que nos hacen reproches, sin el impulso de darles la razón o sentirnos responsables de sus emociones.

PUNTOS CLAVE

Tendemos a relacionarnos con nuestras emociones reprimiéndolas o dejándonos enredar en su maraña, y sin embargo las emociones son una parte natural del ser humano que nos brinda información importante sobre nuestras necesidades. El mindfulness es la principal herramienta para desarrollar nuestra capacidad de:

- Identificar emociones (reconocimiento de emociones), advertir y nombrar lo que estamos sintiendo.
- Sentir emociones equilibradamente (regulación de emociones), dejando espacio para apreciar las agradables y tolerar el malestar que nos producen las desagradables.
- Escuchar y expresar emociones sin culpabilizar a nadie (expresión de emociones), conectándolas con necesidades y valores subyacentes.

Para asumir la responsabilidad de nuestros sentimientos y evitar recurrir a la culpabilización del otro es necesario prestar atención a los mecanismos mentales de percepción que generan y refuerzan el juego de la culpa. Sabemos que estamos incurriendo en este cuando:

- Construimos un discurso culpabilizador situando la causa de nuestras emociones fuera de nosotros.
- Vinculamos directamente nuestros sentimientos con las acciones de otra persona.
- Hacemos pasar ideas por sentimientos.
- Utilizamos expresiones que denotan falsos sentimientos, es decir, términos que hacen referencia a emociones pero que expresan reproche y atribuyen intencionalidad a otra persona.

PREGUNTAS Y RESPUESTAS

P: ¿Qué pasa si no noto ninguna emoción o no siento nada en el cuerpo?

Es algo bastante común. Vivimos en una sociedad descorporeizada, de modo que puede llevar algún tiempo sentir el propio cuerpo y experimentar emociones. Si en nuestra infancia se pasaron por alto nuestras emociones, es posible que hayamos aprendido a reprimirlas o esquivarlas. O puede que nos hayamos cerrado por completo a ellas tras un hecho traumático. Sea cual sea la causa, es posible reactivar la capacidad de sentir y desarrollar una relación más rica con el propio ser y con la vida.

Fíjate en la experiencia de «no sentir nada». ¿Es una especie de hueco en blanco, una sensación de vacío o embotamiento? ¿Está localizada en alguna zona en concreto de tu cuerpo? Permanece con ella, mantenla presente. El movimiento, el yoga, el baile o el ejercicio pueden ayudarte. Pregúntales a tus amigos cómo creen que puedes estar sintiéndote. A veces ese reflejo puede ayudarnos a reconocer lo que sentimos.

Por último, dialoga con tu corazón. Suena cursi, pero funciona. Dile a tu subconsciente que quieres sentir más. Antes de dormirte o al despertarte, puedes decirte algo así: «Me interesa sentir mis emociones. Estoy aquí. Estoy dispuesto a sentir». De esta forma estarás plantando dentro de tu psique una semilla que puede ser el revulsivo que abra tus emociones.

P: A mí me pasa lo contrario. Siento tantas emociones que me agobio fácilmente. ¿Cómo puedo solucionarlo?

Reparar en esta pauta de comportamiento es el primer paso para cambiarla. Ser capaz de nombrar lo que está ocurriendo es de enorme importancia. Observa las dinámicas soterradas. ¿Hay situaciones concretas que disparen ese sentimiento de agobio? ¿Qué te ayuda a reequilibrarte? Utiliza el ejercicio para atenuar las emociones fuertes o el ejercicio de orientación del capítulo 3. Muchas de nuestras heridas emocionales afloran en el contexto de las relaciones personales, de modo que también puede ser muy reparador indagar en esos patrones de conducta en contextos seguros, con personas que sepas que te apoyan, como un amigo, un mentor o un consejero profesional.

P: No somos responsables de las reacciones de los demás, pero nuestras acciones afectan a los otros y viceversa. ¿Cómo afrontas la situación cuando has hecho algo que ha herido a otra persona sin caer en el juego de la culpa?
Es conveniente reconocer cuándo he hecho algo que no satisfacía las necesidades de otra persona y tratar de restaurar el daño que eso haya podido causar a la relación. No es lo mismo disculparse sinceramente que recurrir al mecanismo de la culpabilización. Lo primero reconoce el impacto de mis acciones y expresa mi arrepentimiento o mi pesar sinceros. Lo segundo interpreta mis acciones o caracteriza negativamente mi persona por haber actuado mal o haberme equivocado.

P: ¿Y qué ocurre cuando me siento de veras manipulado o traicionado? ¿Cuál es el papel de la ira en la comunicación consciente?
La ira es una emoción completamente natural. Es una señal muy poderosa de que nuestras necesidades no se están satisfaciendo. Desde el punto de vista evolutivo, nos protege cuando percibimos una amenaza en nuestro entorno. Sus efectos destructivos derivan de nuestra forma de manejarla, no de la propia ira. Cuando somos capaces de diferenciar el discurso de la culpa de nuestras necesidades insatisfechas, podemos expresarnos de manera más constructiva.

El hecho de que te sientas «manipulado» o «traicionado» indica que tus emociones están tamizadas por tu interpretación de las intenciones de la otra persona. Para reconocer la intensidad de tu experiencia sin empantanarte en el juego de la culpa, tienes que ver esas palabras como información referida a tus sentimientos y necesidades. Investiga lo que hay dentro de tu corazón. Cuando piensas que alguien te está manipulando, ¿cómo te sientes por dentro? ¿Qué necesitas?

Cuando lo tengas claro, procura manifestar la intensidad de tus sentimientos sin recurrir a la recriminación. Expresa la crudeza de tus emociones y conéctalas con lo que te importa. Si no encuentras otras palabras (y si crees que la otra persona va a entenderte), puedes asumir la responsabilidad diciendo, por ejemplo. «Me estoy diciendo a mí mismo que me has traicionado». De esa forma haces explícita tu interpretación subjetiva y al mismo tiempo dejas espacio para que el otro manifieste su experiencia.

P: ¿Y si no tengo tiempo durante el día para sentir mis emociones?
La práctica del mindfulness puede ser muy beneficiosa en esos casos. Reservar tiempo para la práctica de la contemplación nos permite revisar nuestras vivencias cotidianas y ordenarlas a fin de no cargar con el residuo de nuestras reacciones emocionales. También afina nuestra percepción y ayuda a mejorar nuestras capacidades. Cuanto más indagamos en sensaciones intensas y emociones conflictivas «en el cojín de meditar», más fácil nos resulta sentir y procesar emociones fuera de él. La práctica formal del mindfulness genera, además, un espacio interior que nos permite tolerar el malestar de las emociones desagradables sin reaccionar y, por tanto, responder en el momento con más interés y comprensión.

9

Mejorar la empatía y la resiliencia interior

«Aprender a ponerse en el lugar del otro, ver a través de sus ojos, de ahí es de donde surge la paz. La empatía es una cualidad del carácter capaz de cambiar el mundo.»

Barack Obama

El tipo de comunicación de la que trata este libro implica la habilidad de trasladar la atención desde nuestra experiencia íntima a la experiencia del otro. Esta flexibilidad, que nos confiere una enorme habilidad en el diálogo, es posible gracias al entrenamiento de la empatía.

En la meditación formal, la sensación rítmica de la respiración —inhalar, exhalar— es un método muy fiable para mantener la conciencia fija en el presente y desarrollar la atención plena, la concentración y la sabiduría. En la práctica de la comunicación (que es, a su manera, una forma de entrenamiento meditativo), la conciencia de los sentimientos y las necesidades fomenta nuestra capacidad de mantenernos centrados en el presente, expresarnos con claridad y escuchar a los demás con empatía.

En el tercer paso para mantener una conversación eficaz, a veces lo que más importa es la empatía. Como hemos visto, la escucha empática es lo que nos permite escucharnos de verdad mutuamente. Es un recurso muy poderoso para la curación y la resiliencia. Constituye un aspecto tan indispensable de la comunicación que quisiera ahondar en distintas estrategias para afinar esta capacidad.

DAR CABIDA AL BIEN: GRATITUD, ALEGRÍA Y JÚBILO

Cuando pensamos en la empatía, solemos centrarnos en cómo gestionar la pena, el conflicto y el desacuerdo. Pero la empatía no solo sirve para gestionar las dificultades. También es una herramienta esencial para realzar todo lo bueno: profundizar en la amistad, reforzar vínculos y apreciar la belleza de la vida. La empatía es la capacidad de resonancia de nuestro corazón. Y cuando orientamos esta capacidad hacia lo que nos nutre y alimenta, nuestro corazón se regocija. Cuando le di a mi familia la noticia de que iba a ordenarme monje budista, ansiaba que empatizaran con mi alegría, que me acompañaran en mi celebración.

Esta virtud (que en el budismo se denomina *mudita*, es decir, «alegría» o «regocijo solidario») realza nuestro bienestar y fomenta la resiliencia. Dicen que el dalái lama dijo una vez: «Cuando cuentas la felicidad ajena como propia, tus posibilidades de ser feliz se multiplican por seis mil millones».

Esta habilidad para fomentar los aspectos saludables de nuestra existencia es un factor importante de la curación que a menudo se pasa por alto. Es posible que haga falta cierto valor para aflojar el ritmo a fin de disfrutar de un logro, gozar de una necesidad satisfecha o experimentar una sensación estimulante. Con la práctica, podemos ampliar nuestro uso de la empatía para disfrutar de lo bueno, cultivar la gratitud por la felicidad de la que gozamos y celebrar la alegría o la buena suerte de los demás.[60] Prueba a hacer los siguientes ejercicios en cualquier momento.

EJERCICIO: **Gratitud, alegría y júbilo**

Tómate un rato para reflexionar sobre algo que te guste. Busca algo lo más concreto posible: un alimento que hayas comido o un encuentro reciente con algún amigo. Deja que esa circunstancia cobre vida en tu recuerdo y fíjate en los sentimientos de agrado, gratitud o alegría que despierta. ¿En qué zona del cuerpo percibes esas emociones? ¿Qué es lo que sientes?

A continuación, considera qué necesidades has visto satisfechas. ¿Qué es lo que te importa de esa situación, ese acontecimiento o esa persona? Paladea el disfrute de haber visto satisfechas tus necesidades y deja que te absorba por completo, como si te sumergieras en una bañera.

Proyecta hacia fuera esa mirada gozosa. Cuando te enteres de una buena noticia o pases tiempo con alguien que es feliz o tiene éxito, procura conectar con su bienestar. ¿Puedes regocijarte con esa persona? Fíjate en cualquier tendencia que sientas a compararte con esa persona, a crisparte o a creer que su buena suerte merma de algún modo tu felicidad potencial. ¿Cómo te sentirías si esa persona fuera tu hijo o hija? ¿Puedes ensanchar tu empatía para celebrar su felicidad?

AUTOEMPATÍA: LA FUERZA DE LA TERNURA

Durante esa etapa difícil, cuando tenía poco más de veinte años y trabajaba en un centro de meditación en una zona rural de Massachusetts, me sentía cada vez más solo y aislado. La práctica contemplativa hizo que volcara mi atención hacia dentro y empecé a sentirme atrapado en mi deseo de conectar. Ansiaba que otros me preguntaran qué tal me iba, y sin embargo eran muy pocas las personas en las que encontraba la sintonía que necesitaba para sentirme a gusto y expresar mis sentimientos. Cada fracaso a la hora de conectar con los demás reforzaba mi sensación de aislamiento y aumentaba mi afán de sentirme escuchado. Era un círculo vicioso que me paralizaba.

El dolor puede bloquear la empatía. Cuando estamos atrapados en el atolladero de la angustia, puede ser muy difícil abrirnos a la empatía, escuchar a los demás o condolernos con ellos. Si no disponemos de recursos para gestionar nuestro propio sufrimiento, la comunicación se vuelve cada vez más ardua.

Con el tiempo, encontré una o dos personas cuya empatía, por su forma de ofrecerla, yo era capaz de recibir, lo que atenuó la intensidad de mi anhelo y desencadenó un cambió que siguió desarrollándose durante los años siguientes.

A veces, recibir empatía es el bálsamo que necesitamos para curarnos. Gracias al afecto y el interés de los demás, aprendemos a tratarnos a nosotros mismos con ternura. La autoempatía fomenta la resiliencia al transformar la relación que tenemos con nosotros mismos pasando de la dureza y la autocrítica a la ternura y la autocompasión. Incluye gestionar el estrés y el dolor emocional, asimilar las necesidades insatisfechas y calmar a nuestro crítico interior.

Esto no solo hace que la vida resulte más gozosa, sino que nos brinda muchas más alternativas para el diálogo. La autoempatía refuerza la paciencia. Dedicando un momento a la autoempatía consciente, podemos reconocer nuestra experiencia íntima, dejarla a un lado temporalmente y crear el espacio necesario para escuchar al otro.

Principio: **Tener empatía por nosotros mismos aumenta nuestra capacidad de escuchar a los demás, aunque ellos no se brinden a escucharnos.**

EJERCICIO: **Autoempatía**

Utiliza la meditación con regularidad para desarrollar tu capacidad de empatizar contigo mismo.

Empieza por centrar por completo tu atención en el presente de una manera que te resulte natural y con la que te sientas a gusto: anclando la conciencia en el cuerpo o respirando hondo, conscientemente. A continuación, recuerda una situación o un acontecimiento por el que te gustaría desarrollar autoempatía (algo que no sea demasiado doloroso, para empezar).

¿Qué emociones percibes? Fíjate en sus sensaciones corporales. Si experimentas una sensación fuerte, amplía tu foco de atención para abarcar el resto de tu cuerpo. ¿Eres capaz de sentir ternura por tus sentimientos dolorosos?

Después, pregúntate por tus necesidades y valores y escúchate íntimamente prestando atención a lo que te importa. Piensa, por ejemplo: «Si tuviera tal cosa, ¿qué tendría?», o «¿Qué es lo que me importa de esto?» Sigue interrogándote hasta que tengas claras cuáles son tus necesidades. De nuevo, prueba a aplicar la ternura a lo que valoras. Haz acopio de todo el afecto que puedas por ti mismo y fija tu atención en ese sentimiento de ternura.

Por último, traslada tu atención al aspecto universal de la necesidad o el valor en sí mismos como una faceta de nuestra humanidad compartida. ¿Puedes conectar con la plenitud, la belleza o la dignidad de ese valor?

LAS ORILLAS DE LA EMPATÍA: GESTIONAR LA ANGUSTIA EMPÁTICA

Los seres humanos tenemos un *espectro empático*: nuestra capacidad de empatizar y la intensidad con la que sentimos empatía varían enormemente.[61] A veces, la empatía puede manifestarse tan fácilmente que nos sentimos sobrepasados o abrumados por la intensidad de ese sentimiento. Una causa frecuente de cansancio emocional es la identificación excesiva con el sufrimiento ajeno, a la que en ocasiones se denomina *angustia empática*.[62]

La habilidad de empatizar debe implicar, por tanto, el aprender a gestionar la ansiedad y a tener en cuenta nuestra necesidad de distanciamiento. Si nos sentimos abrumados, perdemos la capacidad de relacionarnos eficazmente. Por pura supervivencia, quizá reaccionemos airadamente en un intento de gestionar nuestra propia angustia, o nos repleguemos por miedo a sumirnos por completo en la experiencia del otro.

EJERCICIO: Percibir físicamente la angustia empática

Las tres clases de empatía (somática, afectiva y cognitiva) son de gran utilidad para fabricarse un recipiente interior bien sólido, como las orillas de un río por el que discurriera la empatía.[63]

Prueba los siguientes ejercicios somáticos para recuperar el equilibrio:

- **Oriéntate** hacia tu entorno para percibir su seguridad física.
- **Ancla** tu atención conectándola con la gravedad o con algún otro punto de referencia corporal (línea central, respiración o puntos de contactos tales como manos y pies).
- **Percibe** los límites de tu piel. Realiza alguna actividad que estimule la percepción de tu cuerpo: hacer ejercicio físico, darte un masaje o una ducha caliente, o palpar tus extremidades estrujándolas suavemente.
- **Fíjate** en el espacio físico que media entre tú y la otra persona o en el espacio que te rodea.

En el ámbito afectivo, haz lo posible por poner coto a los estímulos emocionales que te llegan de fuera. Hoy en día, por ejemplo, mucha gente sufre angustia empática debido a una exposición excesiva al padecimiento humano a través de los medios de comunicación. Para recobrarse y desarrollar una relación más equilibrada con la empatía, suele ser necesario limitar durante un tiempo la ingesta de noticias.

En una conversación, si empiezas a sentirte abrumado o a perder presencia, busca la manera de hacer una pausa. Deja patente tu deseo de mantener el diálogo y luego expresa tu necesidad de hacer un descanso. Aquí tienes algunos ejemplos:

- «Creo que necesito tomarme un momento para ordenar mis ideas.»

- «Me gustaría tener un poco de tiempo para asimilar eso. ¿Podemos hacer una pausa?»
- «Me encantaría seguir hablando de esto, pero me siento un poco abrumado. ¿Podemos tomarnos un descanso y continuar mañana?»

Después de pulsar el botón de pausa, hay diversas estrategias para integrar y digerir las emociones que haya suscitado el diálogo. He aquí algunas:

- **Recibir** la empatía de un amigo o mentor.
- **Hacer** un ejercicio de autoempatía.
- **Atenuar** las emociones fuertes con la práctica formal del mindfulness.
- **Equilibrar** tu activación emocional con prácticas que fomenten un placer saludable, como dedicar tiempo al arte, a la música o a salir al campo.

Por último, en el terreno cognitivo, analiza las creencias soterradas que contribuyen a una identificación excesiva con los sentimientos ajenos. Habla con un amigo y trata de sacar a la luz tus suposiciones acerca del papel que debes asumir en una situación dada, lo que significa para ti preocuparte por los demás o por qué medios crees que debe restañarse una herida. Aquí tienes unas cuantas creencias muy comunes que quizá entren en juego:

- Puede que creas que es responsabilidad tuya el ocuparte de los demás por sentido del deber, miedo o incapacidad para gestionar el malestar que te producen sus dificultades.
- Puede que te identifiques con el papel de cuidador y que te sientas desorientado ante la posibilidad de renunciar a él.
- Puede que pienses que cuidar de los demás equivale a sufrir; que no te puedes compadecer sinceramente del dolor de otra persona y seguir siendo feliz.

- Quizá creas saber mejor que ellos qué es lo que necesitan los demás.
- Si crees que la otra persona no tiene suficientes recursos internos o externos, puede que asumas automáticamente más responsabilidades en lugar de fomentar su autonomía o su capacidad de autocuidado.
- Tal vez tengas otras creencias conscientes o inconscientes que te impulsan a hacerte cargo del sufrimiento de los demás.

Estas creencias pueden estar muy arraigadas e impulsarte a «zambullirte» en el dolor de otra persona por el puro deseo de ayudarla. Investiga qué es lo que puede estar alimentando tu angustia empática. Si retrocedes un poco, te darás cuenta de que puedes ser mucho más útil cuando mantienes el equilibrio y estás en disposición de poner en juego todos tus recursos.

La verdadera empatía descansa sobre el equilibrio. Surge de una profunda confianza en la vida y en la inteligencia innata de la mente y el cuerpo. Cuando intentamos reparar, cambiar o resolver el dolor de otra persona (creyendo que está en nuestra mano), contribuimos a alimentar su temor y su impotencia al decirle implícitamente: «Tú no puedes con esto, así que deja que yo me encargue».

Por el contrario, la respuesta empática permite que la experiencia se dé de manera natural. La aceptación, la confianza y la preocupación sincera que entraña la empatía transmiten al otro una sensación de empoderamiento que a menudo tiene poder curativo. Como escribió Carl Rogers:

> Sienta de maravilla que alguien te escuche de verdad sin juzgarte, sin tratar de hacerse responsable de ti ni moldearte. Cuando me han escuchado y me han prestado atención, soy capaz de percibir mi existencia de un modo nuevo y de seguir adelante. Es asom-

broso que algunos problemas que parecen irresolubles se vuelvan solubles cuando alguien te escucha. Y que situaciones de estancamiento que parecen irremediables se conviertan en riachuelos que fluyen con relativa claridad cuando te sientes escuchado.[64]

La clave de este equilibrio reside en ser capaz de mantener la perspectiva. Recordemos ciertas premisas fundamentales. Estar vivo equivale a ser vulnerable. Todos sufrimos y sentimos dolor. La vida discurre en una serie de altibajos, y es inevitable que suframos pérdidas y encontremos obstáculos en el camino. En última instancia, no estamos al mando: no podemos ni impedir ni eliminar las penalidades que sufre otra persona. Esta sabiduría, característica de las personas muy mayores, nos brinda ecuanimidad y ternura frente a la adversidad.

Cuando nuestra capacidad para empatizar integra los tres dominios —cuando la empatía cognitiva está imbuida de sabiduría, la empatía afectiva equilibrada mediante los recursos de que disponemos y la empatía somática anclada en el presente—, obtenemos resiliencia y entereza frente al dolor y el sufrimiento. Nuestro corazón puede hacerse eco de las alegrías y las penas de los demás sin sentirse desbordado.

EMPATÍA SIN ACUERDO

Cuando estamos en desacuerdo con otra persona, podemos resistirnos a abrirle nuestro corazón por temor a que esa empatía equivalga a secundar —o a que se interprete que secundamos— sus opiniones. Sin embargo, mostrar que comprendemos cómo siente el otro o lo que le importa no es lo mismo que estar de acuerdo con sus ideas o apoyar actos que no coinciden con nuestros valores.

Esa es una de las grandes ventajas de la empatía: la posibilidad de conectar con el otro sin que haya acuerdo. Centrar nuestra atención en los sentimientos y las necesidades de la otra persona nos ayuda a sintonizar con su experiencia y a conectar con empatía. Prueba a hacer el siguiente ejercicio para reforzar tu capacidad empática y mejorar tu habilidad para pasar de tu propia experiencia a la del otro.

EJERCICIO: Mapa de empatía

Utiliza esta reflexión para indagar en un desacuerdo o prepararte para una conversación. Empieza por situaciones sencillas y con escasa carga emotiva y ve avanzando poco a poco hacia otras más difíciles. Dibuja cuatro cuadrantes en una hoja de papel como en el diagrama de la página siguiente.

1. Indaga en tus sentimientos y anótalos en el recuadro superior izquierdo del cuadrante.
2. ¿Con qué necesidades conectan cada uno de estos sentimientos? ¿Qué es lo que más te importa? Indaga en tus necesidades hasta que sientas que has llegado a una conclusión con la que te sientes a gusto. Anota esas necesidades en el recuadro inferior izquierdo del cuadrante.
3. Fija tu atención en la otra persona y reflexiona sobre sus sentimientos. Imagina qué emociones puede estar sintiendo. Anótalas en el recuadro superior derecho.
4. Ensancha tu corazón teniendo en cuenta las necesidades del otro. ¿Qué le importa a esa persona? ¿Con qué necesidades conectan sus sentimientos? Si sientes que no puedes apoyar sus necesidades es que no has llegado al nivel de sus necesidades verdaderas. Pregúntate: «Si tuvieran eso, ¿qué conseguirían?» Anota esas necesidades en el recuadro inferior derecho.
5. Compara los dos lados del cuadrante. ¿Notas algún cambio en tu actitud? ¿Cómo abordarías la situación tras hacer este ejercicio?

Mapa de empatía

Mis sentimientos	Tus sentimientos
Mis necesidades	**Tus necesidades**

AFINAR LA EMPATÍA: MÁS ALLÁ DE TI Y DE MÍ

En este capítulo hemos expuesto varios métodos para avanzar en el terreno de la empatía interpersonal: fabricarse un caudal íntimo de recursos mediante la alegría, la gratitud y la autoempatía; reforzar la empatía delimitando sólidamente sus orillas; y ensanchar nuestra capacidad de conectar con los demás cuando estamos en desacuerdo con ellos. La disposición a dejar que los demás nos afecten es el pilar fundamental de estas técnicas. La empatía cuestiona nuestra noción de separación. Abrir mi corazón al gozo o al dolor del otro presupone que estoy dispuesto a sentir y a conmoverme.

Cuando, transcurridos dos años y medio, puse fin a mi estancia en un monasterio budista y regresé a la vida seglar, las cosas se me complicaron a velocidad de vértigo. En el plazo de una semana, contraje la enfermedad de Lyme, dejé el monasterio y tuve que ingresar a mi padre en el hospital debido a una sepsis sistémica. Las complicaciones de salud que me produjo la enfermedad de Lyme se prolongaron durante meses. Un día, hablando con una amiga de mi profundo agotamiento, me miró y dijo sencillamente: «Siento muchísimo que te haya pasado esto».

Fue un momento de empatía verdadera, de interés sincero y palpable. Mi amiga no estaba «reflejando sentimientos y necesidades», ni haciendo una conjetura empática ni comprobando si me había entendido bien. Se había permitido sentir mi zozobra, percibir directamente mi dolor, y había expresado sinceramente lo que sentía su corazón. En aquel momento, yo ya no estaba solo.

En el ámbito de la terapia, la psicología y la comunicación interpersonal hablamos a veces de «dar» y «recibir» empatía. Mientras exista una noción de dador y receptor, una idea fija del tú y el yo, estamos desaprovechando el pleno potencial de la empatía. La verdadera empatía trasciende la dualidad entre hablante y oyente. En lugar de entablar un intercambio de ideas, nos adentramos en el terreno de la presencia empática —es decir, de la atención, el afecto y el interés—, en el que toda experiencia, al margen de su identidad local como tuya o mía, se conoce y se siente. Accedemos a ese espacio utilizando cualquier herramienta que refuerce nuestra capacidad de abrir el corazón a la experiencia del otro.

Creo que nuestra sociedad y el mundo actual tienen una inmensa necesidad de este tipo de empatía profunda y auténtica. Desde nuestras ansias personales de conectar con los demás y sanar hasta la necesidad urgente de subsanar las divisiones políticas, socioeconómicas y raciales; desde la creciente crisis global de los refugiados hasta los peligrosos efectos del cambio climático, la empatía puede ampliar nuestro sentido de la identidad superando sus fronteras tradicionales incluso más allá de la familia humana para abarcar a otras especies y a la biosfera en su conjunto. Fritz Perls, el psiquiatra fundador de la terapia Gestalt, dijo una vez que el contacto es curativo. Nuestra capacidad de desarrollar empatía y conectar sinceramente entre nosotros es una clave esencial para la evolución de nuestra especie y la supervivencia de nuestra civilización.

EJERCICIO: **Formas de empatía**

A continuación encontrarás un repaso de las prácticas para ejercitar la empatía. Experimenta con estos métodos para acceder a ella, compartirla y expresarla.

PRESENCIA EMPÁTICA SILENCIOSA. Fija por completo tu atención, de todo corazón, en otra persona.

PARÁFRASIS. Hazle ver que has entendido lo que ha dicho resumiendo su discurso o sus puntos clave.

REFLEXIÓN EMPÁTICA. Completa el ciclo reflejando antes de responder y centrándote en lo más sobresaliente en ese momento concreto. Si lo más importante son las emociones, ofrécele a tu interlocutor una conjetura empática de sus sentimientos. Si sus emociones parecen conectar con lo que importa, reflexiona acerca de sus necesidades. Practica la gramática de la libertad interior conectando sus sentimientos con sus necesidades. Hazlo de la manera más natural posible, procurando enunciar tus deducciones en forma de pregunta. Lo que te interesa es comprobar que has entendido, no decirle a la otra persona qué es lo que está experimentando.

EXPRESIÓN EMPÁTICA. Responde sinceramente y con autenticidad, desde el corazón. Procura asimilar íntimamente lo que se ha dicho. ¿Cómo te afectan las palabras del otro?

ACCIÓN EMPÁTICA/COMPASIVA. Permítete responder mediante la acción. Dicha acción puede consistir en un gesto de contacto, o en preguntarle a la otra persona si tiene alguna petición concreta, o en comprobar si está dispuesta a aceptar tu apoyo en otros sentidos.

PRINCIPIOS

Tener empatía por nosotros mismos aumenta nuestra capacidad de escuchar a los demás, aunque ellos no se brinden a escucharnos.

PUNTOS CLAVE

La empatía cuestiona nuestra noción de separación. Abrir nuestro corazón al gozo o la alegría del otro presupone que estamos dispuestos a sentir. Para realzar nuestro acceso a la empatía, podemos:

- Acumular un caudal íntimo de resiliencia mediante la alegría, la gratitud y la autoempatía.
- Gestionar cualquier asomo de malestar, ansiedad o indiferencia integrando los tres tipos de empatía: somática, afectiva y cognitiva.
- Ampliar nuestra capacidad de conectar cuando estamos en desacuerdo con el otro centrando nuestra atención en sus sentimientos y necesidades.

Podemos, además, equilibrar la angustia empática:

- Haciendo una pausa en la conversación.
- Recibiendo empatía o practicando la autoempatía.
- Sosegándonos mediante el placer saludable (ejercicio, música, arte).
- Reflexionar sobre las creencias que generan obligación, confusión o distorsión del sentido de la responsabilidad respecto al dolor del otro.

PREGUNTAS Y RESPUESTAS

P: Cuando empatizo, ¿estoy limitándome a proyectar en el otro mi experiencia personal?

Es la paradoja de la empatía, que exige que uno esté plenamente presente, arraigado en sí mismo, y que al mismo tiempo trascienda su experiencia individual: salirse de ella para imaginar el mundo interior del otro. En ciertos sentidos, siempre utilizamos como referencia nuestra experiencia subjetiva propia para entender la del otro. Cada una de nuestras experiencias es única y, sin embargo, disponemos de palabras que nombran emociones y necesidades porque esas emociones y necesidades son de índole universal. Aunque nunca pueda *conocer* con exactitud tu tristeza, puedo aproximarme a esa emoción porque yo mismo la he sentido.

La verdadera empatía entraña humildad. La falta de esta cualidad equivale a afirmar: «Sé exactamente cómo te sientes». Ese componente de humildad equivale, por el contrario, a decir: «*No puedo* saber cómo te sientes exactamente, pero me preocupa lo que te está pasando y voy a intentar comprenderlo». Esta humildad implica un profundo respeto por la experiencia del otro.

P: ¿En qué se diferencian la empatía y la compasión?
Tal y como empleo estos términos, la empatía es más abarcadora y se refiere a la capacidad de resonancia del corazón. Es una cualidad receptiva que puede sintonizar con toda la gama de la experiencia humana, tanto con las emociones agradables como con las desagradables, con la tristeza y con la alegría. La compasión es un subconjunto de la empatía que hace referencia concretamente a la preocupación por el sufrimiento y el dolor ajenos. Este carácter receptivo de la compasión equivale a una sintonización empática con el sufrimiento. El componente activo de la compasión es la disposición a actuar a fin de aliviar el sufrimiento. Tanto la empatía como la compasión dependen de la ecuanimidad. Hay que tener equilibrio y sabiduría para cobrar conciencia de la experiencia íntima del otro sin identificarse en exceso con ella.

P: Me esfuerzo por empatizar con mi hija adolescente, pero no parece servir de nada. Le digo: «Entiendo que tienes muchísimas ganas de salir esta noche, pero tengo que acabar este trabajo y no puedo llevarte», y ella solo se enfada o contesta que en realidad no me importa.
Me alegro de que estés haciendo el esfuerzo de utilizar estos recursos con tu familia. Soy más optimista respecto a nuestro mundo cuando pienso en que hay niños que están aprendiendo estas habilidades.

Veo un par de cosas en tu planteamiento que indican por qué tu hija no se siente vista u oída. Da la impresión de que ya has llegado a la conclusión de que no hay forma de satisfacer tus necesidades y las suyas. Tener en mente un resultado preconcebido deja poco espacio para conectar y colaborar con el otro. Esto se manifiesta en la rapidez con que pasas de la empatía a la defensa de tus necesidades propias.

Separa el ofrecerle empatía a tu hija de expresar tus necesidades. Préstale tu atención plena, reflejando sus sentimientos o necesidades hasta que se sienta escuchada. *Después*, explícale tu postura y propón que barajéis juntas distintas alternativas hasta encontrar una que os convenga a las dos. Quizá, si ella te ayuda, puedas llevarla. O podría tomar un taxi y trabajar después para reembolsarte el dinero. Aunque no encontréis un modo de suplir las necesidades de ambas, escucharos mutuamente y mostraros abiertas a colaborar fortalecerá vuestra relación.

10

Cómo sacar a debate un problema sin provocar una discusión

«La capacidad de observar sin evaluar es la forma más elevada de inteligencia humana.»

JIDDU KRISHNAMURTI

Hasta ahora hemos hablado por extenso del proceso de escucha: cómo servirse de la presencia y la intención para salir al encuentro de los demás con una mente abierta y equilibrada, cómo identificar las emociones y cómo percibir las necesidades y desarrollar la empatía. Estas prácticas refuerzan nuestra capacidad de escucha y sientan las bases para que podamos hablar.

Cuando enseño comunicación consciente, suelo hablar de las herramientas para escuchar antes que de las herramientas para hablar por varios motivos. En primer lugar, porque es en el plano de la escucha donde una conversación suele atascarse. Cuando ninguna de las dos personas es capaz de escuchar, cesa el entendimiento y la conversación puede naufragar. En segundo lugar, porque aprendemos a hablar escuchando. Los bebés adquieren el lenguaje oyendo los fonemas, el ritmo y la sintaxis de su lengua materna. Al entrenar la capacidad de escucha, empezamos a aprender intuitivamente a articular nuestro discurso.

A partir de ahora vamos a tratar del otro lado de la ecuación: la autoexpresión. ¿Cómo expresamos lo que queremos decir? Para decir lo que queremos decir, primero tenemos que *saber* lo que queremos decir. Debemos ser capaces de escucharnos íntimamente y tener claro qué es lo que estamos experimentando. ¿Qué es lo que queremos que sepa nuestro interlocutor? ¿Y cómo podemos transmitírselo de manera auténtica y plena, de manera que pueda escucharnos?

El esquema básico del modelo de comunicación no violenta de Rosenberg —observaciones, sentimientos, necesidades y peticiones— nos proporciona una plantilla muy eficaz para indagar en nuestra experiencia personal, nuestros pensamientos y nuestras emociones y determinar cuáles son los elementos esenciales que deseamos comunicar. Antes de exponer nuestros sentimientos y nuestras necesidades, quizá tengamos que ponernos de acuerdo sobre los temas a tratar. Hacer observaciones nos ayuda a hablar sobre el *contexto* de una situación. Si no las hacemos, podemos acabar discutiendo por cosas que no importan o no sabiendo muy bien cuál es el tema que se debate.

En este capítulo centraremos nuestra atención en la danza de la comunicación: de la escucha al habla. Reflexionaremos sobre la importancia de hacer observaciones en el diálogo, buscaremos herramientas para entrenar nuestra atención a fin de observar con claridad y aprenderemos a convertir las críticas en aportaciones útiles.

¿QUÉ ESTÁS AÑADIENDO?

La maestra budista Sylvia Boorstein cuenta que una vez llamó a un centro de meditación zen para apuntarse a un retiro (fue antes de que estos trámites pudiesen hacerse por Internet) y que el recepcionista le explicó que tenía que hablar con un tal Steve, que ya se había marchado. Volvió a llamar al día siguiente y le dijeron que Steve acababa de marcharse y que lo intentara de nuevo a la mañana siguiente, a partir de las nueve, hora a la que llegaba Steve. Al día siguiente, llamó cumplidamente poco después de las nueve y el recepcionista le dijo: «Cuánto lo siento. Steve está en un atasco».

Exasperada, Sylvia respondió: «Bueno, supongo que eso significa que no voy a poder hacer ese retiro». El recepcionista contestó con cierta socarronería: «No, significa que Steve no ha llegado aún».

¡Qué fácil es apresurarse a sacar conclusiones! Joseph Goldstein habla de una conversación que tuvo con un alumno en un retiro de meditación. El alumno notaba tensión en la mandíbula y empezó a hilar una historia explicándole a Joseph que era una persona muy ansiosa y que siempre estaba tenso y crispado. Joseph respondió: «Por lo visto, notas que tienes la mandíbula tensa». El alumno prosiguió diciendo: «Siempre he sido muy nervioso. Seguramente por eso mis relaciones de pareja nunca duran. Soy tan ansioso que nunca tendré una relación duradera. Estaré siempre solo». De nuevo, Joseph señaló: «Parece que estás experimentando una sensación de tensión en la mandíbula. Lo demás son razonamientos».

La experiencia es una cosa. Lo que nosotros añadimos, otra. Saber distinguir entre estos dos elementos es fundamental para hablar de lo que sea que haya ocurrido de un modo que propicie el entendimiento.

***Principio*: Enunciar con claridad lo que ha ocurrido, sin juicios ni evaluaciones, facilita el que el otro nos escuche y que seamos capaces de encontrar una solución.**

¿Alguna vez has intentado mantener una conversación y te has visto enzarzado en una discusión antes incluso de acabar la primera frase? Quizás hayas empezado diciendo «Quería hablar contigo de lo desordenada que está la cocina últimamente...» y, antes de que puedas añadir una palabra más, la otra persona empieza a defenderse o a acusarte de ser un obseso de la limpieza. «¿Qué ha pasado?», te preguntas.

Si ya de partida marcamos el rumbo de la conversación con una interpretación subjetiva que la otra persona no comparte, es muy probable que haya conflicto. El juego de la culpa se alimenta de interpretaciones: «desordenado», «ignorado», «atacado»... Las observaciones claras nos permiten debatir acontecimientos con menos probabilidad de discutir.

Tal vez hayas padecido en carne propia esta situación: alguien se te acerca y te lanza una invectiva, visiblemente molesto. Tú, pillado por sorpresa, no entiendes qué está pasando y puede que te preguntes «¿De qué está hablando?»

Sin observación, solo podemos intentar adivinar por nuestra cuenta qué está ocurriendo. Las observaciones nos proporcionan un punto de referencia común. Nos brindan el contexto para hablar de nuestros sentimientos y nuestras necesidades de modo que a la otra persona le resulte más fácil escucharnos sin necesidad de discutir.

Una *observación* es un enunciado concreto, específico y neutral de un acontecimiento, de lo que vemos u oímos en nuestro entorno, desprovisto de evaluación e interpretación.

Referirse a lo que ha pasado con claridad y de manera neutral facilita el entendimiento. Puede avanzarse mucho en el diálogo con solo prescindir de interpretaciones, juicios y evaluaciones y forjar una comprensión común de los hechos.

VER CON CLARIDAD

Mi buen amigo Hanuman sabe por propia experiencia que conviene separar la observación de la interpretación. Una tarde, en Boston, conoció a una joven atractiva mientras esperaba para cruzar un paso de cebra. Tuvieron una conversación breve pero agradable e intercambiaron sus números de teléfono. Unos días después, Hanuman la llamó y le dejó un mensaje. Pasadas un par de semanas, como no recibía respuesta, se decidió a llamarla otra vez. Siguió pasando el tiempo sin que la joven le devolviera la llamada. Hanuman se atuvo a sus observaciones: al conocer a aquella chica, había sentido que conectaban sinceramente; le había dejado un par de mensajes y ella no había contestado. Era lo único que sabía.

Durante los meses siguientes volvió a llamarla un par de veces, dejándole mensajes breves y amistosos que contenían una invitación franca a conectar. Meses más tarde, sonó su teléfono. Ella le dijo que estaba haciendo su residencia en un hospital, que tenía guardias continuamente y que se alegraba mucho de que hubiera seguido llamándola. Fueron a montar en kayak y acabaron teniendo una relación amorosa que duró más de tres años.

Es natural interpretar nuestras experiencias y sacar conclusiones de ellas. Forma parte de nuestro desenvolvimiento en el mundo. Nuestro cerebro evalúa continuamente distinguiendo entre seguridad y peligro, entre amigo y enemigo. Tener un discernimiento claro es muy útil. No lo es, en cambio, formarse juicios de manera reactiva, automática o respondiendo a patrones habituales. El problema surge cuando evaluamos inconscientemente confundiendo nuestras interpretaciones con la realidad. Confundir observaciones y evaluaciones genera estrés íntimo y puede dar al traste con nuestras relaciones. Podemos interpretar que una expresión facial significa determinada cosa y construir todo un discurso de antagonismo a partir de nuestra interpretación de ese gesto sin haber comprobado siquiera si hemos entendido, en principio, lo que significaba. La mente pasa tan rápidamente de la observación del hecho a la interpretación que es muy fácil que olvidemos que se trata de dos cosas distintas.

La atención plena se define a menudo como una conciencia libre de distorsión o sesgo. La práctica del mindfulness ilumina el proceso de interpretación aclarando la diferencia entre nuestra experiencia directa y el relato que construimos en torno a ella. Un texto budista anima al individuo a discernir, «en lo visto, solo lo que se ve; en lo oído, solo lo que se oye».[65] El mindfulness puede ayudarnos a deconstruir nuestras creencias e interpretaciones. Aplicando la atención cuidadosa, podemos separar los acontecimientos —los hechos concretos que suceden en nuestro entorno— de los razonamientos, las percepciones y la reactividad que les superponemos.

Evidentemente, para hacer esta distinción quizás haya que calar muy hondo. Muchas de las creencias y los hábitos psicológicos que más dolor nos causan hunden sus raíces en nociones inconscientes e incuestionadas sobre quiénes somos, cómo nos ven los demás y qué puede ofrecernos la vida.

La clave está en identificar lo que ha ocurrido de la manera más directa posible. Para determinar si algo es una observación, pregúntate «¿Esto podría reflejarse en vídeo?» Una cámara graba movimiento y sonido. No puede grabar una «actitud de frialdad». No puede demostrar que alguien haga algo «siempre» o no lo haga «nunca». ¿Una cámara de vídeo graba a alguien «ignorándome», o graba a una persona que pasa delante de otra con la vista fija al frente?

Otra clave para distinguir si algo es o no una observación es la probabilidad de que genere una actitud defensiva en nuestro interlocutor. Recuerda que, si lo que nos interesa es propiciar el entendimiento, debemos emplear un lenguaje que fomente la conexión. ¿Cómo podrías enunciar tal o cual cosa de forma neutra, para que la otra persona se preste a dialogar sobre ese tema sin sentirse ofendida? Si digo «Cuando te veo entrar y poner la tele...» es menos probable que se desencadene una discusión que si digo «Cuando me ignoras...»

La fórmula clásica de la CNV para entrenar la capacidad de observación es: «Cuando veo/oigo...» Empezar el enunciado en primera persona (yo) en vez de en segunda (tú) traslada el foco de atención del otro a nuestra experiencia directa. Verbos tales como «ver» y «oír» nos ayudan a centrarnos en el hecho concreto dejando a un lado nuestras interpretaciones. (Y sirve para indicar, al mismo tiempo, que podemos ver los hechos de manera distinta.)

He aquí algunas pautas para hacer observaciones:

- Utiliza el mindfulness para discernir los hechos sin ningún filtro.
- Separa lo que sabes de manera fehaciente de suposiciones e interpretaciones.
- Para comprobar si tus conclusiones son válidas, pregúntate: «¿Esto podría reflejarse en vídeo?»

- Evita palabras y expresiones que exageren o interpreten los hechos: *siempre, nunca, jamás, cada vez que, casi nunca…*
- Enuncia tu experiencia en primera persona: «Cuando veo/oigo/noto…» en lugar de «Cuando dices/haces…»
- Pregúntate si la otra persona podría asumir ese enunciado sin ponerse a la defensiva. Si no estás seguro de que así sea, sigue afinando tu observación.

A continuación encontrarás varios ejemplos que ilustran la diferencia entre evaluación y observación. Los términos evaluativos están en cursiva. ¿Cuáles crees que tienen más probabilidad de propiciar el entendimiento?

Evaluación	**Observación**
«*Casi nunca* llegas puntual.» «*Siempre* llegas tarde.»	«Me he fijado en que has llegado veinte minutos tarde después de que dijeras que…»
«Eres *impresionante.*»	«Cuando veo las cosas que has conseguido…»
«Cuando te pones *desagradable* conmigo…»	«Cuando te oigo decir que…» «Cuando te oigo decir "Da igual" y apartar la mirada…» «Cuando veo esa expresión en tu cara…»

Tras hacer una observación, debemos enlazarla con nuestra vivencia íntima —es decir, con nuestros sentimientos y nuesras necesidades— para que el otro sepa cuál es nuestra postura de partida. Estos tres elementos —observación, sentimiento y necesidad— conforman un mapa sencillo por el que podemos guiarnos para decir lo que queremos decir, discernir íntimamente lo que está ocurriendo y hacer partícipe al otro de nuestras inquietudes. *¿Qué ha pasado? ¿Cómo te sientes al respecto? ¿Por qué?* Entrenando la atención para identificar estos elementos, obtenemos información muy útil y eficaz a la hora de enunciar nuestra experiencia.

EJERCICIO: Ir a lo concreto

Piensa en una situación reciente que tenga cierta relevancia, positiva o negativa. Plantéate las siguientes preguntas:

OBSERVACIÓN: ¿QUÉ HA PASADO? Trata de concretar todo lo posible. Si le describieras a la otra persona lo ocurrido, ¿estaría de acuerdo con tu descripción o se pondría a la defensiva?

SENTIMIENTOS: ¿CÓMO TE SIENTES? ¿Qué sentimientos alberga tu corazón? Considera los pensamientos recriminatorios y las palabras que denotan falsos sentimientos como información que puede ayudarte a desvelar tus emociones.

NECESIDADES: ¿QUÉ ES LO QUE IMPORTA? Escúchate íntimamente prestando oído a cada emoción y conéctala con tus necesidades. Trata de tomar conciencia de lo que te importa pensando en lo que *quieres*, mejor que en lo que *no quieres*.

¿Hacer esta reflexión te aclara algo o puede cambiar tu manera de plantearle los hechos a la otra persona?

Hacer observaciones consiste en parte en reconocer que con frecuencia una situación puede verse desde distintas perspectivas y que nuestras observaciones suelen estar teñidas por nuestras vivencias subjetivas. Una conocida parábola budista pone de manifiesto lo limitada que puede ser nuestra perspectiva. Un rey reunió a un grupo de ciegos y pidió a cada uno de ellos que palpara una parte distinta del cuerpo de un elefante. Uno tocó la oreja, otro un colmillo, un tercero la cola, y así sucesivamente. Cuando el rey les preguntó si sabían qué habían tocado, todos respondieron sin dudar: «Es una cesta», dijo uno; «Es un arado», contestó otro; «Es una soga», respondió un tercero…[66]

Podemos estar seguros de nuestras observaciones siempre y cuando veamos el cuadro completo. Esto trasciende el plano individual —en el que nuestro punto de observación difiere según nuestra experiencia subjetiva— y puede extrapolarse al plano colectivo, en el que nuestra vivencia dispar de la opresión sistémica, el poder y el privilegio puede producir observaciones divergentes. Mis privilegios personales, por ejemplo, pueden impedirme ver ciertas dinámicas de grupo.[67] En una mesa redonda, una compañera señaló amablemente que mi rapidez a la hora de intervenir evidenciaba una falta de conciencia respecto a las dinámicas de poder inherentes a mi posición dentro de la sociedad. Yo comenté que dejaba pasar un momento de silencio antes de tomar la palabra. Mi colega agregó que ninguna de las personas de color presentes había hablado aún, y que después de un silencio momentáneo intervenía yo, un *varón blanco*. Yo solo veía las cosas desde mi perspectiva individual, mientras que ella las observaba a través de una lente de mayor alcance. Teniendo en cuenta la preponderancia de los varones blancos en casi todos los ámbitos de la sociedad, mi decisión de hablar primero puede verse y comprenderse de manera muy distinta desde una perspectiva sistémica que desde mi perspectiva individual.

No solo varían nuestras observaciones. También nuestra interpretación de su *impacto* —es decir, el significado que les atribuimos— difiere enormemente dependiendo del contexto. Una alumna mía se quejó hace poco de una situación que estaba viviendo en el bufete de abogados donde trabajaba. Uno de sus compañeros expresaba espontáneamente la opinión que le merecía el trabajo de ella sin que mi alumna se lo pidiera. Él observaba sus propias acciones desde el plano personal, con la intención más o menos expresa de contribuir. Ella, en cambio, las interpretaba desde el punto de vista de quien llevaba toda la vida soportando que los hombres la trataran con condescendencia y desde la perspectiva colectiva e histórica de la opresión patriarcal de las mujeres. Mi alumna veía las intenciones de su compañero, pero él estaba ciego, en cambio, al efecto que surtían sus actitudes. Para llegar a un entendimiento mutuo y resolver el problema, él tendría que haber cobrado conciencia del marco de referencia del que partía ella y de sus propias acciones dentro de un contexto más amplio. De la misma manera, puede que algunos vean el triunfo de una persona afroamericana (Barak Obama, Oprah Winfrey) como una prueba de que el sueño americano existe y de que la erradicación del racismo es un hecho en Estados Unidos, mientras que otros pueden considerarlo un logro excepcional dentro de un contexto general de lucha y dificultades. Ver un acontecimiento con humildad y reconocer la posibilidad de que existan otras perspectivas puede ayudarnos a ampliar nuestras miras y a facilitar un mayor entendimiento.

LA ESCALERA DE INFERENCIA

Cuando no somos conscientes de nuestras interpretaciones (y del contexto en el que se basan), tendemos a enunciarlas como si fueran datos objetivos, presentando nuestro punto de vista como la realidad de los hechos. Esta actitud puede provocar discusiones y dejar poco espacio para el diálogo.

Para comunicarnos eficazmente, tenemos que indagar en el propio mecanismo de percepción por el que nuestros sentimientos y nuestras necesidades tiñen nuestra visión de los acontecimientos. Igual que nos esforzamos por observar objetivamente los hechos concretos que se dan a nuestro alrededor, podemos aplicar una sinceridad radical a las interpretaciones que agregamos a una vivencia. Cuanto más conscientes somos de nuestros juicios y evaluaciones, más flexible es nuestra forma de expresarnos.

Chris Argyris, un conocido economista y escritor vinculado a la Escuela de Negocios de Harvard, ideó una metáfora visual conocida como «escalera de inferencia» para ilustrar el mecanismo por el que hacemos interpretaciones y llegamos a conclusiones precipitadas.[68]

La figura 6 muestra una versión de ese modelo. La base de la escala la ocupan los datos observables: el caudal de imágenes, sonidos, pensamientos, sentimientos y sensaciones que conforman nuestra existencia. (Los acontecimientos internos como las ideas o los sentimientos también forman parte de estos datos, puesto que observar nuestra vivencia íntima es esencial para una comunicación efectiva.) De entre este cúmulo de información, nuestra mente selecciona de manera natural ciertos datos a los que atribuye mayor relevancia. Así, por ejemplo, si estamos teniendo una conversación en un restaurante, nos centramos en las palabras de nuestro interlocutor y no prestamos atención a otras conversaciones o al ruido ambiente.

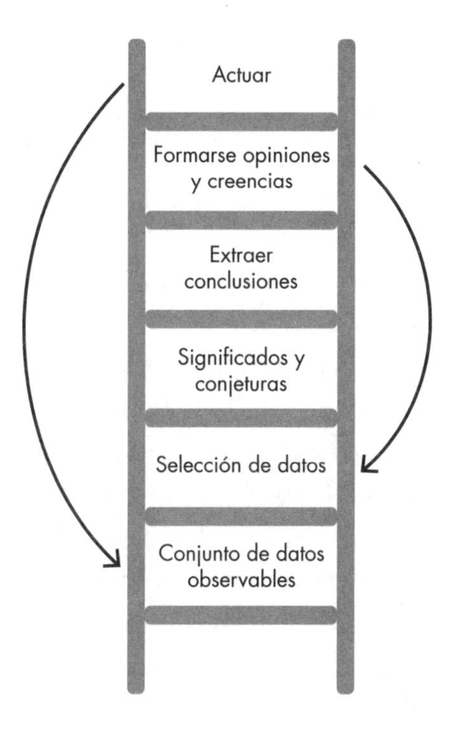

Figura 6. Escalera de inferencia

Tendemos, no obstante, a seleccionar datos conforme a nuestras opiniones y puntos de vista sesgados. Un ejemplo de esto es el sesgo de la negatividad, por el que prestamos más atención a las amenazas que percibimos en nuestro entorno. En una típica dinámica de piso compartido, la persona a la que le gustan las cosas limpias y ordenadas suele fijarse únicamente en los comportamientos de su compañera o compañero de piso que no coinciden con sus estándares de limpieza y pasa por alto las ocasiones en las que dicha persona limpia u ordena o contribuye de algún otro modo a las tareas domésticas. Este proceso de selección es de por sí una forma de interpretación que distorsiona nuestra perspectiva.

Para fortalecer una relación de pareja, es esencial contrarrestar estas tendencias prestando atención a las cosas positivas y forjando lo que el psicólogo y escritor John M. Gottman llama un sistema de «cariño y admiración».[69] ¿Hay aspectos positivos del comportamiento, la manera de actuar o la personalidad de nuestra pareja que damos por sentados? ¿Qué efecto surtiría prestar más atención consciente a esos atributos en lugar de centrarse únicamente en las cosas que nos irritan o en las dificultades? Como veremos en el último capítulo, disfrutar de las cosas positivas también mejora la salud mental, la resiliencia y el bienestar emocional.

A partir de los hechos y los datos específicos que hemos seleccionado, nuestro cerebro comienza a hacer conjeturas y formarse ideas. Sylvia dice: «Supongo que eso significa que no voy a poder hacer ese retiro», el alumno de meditación afirma que siempre ha sido muy nervioso, y el proceso continúa, subiendo por la escalera con tan poco esfuerzo como un mono que trepara a un árbol. Extraemos conclusiones, nos formamos opiniones fijas y luego hablamos o actuamos según esas convicción.

Este proceso suele darse automáticamente, casi siempre por debajo del radar de nuestra conciencia. Por definición, no somos conscientes de nuestros prejuicios. La práctica del mindfulness nos enseña a observar con más detenimiento los mecanismos internos de la percepción: retira la cortina para dejarnos ver al mago de la conciencia, que manipula y moldea nuestra vivencia transformándola en categorías nítidas que estructuran nuestra vida.

Además, como puede verse en el diagrama, este proceso se retroalimenta. Debido a nuestras opiniones y creencias, es más probable que seleccionemos ciertos datos. Nuestra acciones y decisiones influyen en los datos a los que tenemos acceso, lo que a su vez determina con quién pasamos nuestro tiempo, a qué eventos o actividades asistimos, etcétera, etcétera.

Este proceso se da también en el plano colectivo. Los medios de comunicación y la industria del entretenimiento son poderosos mecanismos sociales de filtrado que seleccionan y presentan datos conforme a lo que más se vende. Los algoritmos en los que se sustentan las redes sociales crean filtros burbuja gracias a los cuales recibimos únicamente información que confirma nuestras opiniones preexistentes. Los efectos de esta criba quedan alojados en nuestra conciencia. Piénsese en el efecto que surte sobre una persona joven y homosexual el hecho de que en su colegio o instituto no se hable nunca de personajes relevantes que hayan pertenecido al colectivo LGTBQI o de la influencia que tiene sobre las personas que proceden de familias desfavorecidas el hecho de que en la televisión solo haya espacio para historias en las que prima el éxito económico.

Las consecuencias que este proceso tiene en nuestras vidas son dramáticas y de largo alcance. Estos filtros empequeñecen nuestra perspectiva y alimentan el miedo y el antagonismo al impedirnos forjar relaciones diversas. Como afirmaba Martin Luther King en un discurso de 1962:

> Estoy convencido de que los seres humanos se odian entre sí porque se temen. Se temen porque no se conocen, no se conocen porque no se comunican y no se comunican porque están muy lejos unos de otros.[70]

Podemos servirnos de la escalera de inferencia para estimular nuestra conciencia. Cuando nos enzarzamos en un conflicto, a menudo estamos en lo más alto de la escalera, aferrados a nuestras opiniones sobre el otro, nuestros motivos o nuestras intenciones. También las emociones dolorosas pueden empujarnos escalera arriba cuando intentamos entender el comportamiento del otro. Distinguir entre los distintos «peldaños» no es tan importante como cobrar conciencia de lo arriba que hemos llegado en un momento dado y aprender a *bajar* de nuevo para hacer más observaciones con las que nuestro interlocutor pueda estar de acuerdo.

EJERCICIO: Utilizar la escalera

A lo largo del día, presta atención al discurrir de tus pensamientos y al discurso que componen. Cuando adviertas interpretaciones que estén muy arriba en la escalera, tanto acerca de tu propia persona como de los demás, prueba a bajar otra vez. ¿Cuáles son los acontecimientos concretos a los que estás reaccionando?

Presta atención a las conversaciones. Fíjate en cuándo estás más arriba en la escalera y haz lo mismo con los demás. ¿Cuáles son los hechos concretos que se debaten? ¿Qué efecto surtiría centrar el diálogo en esos aspectos concretos en lugar de en sus interpretaciones?

TRADUCIR LAS VALORACIONES NEGATIVAS

Bajar la escalera no siempre es fácil, sobre todo cuando se trata de interpretaciones negativas y enérgicas. Es probable que, en su forma más cruda, esas opiniones reactivas nos aboquen a una discusión. Pero podemos zafarnos de ellas y negarnos a participar en el juego de la culpa al separar nuestros juicios de las observaciones concretas y de las necesidades y las emociones que llevan aparejados. Esto nos brinda más opciones para hablar con nuestro interlocutor y puede transformar el discurso de la culpa, que a menudo es un obstáculo para la escucha mutua.

Principio: **Traducir los juicios a observaciones, sentimientos y necesidades puede brindarnos información valiosa sobre lo que funciona y lo que no y proporcionarnos pistas sobre cómo avanzar en el diálogo.**

Entrenarse en la observación equivale a cultivar nuestro compromiso con la veracidad. Cuando consideramos la diferencia entre una observación y una evaluación, ¿cuál de ellas es cierta? ¿De verdad el otro está siendo «ofensivo» o sería más preciso decir que ha hecho o dicho algo que no te ha gustado y que no satisface tu necesidad de respeto? ¿Qué es más acertado: afirmar que «nunca eres cariñosa» o que «no eres tan cariñosa como me gustaría»? Cuando ejercemos esta forma de sinceridad, hay menos sobre lo que discutir y más espacio para el entendimiento.

El primer paso para traducir las valoraciones negativas es reconocer nuestra opinión considerándola una pieza fundamental de información. Los juicios y las evaluaciones son solo un método que hemos aprendido para transmitir lo que ocurre en nuestro fuero interno. Son un reflejo de nuestras necesidades insatisfechas.

EJERCICIO: **Transformar juicios y valoraciones**

Utiliza este ejercicio para trabajar con las opiniones que tengas sobre tu propio carácter o el de otra persona. Empieza por una situación poco complicada para cogerle el tranquillo a esta dinámica. Puedes utilizar esta actividad para prepararte para una conversación o, cuando hayas adquirido más soltura, ponerla en práctica en el transcurso de una conversación.

Empieza por aquietar tu mente y cobrar conciencia de tu respiración. Conecta con tu intención lo más sinceramente posible para partir de la curiosidad y el interés. Recuerda una situación en la que tuvieras opiniones que te gustaría modificar y luego:

NOMBRA LA OPINIÓN. Enuncia la opinión en voz alta o escríbela. Permítete sentirla de verdad. Si son muchas, elige solo una para practicar. Recuerda que se trata de una pieza valiosa de información que expresa algo que te importa.

INVESTIGA. ¿Cuál fue el hecho concreto, la observación directa a la que estás reaccionando? Si son varias, escoge una en la que centrarte primero.

OBSERVA. ¿Puedes hacer una observación lo más clara y neutral posible? ¿Podría reflejarse en vídeo? ¿Podría tu interlocutor reconocer su validez sin discutirla?

SENTIMIENTOS. ¿Qué emociones sientes asociadas a ese hecho? Tómate un momento para sentir plenamente. Si la opinión del principio retorna o surgen nuevas valoraciones, reconócelas y vuelve a centrarte en sentir tus emociones.

NECESIDADES. Presta oído a tus necesidades íntimas. ¿Qué es lo que te importa de esta situación? ¿Qué es lo que *quieres*, en vez de lo que *no quieres*? ¿Hay distintas necesidades asociadas con emociones diversas? Baraja posibilidades hasta que llegues a una o dos necesidades centrales. ¿Qué es lo que anhelas?

REFLEJA. Revisa tu observación, tus sentimientos y tus necesidades. ¿Cómo afectan a tu vivencia del hecho? Repite este proceso con cualquier otra opinión que tengas, una por una.

Lo ideal sería traducir nuestras valoraciones en observaciones, sentimientos y necesidades antes de hablar. A veces, sobre todo si estamos sufriendo, somos incapaces de efectuar ese trabajo de traducción. En esos casos, puede ser de ayuda buscar la empatía de un amigo o un mentor. En ocasiones, una persona de confianza puede ayudarnos a identificar nuestras emociones, así como los valores que alientan debajo de esos sentimientos.

Si aun así seguimos sin poder hacer una observación (o si no tenemos tiempo o energías para hacerlo), podemos asumir la responsabilidad de nuestras valoraciones reconociendo expresamente que son subjetivas, lo que deja espacio para la experiencia del otro. Dicho de otra manera, podemos hacer una observación de nuestra evaluación. He aquí algunos ejemplos de cómo separar observaciones y valoraciones asumiendo la responsabilidad de estas (marcadas en cursiva):

- «Cuando te oigo decir eso, *pienso que me estás juzgando*.»
- «Cuando me he enterado de que te ofreciste a ayudar, *he pensado que eres muy amable*.»

- «*Pocas veces le he visto* tomar una decisión sin cambiar de idea por lo menos una vez.»
- «*Le encuentro atractivo.*»
- «*A mí me parece estupenda.* Cuando facilita las reuniones, resolvemos todo el orden del día.»
- «*No creo que* vaya a durar más de dos semanas en el trabajo.»
- «*No recuerdo ni una vez* que haya cumplido con su tarea sin que hubiera que recordárselo.»

ELOGIO, RETROALIMENTACIÓN Y GRATITUD

Traducir los juicios subjetivos en observaciones, sentimientos y necesidades constituye una plantilla flexible que puede aportar claridad, riqueza y significado a numerosos aspectos de nuestras vidas. El elogio es una forma corriente de juicio positivo. Aunque pueda ser agradables recibirlas, aprendemos muy poco de las alabanzas. Es más, la alabanza sitúa en una posición de poder a una persona respecto de otra al pretender determinar la valía de sus acciones. En lugar de hacer elogios, podemos nombrar las acciones concretas que estamos alabando y las necesidades propias que esas acciones han satisfecho.

ELOGIO: «¡Qué bien! ¡Eres fantástico!»

TRADUCCIÓN: «Cuando me enteré de que habías conseguido el trabajo, me encantó lo que habías conseguido.» [expresa coloquialmente necesidades de crecimiento personal o significado]

También podemos usar este formato para ofrecer al otro una retroalimentación objetiva y certera, manifestándole lo que ha funcionado y lo que no (la observación) y el porqué (nuestras necesidades). En contextos profesionales, suele ser más útil plantear las necesidades en términos de valores de equipo y metas comunes.

***Principio*: Al dar tu opinión, concreta qué es lo que está funcionando y lo que no y el porqué, para que sea más fácil aprender.**

En las relaciones íntimas, podemos manifestar nuestro afecto por el otro con palabras de ternura como «te quiero». Aunque estas palabras puedan compendiar la profundidad de un sentimiento o la solidez de un compromiso, a veces puede ser aún más significativo extenderse en explicaciones. ¿Qué queremos decir exactamente? ¿Hay rasgos concretos, palabras o acciones a las que estamos respondiendo? ¿Cómo nos sentimos realmente, y por qué? Piensa en la hondura de un enunciado como «Cuando me agarras de la mano me siento a salvo, a gusto, en casa. Me alegro tanto de tenerte a mi lado…»

Cuando nuestras necesidades se satisfacen, tenemos la oportunidad de manifestar nuestra gratitud en toda su extensión. El siguiente ejercicio nos proporciona un método para hacerlo, para abrir el corazón y celebrar nuestra relación hablando de todo lo que ha aportado la otra persona a nuestra existencia. Quizá tengamos que salirnos de nuestra zona de confort para hablar abiertamente y con sinceridad, pero vale la pena hacerlo porque enriquece la calidad de la conexión.

EJERCICIO: **Expresar gratitud**

La próxima vez que alguien haga algo que valores, díselo. En vez de darle simplemente las gracias a esa persona, arriésgate y exprésale por extenso tu agradecimiento. Extiéndete sobre lo que ha dicho o hecho, sobre cómo te sientes y por qué, hablando desde el corazón. Céntrate en transmitir por qué te importa ese hecho o qué es lo que te ha aportado (en lugar de seguir simplemente una estructura formulística).

Al aprender estas herramientas, es frecuente que empecemos a pensar que hay una forma «correcta» de comunicarse. «Deja de elogiarme. ¡Eso es una valoración, no una observación! ¡Te estás sirviendo de un sentimiento falso!» Cuanto más pensemos que hay una manera correcta o equivocada de hablar, más nos alejaremos de la curiosidad genuina y el interés.

El objetivo de estos ejercicios, el propósito de este esfuerzo por refinar nuestros pensamientos y moldear nuestras palabras, es generar entendimiento y conexión a fin de suplir necesidades. Si te descubres preguntándote «¿Esto es una observación? ¿Puedo decir esto de acuerdo con la comunicación consciente?», da un paso atrás y reconecta con tu intención. Piensa cómo va a entenderlo la otra persona y si es probable o no que favorezca la conexión y el entendimiento. Si la respuesta es sí, ¡adelante! Si no, busca otra forma de expresarte con sinceridad de manera que sea más probable que la otra persona te escuche.

LA VALENTÍA DE HABLAR

No siempre es fácil tomar la palabra y decir lo que pensamos. Puede que hayamos tenido experiencias difíciles por no habernos sentido vistos u oídos, o incluso que se nos haya silenciado activamente. Hace falta paciencia, valentía y el apoyo de personas queridas y cercanas para encontrar la propia voz.

Reconocer el origen de estas dificultades —internas o estructurales— puede ser liberador. Karen trabaja en temas de sostenibilidad y desarrollo rural en el extranjero. Se le da bien su trabajo, pero le cuesta identificar sus necesidades y expresarse en el contexto laboral. Tras una sesión de coaching, se dio cuenta de que durante su infancia y primera juventud su familia había desdeñado sistemáticamente sus puntos de vista. Había aprendido a desconfiar de su propia experiencia. Cobrar conciencia de ello la ayudó a empezar a restañar el dolor que se ocultaba bajo su frustración y le abrió nuevas posibilidades de autoexpresión.

Ya he mencionado lo difícil que ha sido para mí en ocasiones el expresarme. Aprendí a cantar y a tocar la guitarra más o menos en la misma época en que descubrí la CNV. La fusión sinérgica de esas dos experiencias me ayudó a encontrar mi propia voz tanto en sentido literal como figurado. Cuando cantaba, notaba cómo se aflojaba la cerrazón de mi garganta y de mi pecho. Esa relajación se comunicó también al terreno de mis relaciones personales y me dio la valentía necesaria para hablar de mis sentimientos y necesidades y salvar el abismo entre el yo y los otros.

Las dificultades personales de autoexpresión se ven a menudo agravadas por motivos estructurales. Cuando pertenecemos a un grupo que ha vivido oprimido históricamente, es frecuente que interioricemos el impacto que ha tenido en las generaciones precedentes el hecho de sentirse sistemáticamente ignoradas, castigadas o incluso asesinadas por hacer uso de la palabra. Por desgracia, esto puede provocar que precisamente aquellas personas cuya voz es más necesaria dentro de una sociedad estén peor pertrechadas para tomar la palabra, lo que perpetúa el ciclo de la invisibilidad y la opresión.

Tener conciencia crítica del contexto social en el que se desarrolla nuestra existencia individual puede aportarnos inspiración y lucidez y contribuir a liberarnos del sentimiento de fracaso personal. Podemos buscar apoyo para restañar el dolor íntimo de esa herencia y colaborar con otros para transformar los sistemas que perpetúan las dinámicas que impiden que se nos escuche. Para superar los obstáculos internos y externos hacen falta tiempo y apoyos firmes. Pero hasta los patrones de conducta más arraigados pueden modificarse y dar paso a la libertad y la claridad de expresión y al compromiso personal con la liberación de los demás.

PRINCIPIOS

Enunciar claramente lo ocurrido, sin juicios ni valoraciones, facilita el que los demás nos escuchen y podamos trabajar juntos para llegar a una solución.

Traducir los juicios en observaciones, sentimientos y necesidades puede brindarnos información valiosa sobre lo que funciona y lo que no y proporcionarnos pistas sobre cómo avanzar en el diálogo.

Al dar tu opinión, concreta qué es lo que está funcionando y lo que no y el porqué, para que sea más fácil aprender.

PUNTOS CLAVE

Consejos para hacer observaciones:

- Utiliza el mindfulness para discernir objetivamente lo que ha ocurrido.
- Separa lo que sabes de manera fehaciente de tus suposiciones o interpretaciones.
- Para comprobar que lo estás haciendo bien, pregúntate: «¿Esto podría reflejarse en vídeo?»
- Evita términos que exageren o interpreten lo ocurrido: *siempre, nunca, jamás, cada vez que, casi nunca...*
- Enuncia tu experiencia en primera persona: «Cuando veo/escucho/noto que...», en vez de «Cuando has dicho/hecho tal cosa...»
- Pregúntate si confías en que la otra persona reconozca la validez de ese enunciado sin ponerse a la defensiva. Si no, sigue afinando.
- Utiliza la escalera de inferencia para determinar si estás observando o evaluando.

PREGUNTAS Y RESPUESTAS

P: Tengo un familiar que se pone muy agresivo y grita cada vez que se enfada. ¿Cómo puedo hacer una observación sin que se enfade aún más?
Por lo que dices, noto que te encantaría encontrar una manera de hablar con esa persona que minimice la posibilidad de que se enfade. Al margen

de cómo digamos algo, no podemos controlar la reacción del otro. Lo único que podemos hacer es partir de una intención sincera y abordar la situación con la mayor mano izquierda posible.

Puedes empezar por recibir la empatía de un amigo. Si te sientes escuchado y comprendido, puedes analizar la situación con más claridad y equilibrio. Luego, busca un momento para hablar sobre esa pauta de conducta cuando *no* se esté manifestando. De esa manera será más probable que la persona en cuestión te escuche. Te sugiero que inicies la conversación hablando de algo que te agrade de vuestra relación o haciendo explícitos los cimientos sobre los que te gustaría que se fundara la relación. Por ejemplo: «Me encantaría que pudiéramos estar a gusto juntos en las reuniones familiares».

Si se trata de comportamientos habituales, empieza poniendo ejemplos concretos. Para hacer una observación, puedes describir el comportamiento de esa persona en referencia a tu propia conducta o a tus preferencias: «Algunas expresiones que utilizaste hicieron que me costara mucho escucharte. Me sentí asustado y agobiado. ¿Podemos hablar de cómo plantear las cosas cuando estemos en desacuerdo?» Escucha su versión de los hechos y prueba a ver si podéis llegar a un acuerdo sobre cómo resolver esa dinámica juntos.

P: Me siento muy violenta cuando enuncio en público una observación, un sentimiento o una necesidad. Incluso cuando consigo expresarla, me parece tan poco espontánea que siento que produce más desconexión que otra cosa.
Este método es un esquema, no un guion acabado. No hace falta seguirlo al pie de la letra. Utiliza sus elementos en el orden que te parezca más auténtico y espontáneo, teniendo en cuenta que hace falta tiempo para asimilarlos y hacerlos tuyos. Estamos entrenando nuestra atención para ver con más claridad. Al principio, puedes atenerte a los principios y limitarte a observar estos elementos en silencio, para tus adentros.

A Marshall Rosenberg le gustaba decir: «No confundas lo habitual con lo natural». Creo que para nosotros es más natural ser conscientes de los sentimientos y las necesidades que hacernos reproches mutuamente.

Aprendemos a culpabilizar y a juzgar. Cuando los niños pequeños tienen hambre o sienten dolor, lloran; no culpan a sus padres. Las palabras parecen poco naturales porque no las hemos practicado lo suficiente.

P: ¿Y si no puedo traducir un juicio, si me doy cuenta de que estoy evaluando e incluso soy consciente de mis sentimientos y necesidades hasta cierto punto, pero interiormente sigo culpabilizando al otro? ¿Qué hago para salir de ese atolladero?
A veces un reproche suena tan auténtico, ¿verdad? El poder de una valoración es directamente proporcional a la intensidad de nuestros sentimientos y nuestras necesidades. Cuanto más fuertes son nuestras emociones y más hondas nuestras necesidades, más vehemente es el juicio que emitimos. Es la manera en que nuestra mente y nuestro corazón nos dicen: «¡Eh, que esto es muy importante!»

Recibir empatía es una de las mejores maneras de transmutar esa energía. Busca a alguien que pueda escucharte de veras y ofrecerte un reflejo genuino de tu experiencia, sin darte la razón, reconfortarte o intentar arreglarlo, solucionarlo o urdir estrategias. En algunos casos, dependiendo de cómo sea la relación, quizá puedas conseguir ese apoyo precisamente de la persona a la que estás juzgando. Si esa persona dispone de algunas herramientas, hazle saber que no consigues desprenderte de ese juicio y pídele ayuda. Puede ser muy curativo que te escuche y te ofrezca empatía.

P: ¿Cómo tratas con personas que no reconocen ciertos hechos, o que tienen datos distintos o «alternativos»? ¿Cómo mantienes una conversación cuando parte del problema es que ni siquiera podéis poneros de acuerdo sobre una observación?
Si estas herramientas solamente funcionaran cuando estamos de acuerdo, serían muy limitadas. Su poder reside en la posibilidad de generar conexión en cualquier circunstancia. Céntrate en las necesidades. Ponernos de acuerdo en los valores compartidos es lo que nos permite mantener conversaciones con sentido. El verdadero trabajo consiste en establecer ese

marco de referencia común, acordar los criterios que pueden conducirnos a una solución. Por ejemplo, si somos políticos y no conseguimos ponernos de acuerdo respecto al tema del cambio climático, podemos aun así exponer nuestros criterios y negociar sobre cómo conseguir una economía sostenible, un uso sensato de los recursos, etcétera.[71]

Cuando un asunto nos preocupa profundamente, debatirlo es de por sí peliagudo. Es importante, por tanto, hacer todo el trabajo interior que sea posible por adelantado. Busca la empatía de los demás por la pena, el temor, el desaliento o el enfado que te produce el posible impacto de las opiniones del otro. Luego, trata de ver su humanidad. Ensancha tu corazón sirviéndote de la empatía. Trata de comprender sus opciones, de ver las necesidades profundas que se esconden detrás de lo que a simple vista te parece incomprensible. De esta forma puedes tender un puente entre vosotros que os permita escucharos y al mismo tiempo protegerte de caer en la reactividad.

También puedes exponer directamente vuestro desacuerdo diciendo, por ejemplo: «Creo que a los dos nos gusta tener información precisa y que estamos de acuerdo en que los datos fehacientes pueden ayudarnos a tomar una decisión más informada». Doy por sentado que la mayoría de la gente aceptaría esta premisa. Puedes continuar diciendo: «Personalmente, una de las cosas que me preocupan es mi convicción de que tus datos están sesgados, y creo que a ti te preocupa lo mismo respecto a lo que yo estoy exponiendo». A partir de ahí, podéis mantener un diálogo más enriquecedor sobre vuestras preocupaciones comunes y encontrar estrategias para analizar los datos.

P: A veces no estoy dispuesta a hacer observaciones neutrales, sobre todo si alguien me ha ofendido. Si una persona ha hecho un comentario racista o me ha agredido de algún modo, aunque sea mínimamente, me da igual que se enfade o que se ponga a la defensiva. ¿Por qué tendría yo que esforzarme por facilitarles el que me entiendan?

Veo que estás decidida a ser absolutamente auténtica y que tienes muy claro que no eres responsable de los sentimientos y las reacciones de los demás. Supongo que se debe en gran medida a las dinámicas históricas de racismo que hay por debajo del plano personal en ese tipo de interacciones.

Hacer observaciones neutrales no equivale a apisonar la propia autenticidad ni a «ser amable». Tampoco se trata de cuidar de la otra persona ni de andarse con pies de plomo por temor a herir sus sentimientos. Decir las cosas de manera neutral es una *estrategia* para satisfacer necesidades: necesidades de entendimiento, de claridad y de conexión.

Si tu meta es darle a esa persona una opinión sincera o hacer que cambie de conducta mediante el diálogo, la cuestión es: ¿qué es más eficaz? ¿Qué es más probable que genere entendimiento y propicie el cambio? Cuando alguien hace algo que nos duele, tendemos a reaccionar: es decir, a devolverle ese dolor. Estas herramientas te permiten compartir tu experiencia de un modo que abre el corazón del otro y propicia un cambio en su conciencia. El objetivo es ser completamente sincero e interesado al mismo tiempo, exponiendo la hondura de tus sentimientos sin culpabilizar a nadie. Hacer una observación puede servir para ese fin.

11

Si quieres algo, pídelo

«La mano humana ha de abrirse para recibir, pero también para dar y tocar. De igual modo, el corazón ha de abrirse para darse y tocar a otro corazón.»

LYNNE TWIST

Hace poco estaba hablando con Laela, una alumna de meditación que sufre dolor crónico. Vive con sus padres, que en ese momento se estaban mudando. Tenía que embalar sus pertenencias, pero estaba en plena recaída de su dolencia y las articulaciones y los músculos le dolían a rabiar. Le dolía hasta estar tumbada, de modo que no quería ni pensar en ponerse a llenar cajas o levantar bultos.

Tras escucharla y ofrecerle mi empatía, le dije: «Laela, ¿puedo hacerte una pregunta? ¿Por qué no pides ayuda a tus padres o a algún amigo?» Por raro que parezca, nunca se le había ocurrido pedirla. Pasamos el resto de la conversación indagando en las suposiciones y las creencias que habían mantenido esa posibilidad tan elemental oculta a su conciencia. A mí no me costaba ningún trabajo identificarme con su resistencia. De niño me sentía a menudo invisible en nuestras comidas familiares, y tardé muchos años en reunir el valor necesario para alzar la voz y pedir que alguien me escuchara.

Ser capaces de hacer peticiones es el último paso para entrenar nuestra atención y centrarnos en lo que importa. En una conversación, las peticiones hacen avanzar las cosas paso a paso al favorecer el entendimiento y proponer soluciones que puedan ser válidas para todos. En este capítulo vamos a analizar los distintos tipos de peticiones que podemos hacer y algunos de los condicionantes que nos impiden hacerlas.

EL DON DE LA NECESIDAD

«No quiero ser molestia. Prefiero no ser una carga.»
«Puedo arreglármelas, no pasa nada.»
«No es para tanto. No quiero que se sientan obligados…»

A veces puede parecer más fácil echarse una carga al hombro y apañárselas solo que intentar enfrentarse a la incomodidad, el miedo o el malestar que nos produce pedir ayuda. Nuestras intenciones pueden ser sinceras: no queremos *de verdad* que los demás se sientan obligados. Respetamos su autonomía, su tiempo y sus energías y queremos que se sientan libres de decirnos que no.

Estos valores no nos impiden, sin embargo, hacer peticiones. De hecho, nos permiten hacer peticiones verdaderamente efectivas que fomentan la colaboración. Cuando somos incapaces de tener en cuenta las necesidades de los demás, hacemos exigencias. Lo que nos confunde es nuestra incapacidad para *expresar* estos valores y encajar las posibles respuestas. De igual forma, si no conseguimos dar con más de una estrategia para resolver un problema, nuestra petición puede tener un tono de desesperación que obstaculice la capacidad de elección del otro. Por debajo de todo esto, nuestros miedos, creencias y vulnerabilidades pueden impedirnos pedir ayuda a los demás.

Hacer una petición consiste en encontrar un modo de suplir una necesidad. Pedir es reconocer nuestra interdependencia, lo que nos expone a la decepción o el rechazo. Puede que hayamos tenido experiencias que nos hayan llevado a pensar que pedir lo que necesitamos es peligroso, humillante o inútil, así que ¿para qué molestarse? O quizás hayamos aprendido que dar es la única manera de suplir nuestras necesidades, o que la ayuda de los demás siempre lleva aparejadas intenciones ocultas o ataduras.

Como hemos visto, la creencia en mitos culturales de autosuficiencia o la idealización del logro individual pueden limitar más aún nuestra capacidad de buscar apoyo. En el plano colectivo, los sistemas consolidados puede dar origen a sentimientos de futilidad y desaliento o hacer que la violencia parezca una estrategia viable. Estos mensajes y vivencias a menudo nos abocan a interactuaciones complejas y confusas respecto a cómo satisfacer nuestras necesidades y las de los demás o respecto a cómo propiciar un cambio.

Se me rompe el corazón cuando veo cómo nuestra cultura, nuestra sociedad y nuestra educación tergiversan y complican uno de los impulsos más elementales, bellos y naturales del ser humano: el impulso de dar y recibir. Solo hay que pasar algún tiempo con un niño —que haya dormido bien y que esté bien alimentado— para conocer la alegría que sienten los niños al dar, compartir y ayudar a quienes les rodean.[72]

Ayudarnos los unos a los otros es uno de nuestros impulsos fundamentales. Hacerlo produce alegría. Piensa en el placer o el agrado que sientes al realizar actos cotidianos de amabilidad como sujetar una puerta para que pase otra persona, sonreír o saludar a alguien. Acuérdate de la última vez que ayudaste a un amigo que necesitaba ayuda, no porque *tuvieras* que hacerlo, sino, sencillamente, porque *podías*. Fue fantástico, ¿a que sí?

En lugar de ser una carga, las necesidades pueden ser un don. Cuando somos capaces de manejarnos en esa complicada danza que es la capacidad de decisión y la voluntad sin exceder los límites del tiempo y las energías del otro, toda necesidad se convierte en una invitación a experimentar el gozo de dar y recibir.

EJERCICIO: **Reflexionar sobre el hecho de dar y recibir**

Reflexionar sobre lo que significa dar y recibir puede cambiar tu percepción sobre el hecho de pedir lo que necesitas y de ayudar a los demás. Reserva algún tiempo para relajarte y centrarte en tu respiración. Cuando te sientas preparado, reflexiona sobre las siguientes cuestiones.

Recuerda un momento concreto en el que ayudaras a alguien no porque sintieras la obligación de hacerlo, sino porque querías. Piensa en cómo te sentiste al poder echar una mano a esa persona. ¿Qué sientes ahora al recordarlo? ¿Cómo te habrías sentido si después te hubieras enterado de que necesitaba ayuda y no te la había pedido?

A continuación, recuerda algún momento en que hayas necesitado ayuda y alguien te la haya prestado, una situación en la que confiaste en que alguien te echara un cable no porque se sintiera en la obligación de hacerlo, sino porque quisiera ayudarte de verdad. ¿Qué sentiste al recibir su apoyo? ¿Qué sientes ahora al recordarlo?

Tras comprender lo que se siente al dar y recibir libremente, ¿qué te impide pedir ayuda cuando la necesitas?

UN SECRETILLO

Cuando tenía unos veinte años, un buen amigo me dio un consejo que él, a su vez, había recibido de su padre. Al graduarse en el instituto, su padre le dijo: «Voy a contarte un secretillo sobre la vida: si quieres algo, pídelo».

Se trata de un principio esencial.

Hacer peticiones claras es bastante poco corriente. Presta atención a cualquier conversación y fíjate en cuántas veces un hablante termina un enunciado pidiendo lo que le gustaría que le respondieran o lo que querría que ocurriera. ¿Cuántas veces has contado algo importante y te has dado cuenta de que la otra persona se lo tomaba en un sentido completamente distinto al que querías darle? Si no le dices a alguien lo que quieres que te responda, tiene que adivinarlo o responder como le plazca.

***Principio*: Cuanto más claros seamos respecto a qué es lo que queremos y por qué, más creativos podemos ser a la hora de hacer que suceda.**

Por el contrario, terminar un enunciado con una petición permite que los demás sepan de inmediato cómo pueden ayudarnos y brinda una idea concreta de cómo podemos hacer avanzar la conversación. Es revelador ver el efecto que surte el hacer peticiones. Como comentó un alumno mío: «Lo más exasperante fue darme cuenta de que no estaba obteniendo lo que quería sencillamente porque no les estaba diciendo a los demás lo que necesitaba».

Una *petición* es una pregunta acerca de la disposición de otra persona a realizar una acción concreta para suplir una necesidad. Las peticiones son estrategias, pero difieren de las exigencias.

«¡NO LO VIERTAS!»: HACER PETICIONES

Hace un tiempo, estaba en un aeropuerto esperando para subir a un avión y vi a una madre con dos niñas pequeñas. La mayor, que no tendría más de cinco o seis años, sostenía un vaso grande de refresco con una pajita. La madre le dijo con nerviosismo: «¡No lo viertas!» Vi que la niña se ponía tensa y que trataba de descubrir cómo podía evitar un regañina no vertiendo la bebida.

¿Qué habría pasado si la madre hubiera dicho: «Cariño, es un vaso muy grande y me preocupa que se vierta. ¿Puedes sostenerlo con cuidado con las dos manos?» Con una petición de ese estilo, la hija habría tenido instrucciones precisas sobre lo que tenía que hacer y le habría sido mucho más fácil cumplir lo que se esperaba de ella.

Las peticiones sirven para calibrar la disposición del otro a ayudarnos o a aceptar nuestra estrategia. Para dejar esto lo más claro posible, conviene que las peticiones sean de carácter:

1. **Positivo**: una petición debe enunciar *lo que queremos*, no *lo que no queremos*.
2. **Específico**: concretas y factibles, en lugar de vagas y abstractas.
3. **Flexible**: una petición no exige nada, sino que sugiere una forma de avanzar en el diálogo, con apertura de ideas.

Hacer peticiones puede ser arduo, pero ya hemos desarrollado las habilidades necesarias para conseguirlo. Para hacer una petición *positiva* es necesario tener la capacidad de identificar necesidades y de proponer una estrategia que pueda suplirlas. Para que una petición sea *específica*, tenemos que ser capaces de hacer observaciones claras y de enunciar las conductas concretas que deseamos conseguir. Y la *flexibilidad* que entraña una petición procede de la comprensión de nuestras necesidades, de la sensibilidad hacia las necesidades del otro y de la capacidad para encontrar creativamente más de una estrategia a fin de satisfacer todas las necesidades que entren en juego. He aquí algunos ejemplos que ilustran estas características:

NEGATIVIDAD: «¡No me hables así!»

PETICIÓN POSITIVA: «¿Estarías dispuesto a bajar la voz o a que nos tomemos un descanso?»

INCONCRECIÓN: «¿Puedes quererme más?»

PETICIÓN ESPECÍFICA: «Cuando llegues a casa, ¿puedes intentar acordarte de mirarme a los ojos y decirme hola? Significaría mucho para mí.»

RIGIDEZ: «Tenemos que hablar.»

PETICIÓN FLEXIBLE: «¿Podemos encontrar un hueco para sentarnos a hablar? O, si no, ¿tienes alguna idea de cómo podemos resolver esto?»

EJERCICIO: **Escuchar peticiones**

A lo largo del día, presta atención a la presencia o ausencia de peticiones. ¿Con qué frecuencia expresa la gente (incluyéndote a ti) lo que le gustaría que le respondan los otros? ¿Cuándo lo hacen explícito? Cuando alguien hace una petición, ¿es positiva, específica y flexible?

TIPOS DE PETICIONES: SOLICITAR EMPATÍA

Hay dos tipos básicos de peticiones dentro de una conversación: las que tienen por objetivo conectar con el otro y las que proponen una solución. *Las peticiones de conexión* comprueban que la línea de conexión continúa abierta, como si dijeran: «¿Sigues ahí?» Completan un ciclo de comunicación, confirman que el mensaje enviado se ha recibido y riegan las semillas de la confianza y la buena voluntad. Las *peticiones de solución* proponen estrategias concretas para satisfacer las necesidades de ambas partes y establecer acuerdos sobre cómo seguir avanzando.

En situaciones poco complicadas, puede ser suficiente con hacer peticiones de solución. «¿Qué te parece esto? ¿Podrías sacar tiempo para...?» Si se trata de problemas más complejos, tenemos que sentar ciertas bases antes de debatir soluciones. A fin de cuentas, la disposición de la otra persona a colaborar se basa en la solidez del entendimiento y la conexión que hayamos establecido. En el capítulo 7 hablamos de la importancia de fomentar el entendimiento, la confianza y la buena voluntad antes de proponer soluciones.

***Principio*: Cuanto más nos entendemos unos a otros, más fácil resulta encontrar soluciones válidas para todos. Procura establecer, por tanto, el mayor entendimiento mutuo que sea posible antes de acometer la resolución de un problema.**

Cuando no está claro por el contexto o por la gestualidad que nuestro interlocutor nos ha entendido, cuando la situación está especialmente cargada de tensión o si es importante que nos sintamos comprendidos, resulta útil pedir una reflexión. Aquí tienes algunos ejemplos.

Peticiones de conexión que solicitan reflexión o empatía

- «¿Puedes decirme qué conclusión has sacado (de lo que he dicho)?»
- «No estoy seguro de haberme expresado con suficiente claridad. ¿Qué estás entendiendo?»
- «¿Podrías decirme qué es lo que crees que me importa? Saberlo me ayudaría mucho a sentirme comprendido.»
- «Me gustaría asegurarme de que estamos entendiendo lo mismo. ¿Qué conclusión estás sacando de todo esto?»

Si tenemos la sensación de que la otra persona nos está comprendiendo, quizá solo queramos saber cómo va a responder.

Peticiones de conexión que solicitan una respuesta o información

- «¿Qué te parece lo que te digo?»
- «¿Qué opinas? ¿Qué te parece?»
- «¿Qué puedo hacer o decir que ayude a que te sientas más comprendido?»

Hacer peticiones de conexión no siempre es fácil ni se da de manera espontánea. Al principio puede parecer incómodo y requiere práctica, pero, con el tiempo, hacer saber a los demás que nos interesa que nos escuchemos mutuamente puede ser una manera muy poderosa de llegar a un acuerdo.

Cuando yo estaba en la veintena, conseguí forjar una relación muy estrecha con mi padre gracias al uso persistente de estas herramientas. Le expliqué que quería que supiera más cosas sobre mi vida y que para mí era muy importante que se limitara a escucharme, nada más. Él me daba la razón, pero luego, inevitablemente, me interrumpía para darme algún consejo o para explicarme por qué «no debía sentirme así». Yo escuchaba con paciencia estas respuestas como expresiones de su afecto y luego le recordaba que para mí lo más enriquecedor en ese momento era que me escuchara con atención. Él me escuchaba y yo le hacía preguntas de vez en cuando para comprobar que seguía atento. De vez en cuando le preguntaba qué le parecía lo que le estaba contando. Normalmente, tras sentirme escuchado, me resultaba más fácil aceptar sus consejos.

Mis intentos de conectar con mi familia no siempre dieron tan buen resultado. Otra víctima de mis primeras tentativas de poner en práctica la CNV fue mi abuelo paterno. Sabba, como le llamaba yo, se crio en Polonia y emigró a lo que entonces era la Palestina británica cuando tenía veintitantos años. Cuando le conocí estaba casi ciego y vivía en la casa que él mismo había construido para su familia.

Una de las últimas veces que vi a Sabba, me senté junto a su cama y mi padre hizo de intérprete entre nosotros. Le dije cuánto le quería y cuánto iba a echarle de menos cuando volviera a casa. Procuré terminar cada frase con una petición, preguntándole si había entendido lo que le decía. Pasado un rato, mi abuelo puso muy mala cara. Saltaba a la vista que estaba molesto. Le pregunté a mi padre que pasaba y me contestó: «Dice que no es un crío, que entiende perfectamente lo que le dices».

En mi afán por conectar con él, teniendo en cuentas las dificultades de la traducción y de la comunicación entre distintas culturas, no me di cuenta de que mi abuelo me entendía sin ningún problema. Aún no había desarrollado una percepción intuitiva de cuándo pedir una reflexión, cuándo una respuesta y cuándo confiar en mi instinto y dejar que las cosas siguieran su curso. Si pudiera dar marcha atrás, le hablaría desde el corazón y después le haría solamente dos preguntas (ambas peticiones de conexión). Primero: «¿Qué te parece oír todo esto, Sabba?» Y después: «¿Hay algo que quieras decirme?»

Al final, resolvimos el problema. Yo me disculpé y le expliqué cuál era mi punto de partida. Creo que entendió cuánto le quería aquel extraño nieto venido de Norteamérica.

EJERCICIO: **Formular peticiones de conexión**

Cuando hables, piensa qué es lo que te gustaría obtener de la otra persona. ¿Quieres que te escuche y te comprenda? ¿Confías en que se estén dando esa escucha y esa comprensión en grado suficiente? Si no es así, prueba a pedirle una reflexión. Puede ser tan sencillo como preguntar «¿Sabes lo que te digo?», o algo más concreto, como por ejemplo: «¿Qué conclusión has sacado de lo que acabo de decir?» Si quieres información sobre cómo está reaccionando íntimamente la otra persona, pregunta.

Confía en tu capacidad de calibrar el nivel de comprensión y conexión que se está dando, interpretando las miradas, las expresiones faciales y el lenguaje corporal. Cuando formules una petición de conexión, hazlo de modo que te suene natural y auténtica. Si se trata de una persona cercana, quizá incluso puedas decirle que estás probando una nueva estrategia de comunicación y preguntarle si estaría dispuesta a practicarla contigo.

Incluso cuando resulta imposible alcanzar un grado más profundo de conexión personal, sigue siendo esencial debatir las necesidades y los objetivos subyacentes a una situación dada antes de animarse a proponer estrategias concretas. Sin la comprensión de lo que está en juego para ambas partes, es menos probable que las soluciones que ideemos resuelvan todos los factores o partan de una verdadera disposición a colaborar. Por tanto, la transición entre el establecimiento de un entendimiento mutuo y la resolución de problemas es un elemento clave de este proceso.

Peticiones que promueven una solución

- «¿Algo más? ¿Alguna otra cosa que quieras que comprenda?»
- «¿Te parece bien que pasemos a hablar de qué hacemos a partir de aquí?»

- «¿Tienes alguna idea de qué solución puede ser válida para los dos?»

A la hora de barajar estrategias, cuanto más creativos seamos más probable será que encontremos una solución viable. Cuando llegues a un acuerdo con la otra persona, para maximizar las posibilidades de éxito procura comprobar si tiene alguna duda o reparo.

Principio: Idea posibles estrategias que satisfagan cuantas más necesidades mejor, invitando así a los demás a buscar soluciones creativas.

FLORES PARA MI MESA

El componente esencial de una petición es la intención que hay tras ella. Hacer una petición implica una intención de flexibilidad que tiene en cuenta las necesidades del otro y no es una exigencia. Es, básicamente, una propuesta: «¿Qué te parece esto?» Y también una *continuación* de la conversación, al indicar el camino por el que queremos seguir avanzando. Una exigencia, en cambio, pone fin al diálogo. Es una forma de utilizar la fuerza o la coacción para salirnos con la nuestra cuando no vemos otras alternativas. Las peticiones invitan a colaborar; las exigencias amenazan con consecuencias. Podemos indicar el carácter colaborativo de una petición con el tono de voz o con palabras concretas, señalando nuestra disposición a explorar otras vías y a conocer las necesidades de nuestro interlocutor. Aquí tienes algunos ejemplos de cómo iniciar una petición:

- «¿Crees que habría posibilidad de…?»
- «¿Podría valerte con…?»
- «¿Qué te parecería que…?»

Marshall Rosenberg tenía una forma muy poética de plasmar el espíritu de la petición: «Pídeles a los otros que satisfagan tus necesidades como si les pidieras flores para tu mesa, no aire para tus pulmones». Si te pido en tono desesperado que hagas algo, ¿qué alternativas te estoy dejando? ¿Con cuánta alegría podrás aceptar? Es muy distinto, en cambio, pedirlo con franqueza y calma, como diciendo: «¿Verdad que sería estupendo que...?» Que lo pidamos de una manera u otra depende de que seamos capaces de transformar la relación que tenemos con nuestras necesidades y de formular nuestras peticiones en torno al gozo de satisfacerlas. Volviendo al ejemplo clásico de la convivencia doméstica y las relaciones de pareja, fíjate en las diferencias entre las siguientes formulaciones:

- **AIRE PARA LOS PULMONES:** «¿Podrías, *por favor*, fregar tus platos y pasar la bayeta a la encimera? ¡Necesito que la casa esté más limpia!»
- **FLORES PARA LA MESA:** «¿Me harías el favor de fregar los platos y pasar un poco la bayeta a la encimera cuando acabes de comer? Me siento mucho más a gusto cuando la cocina está limpia y recogida.»

- **AIRE PARA LOS PULMONES:** «Necesito que pasemos más tiempo juntos. ¿Cuándo salimos otra vez?»
- **FLORES PARA LA MESA:** «Me encanta que pasemos tiempo juntos. ¿Podemos echar un vistazo a nuestras agendas, a ver cuando podemos quedar otra vez?»

Incluso cuando las necesidades en juego son urgentes e imperiosas, tenemos más capacidad de maniobra cuando somos capaces de conectar con el otro y formular peticiones que le tengan en cuenta. Una mujer que practicaba la CNV se despertó en plena noche y vio que un desconocido había entrado en su habitación. Entrenada en la no violencia, una de las primeras cosas que pensó fue: «Mi seguridad y la de este hombre están interconectadas». Negándose a ver a aquella persona como un enemigo y comprendiendo que la seguridad de ambos dependía de su capacidad para conectar con él, le preguntó espontáneamente qué hora era. El intruso, sorprendido, miró su reloj y le dio la hora. «¿Cómo ha entrado?», preguntó ella. Había una ventana abierta. Tratando de dar sentido a su aparición, ella aventuró una conjetura: «Debe de hacer mucho frío fuera esta noche, ¿no?»

Siguieron hablando así unos minutos, en medio de una situación que era de por sí tensa. Ella descubrió que el hombre no tenía dónde ir. Al final, le dijo que había una habitación de invitados al fondo del pasillo y sábanas limpias en el armario. El desconocido podía pasar la noche allí si quería y, si se marchaba por la mañana antes de que ella se levantara, no llamaría a la policía. Llegaron a un acuerdo y él salió de la habitación.

Se trata de un caso extremo, y es difícil saber cómo reaccionaríamos nosotros en una situación semejante. No estoy proponiendo, desde luego, que se utilice este planteamiento en una situación potencialmente peligrosa si no se tiene experiencia en la práctica de la no violencia, pero este ejemplo ilustra lo radicales que pueden ser los efectos de la comunicación consciente: al enfrentarse a su miedo y a una posible situación de violencia, la mujer fue capaz de ver la humanidad de la otra persona y formular peticiones que tenían en cuenta las necesidades de ambos.

BRINDAR CONTEXTO

Cuando hacemos una petición, es menos probable que la otra persona esté dispuesta a ayudar si no entiende por qué le estamos pidiendo tal o cual cosa o de qué va a servir. Esto es válido tanto para las peticiones de conexión como para las de solución, y se da en situaciones poco transcendentales y en situaciones decisivas. Si todavía no está claro *por qué* estamos pidiendo algo, tenemos que hacérselo saber a nuestro interlocutor, es decir, ofrecerle una *razón* para decir que sí.

Un ejemplo sencillo: mi pareja me pregunta por la mañana «¿Vas a comerte esto para almorzar?» Si no entiendo bien su intención, mi respuesta diferirá dependiendo del contexto. No es lo mismo decir «Me apetece comerme esto para almorzar, ¿pensabas comértelo tú?» que decir «Me preocupa que esto se estropee. ¿Quieres comértelo tú o me lo como yo?»

Aquí tienes otro ejemplo. Fíjate en lo distinto que es pedir una reflexión con y sin contexto:

SIN CONTEXTO: «¿Puedes decirme qué has entendido?»

CON CONTEXTO: «He dicho muchas cosas y no sé si me he explicado del todo bien. ¿Puedes decirme qué has entendido?»

SIN CONTEXTO: «¿Podrías decirme qué crees que me importa?»

CON CONTEXTO: «Ahora mismo me encantaría sentirme escuchado. ¿Podrías decirme qué crees que me importa?»

UNA FORMA DE COMUNICACIÓN COMPLETA

Observación, sentimiento, necesidad, petición. Lo que ha pasado, lo que hemos sentido al respecto, el porqué y una sugerencia para seguir avanzando: esa es la estructura clásica de la comunicación no violenta, una estructura que nos muestra el camino para decir lo que queremos decir y para escuchar a los demás. Los primeros tres elementos —observaciones, sentimientos y necesidades— dan respuesta al interrogante esencial: «¿Cómo estás?» Al expresar esto, estamos invitándonos mutuamente a conocer nuestra experiencia personal: «Esto es lo que me está pasando». Las peticiones responden a otra cuestión: «¿Cómo puedo ayudar?»

Enunciar una observación, un sentimiento y una necesidad es de gran importancia. Pero, si no formulamos una petición, es probable que la otra persona escuche un reproche, al margen de cuál sea nuestra intención o nuestras palabras. Fíjate en los siguientes enunciados, con y sin petición:

SIN PETICIÓN: «Cuando me enteré de que no ibas a llegar hasta las ocho, me llevé una desilusión y me enfadé. Es muy importante para mí que pasemos al menos un rato juntos por las tardes.»

CON PETICIÓN: «Cuando me enteré de que no ibas a llegar hasta las ocho, me llevé una desilusión y me enfadé. Es muy importante para mí que pasemos al menos un rato juntos por las tardes. ¿Podemos hablar de cómo conjugar tus responsabilidades en el trabajo con mis expectativas respecto a nuestra relación?»

SIN PETICIÓN: «Anoche sonaba música en tu piso, sobre las once, y me molestó bastante. No sirvió de nada que me pusiera los tapones para los oídos. Me levanto temprano y necesito descansar por las noches.»

CON PETICIÓN: «Anoche sonaba música en tu piso, sobre las once, y me molestó bastante. No sirvió de nada que me pusiera los tapones para los oídos. Me levanto temprano y necesito descansar por las noches. ¿Podrías, por favor, bajar la música o usar auriculares después de las diez los días de diario?»

Si no hay petición, nuestras intenciones pueden parecer difusas y desconcertar a la otra persona, que quizá no entienda qué queremos de ella. A menudo estamos tan condicionados por nuestro bagaje que lo primero que pensamos es que se nos está reprochando algo. Al formular una petición, hacemos saber a nuestro interlocutor por qué sacamos a relucir determinada cuestión y al mismo tiempo le sugerimos una manera de contribuir a solucionarla.

EXIGIR, ESCUCHAR, DECIR NO

La diferencia entre una petición y una exigencia no radica en las palabras que empleamos, sino en cómo reaccionamos cuando la otra persona dice que no. Si somos capaces de reaccionar a una negativa con curiosidad

(«Ah, ¿por qué no? ¿Qué necesitas?»), es que estamos haciendo una petición sincera. Si respondemos con enojo, soberbia o reproche, es que en realidad no estábamos *pidiendo* algo. ¿Verdad?

Como hemos visto ya, servirse de la culpa, la recriminación o la exigencia para satisfacer nuestras necesidades erosiona la confianza, la buena voluntad y la calidad misma de una relación. Incluso si conseguimos lo que queremos en el momento, pagamos un precio muy alto a largo plazo. La mayoría de la gente reacciona a las exigencias sometiéndose o rebelándose. Ninguna de estas reacciones se basa en la libertad y la autonomía. Aunque accedamos, es muy probable que nuestra motivación intrínseca se vea dañada. Así pues, formularnos las dos preguntas clave de Rosenberg puede disuadirnos de hacer exigencias y conducirnos a un enfoque más colaborativo, enraizado en la curiosidad y el interés:

- ¿Qué quiero que haga la otra persona?
- ¿Por qué quiero que lo haga? ¿Cuáles quiero que sean sus *razones* para hacerlo?

Esta segunda pregunta no es un intento de controlar al otro ni de manipularlo. Es una forma de reconectar con nuestra intención profunda de partir de la curiosidad y el interés y de recordar lo bien que sienta que el otro *elija* satisfacer nuestras necesidades porque entiende lo que puede aportarnos al hacerlo.

Es esencial que seamos capaces de encajar una negativa (y de decir no) sin que se interrumpa la conexión. Recibir una negativa puede ser uno de los momentos más delicados de una conversación; sobre todo, si lo que estamos pidiendo es algo importante. Porque detrás de cualquier petición, grande o pequeña, subyace siempre una pregunta: «¿Te importo?» Recibir un no por respuesta puede hacer que sintamos impotencia o decepción, que se frustren nuestras esperanzas o que se reabran heridas dolorosas.

En estos casos, la práctica de la autoempatía es un factor importante que refuerza nuestra resiliencia y contribuye a que mantengamos abierta la comunicación y no nos tomemos como algo personal la negativa del otro. Si hacemos una pausa para percibir nuestras necesidades y nuestro anhelo de saber que al otro le importamos, podemos aportar más sinceridad, paciencia y curiosidad al diálogo.

La capacidad de decir que no es señal de buena salud en una relación. Si alguien siempre nos dice que sí, no podemos saber si está aceptando sinceramente o si lo hace por miedo, vergüenza u obligación, todo lo cual puede producir resentimiento, desconfianza o negligencia a la hora de cumplir lo acordado, debido a la desgana. ¡Por el contrario, cuando alguien es capaz de decir que no, podemos estar seguros de que, cuando dice que sí, lo dice de veras!

También podemos considerar el no como una fuente de información, más que como un callejón sin salida. A fin de cuentas, decir no es en el fondo una estrategia para suplir una necesidad. Indica que hay algo más importante que impide que esa persona acceda a nuestra petición. En lugar de tomárnoslo como algo personal, podemos escuchar el sí que hay detrás del no. No quiere decirse con ello que demos por sentado que esa persona está diciendo que sí a *nuestra petición*, sino que está diciendo que sí a *otra cosa* que para ella es más importante. Si podemos identificar qué es esa otra cosa, tenemos más opciones para colaborar de manera creativa. ¿A qué *otras* necesidades está diciendo que sí nuestro interlocutor? ¿Podemos encontrar otra estrategia que supla las necesidades de todos o una manera de resolver las necesidades del otro de forma que pueda acceder a nuestra petición?

EJERCICIO: Encajar el no

Cuando alguien te diga que no, intenta responder con curiosidad. Comprueba si esa persona está abierta a otras estrategias para suplir tus necesidades y si tú quieres sinceramente que esté conforme con el resultado. Aquí tienes algunas ideas para formular peticiones que os hagan avanzar en la conversación:

- «Tengo curiosidad por saber por qué no. ¿Puedes contarme más?»
- «¿Qué te lleva a decir que no?»
- «¿Podemos tomarnos un tiempo para barajar ideas con las que los dos podamos estar conformes?»
- «¿Tienes otras propuestas?»
- «¿Qué necesitarías saber, o qué puedo hacer, para que te sea posible decirme que sí?»

Quizá te encuentres en el otro extremo, luchando por respetar tus propios límites y decir que no a las peticiones de otros. Ignorar tus propias necesidades para ayudar a otros puede conducir a un sentimiento de hartura, depresión o resentimiento o a una relación asimétrica y desigual. Esto puede suceder por múltiples motivos. Tal vez te dé miedo decepcionar a los demás, o quieras evitar el malestar que puede producirte una conversación difícil, o te cueste creer que tus necesidades personales también importan. También es posible que sientas el deseo sincero de ayudar y que sobrestimes permanentemente tus recursos internos.

Hay formas de decir que no que permiten mantener la conexión, atender a tus necesidades propias y evitar malentendidos. Si dices que no sin reconocer de algún modo las necesidades del otro, esa persona puede interpretar tu respuesta como una prueba de que no te importa. Procura, en cambio, separar tu respuesta a su *estrategia* de tu preocupación por sus necesidades. Es decir, hazle saber que entiendes sus necesidades y muestra interés por encontrar la manera de satisfacerlas. Aclárale a la otra persona por qué te niegas y propón una alternativa, o invita a tu interlocutor a proponer otra solución.

EJERCICIO: Decir no

La próxima vez que alguien te pida algo y no quieras acceder, trata de mantener abierto el diálogo. Aquí tienes unos cuantos ejemplos de cómo decir no sin que se interrumpa la conexión:

- «Me gustaría decirte que sí, pero ahora mismo no puedo, déjame explicarte por qué.»
- «Entiendo lo importante que es esto para ti y no veo cómo puedo solucionarlo, dado que yo también necesito... ¿Podemos barajar otras alternativas que sean válidas para ti?»
- «No puedo acceder a eso sin un perjuicio importante para mí en cuanto a... [mis otros compromisos, mi necesidad de descanso, etcétera]. ¿Qué te parece que probemos a hacer esto otro?»

EL CICLO DE DAR Y RECIBIR

Cuando somos capaces de hacer peticiones, de encajar un no y de insistir con interés, pueden ocurrir cosas muy hermosas. Yo utilicé lo que había aprendido de mi Sabba para ayudar a Laura, una de mis alumnas, a estrechar lazos con su abuela.

Laura enseña mindfulness y su abuela, de noventa y dos años, ha sido una importante fuente de inspiración a lo largo de su vida. Pero, cada vez que Laura trataba de expresarle su aprecio, su abuela se irritaba, cambiaba de tema o restaba importancia a sus palabras. Su humildad y su afán de dejar espacio a los demás le impedían recibir la gratitud de Laura.

Aconsejé a Laura que planteara la situación de otra manera: que en lugar de tratar de *dar* algo a su abuela, le hiciera una petición. «Abuela, me gustaría contarte algunas cosas. Para mí sería muy importante que me escucharas. ¿Estarías dispuesta a sentarte conmigo un ratito? Sería todo un regalo.» Su abuela se mostró encantada de brindarle a su nieta ese sencillo gesto de atención consciente. Laura le habló de lo importante que había sido su relación con ella y de cómo le había servido de inspiración durante todos esos años. Estuvieron hablando largo rato con ternura e incluso derramaron alguna que otra lágrima. Al hacer su petición, Laura había ayudado a su abuela a comprender que recibir el homenaje de su nieta era un regalo para ambas.

PRINCIPIOS

Cuanto más claros seamos respecto a qué es lo que queremos y por qué, más creativos podemos ser a la hora de hacer que suceda.

Cuanto más nos entendemos unos a otros, más fácil resulta encontrar soluciones válidas para todos. Procura establecer, por tanto, el mayor entendimiento mutuo que sea posible antes de acometer la resolución de un problema.

Idea posibles estrategias que satisfagan cuantas más necesidades mejor, invitando así a los demás a buscar soluciones creativas.

PUNTOS CLAVE

En una conversación, las peticiones nos hacen avanzar paso a paso, cimentando el entendimiento y la conexión y proponiendo soluciones que puedan ser válidas para todos. Para transformar nuestras relaciones de esta forma, haciendo peticiones y recibiéndolas, debemos tener en cuenta que:

- Hacer una petición tiene como fin colaborar para suplir mutuamente nuestras necesidades.
- Las necesidades son un don, una invitación a experimentar el gozo de dar y recibir.
- Expresar nuestras necesidades mediante peticiones permite que los demás sepan cómo pueden ayudar y les ofrece una idea concreta de cómo hacer avanzar la conversación.
- Tener la capacidad de hacer peticiones entraña también invitar a los demás a pedir lo que necesitan, ser sensible a sus peticiones e intuirlas en la medida de lo posible.
- Que nos digan que no (y decir no) puede ser un síntoma de buena salud en una relación y nos brinda, además, información útil sobre las necesidades que impiden que la otra persona acceda a nuestras peticiones.

Podemos decir que no y aun así mantener la conexión, atender a nuestras necesidades y evitar malentendidos si:

- Reconocemos las necesidades de la otra persona.
- Explicitamos nuestro entendimiento de sus necesidades y expresamos interés por encontrar la manera de satisfacerlas.
- Hacemos saber al otro por qué decimos que no y proponemos una alternativa o le invitamos a proponerla.

PREGUNTAS Y RESPUESTAS

P: Llevo un tiempo utilizando estas herramientas y estoy recibiendo muchas críticas. Me dicen que soy egocéntrico, controlador o prepotente. ¿Qué estoy haciendo mal?

Cuando cobramos conciencia de nuestras necesidades y empezamos a hacer peticiones, podemos parecer un poco exigentes. Procura que tus peticiones sean flexibles. ¿Partes de una actitud del tipo «deberías hacer esto o aquello»? Procura también que la otra persona entienda que estás sinceramente dispuesto a encajar una negativa.

Al utilizar estas herramientas, asumimos además un papel extra en la conversación. Ya no solo defendemos nuestras necesidades propias. También nos convertimos en facilitadores y abogamos por las necesidades del otro, porque las valoramos como parte intrínseca de una relación sana, porque somos conscientes de nuestra propia necesidad de compasión y contribución y porque entendemos que su buena disposición es un elemento clave para llegar a cualquier acuerdo.

Quizá tengas que hacer un esfuerzo suplementario para comunicar con toda la claridad que te sea posible que te interesa sinceramente encontrar una solución válida para todos los implicados. No podemos controlar las percepciones del otro, pero podemos hacer todo lo que esté en nuestra mano por dejarle claro que nos gustaría tener en cuenta sus necesidades. Invita expresamente a tu interlocutor a compartir: «Me encantaría saber qué es lo que te interesa. ¿Qué te parecería bien en esta situación?» Busca peticiones que les faciliten el decir que no o que les inviten a compartir más información. Por ejemplo: «Solo quiero que me digas que sí si de verdad te parece bien» o «No quiero que te sientas obligado; puedes decirme que no».

P: Me gustaría poder hacer peticiones, pero las cosas van tan deprisa que me quedo como paralizada. Incluso cuando hay espacio para hacerlas, no sabría qué pedir.

Es necesario reeducar hasta cierto punto el sistema nervioso para sentirse más a gusto en el diálogo. Empieza por ejercitar la presencia para gestionar tu experiencia propia y encontrar el valor necesario para tomar la palabra. Siente tus pies en el suelo y presta atención a tu postura, que puede estimular tu sensación de aplomo o fortaleza. Empieza por cosas pequeñas, reforzando tu seguridad en ti misma en situaciones poco comprometidas.

Para hacer una petición, también tenemos que ser conscientes de nuestras necesidades, es decir, saber lo que queremos. Trata de memorizar dos o tres peticiones sencillas que puedas utilizar en cualquier situación. Busca una manera sincera de hacer una petición de conexión básica pidiendo una reflexión o una respuesta y practica hasta que puedas decirla sin pensar. Trata de ensayar también una petición para darte tiempo para pensar, por ejemplo: «Hay algo que me gustaría decir. ¿Puedes darme un momento para que ordene mis ideas?»

P: «Estarías dispuesto o dispuesta a...» suena muy rígido y formal. ¿Por qué no decir simplemente «por favor»?

Recuerda que lo importante no es lo que dices, sino el lugar de donde partes. Las palabras nos ayudan a educar la *atención* para mantenernos en consonancia con la intención de los principios que manejamos. «Por favor» puede tener muchas connotaciones. A la mayoría de nosotros se nos enseña a decir «por favor» y «gracias» aunque no lo sintamos realmente. A veces, usar el «por favor» entraña una exigencia velada. Por eso sugiero que se busquen otras formas de indicar flexibilidad, como «¿Podrías/querrías...?» o «¿Qué te parecería...?» Estas expresiones tienden a estar menos marcadas culturalmente.

P: ¿Cómo distingo cuándo sacar un tema a relucir y hacer una petición y cuándo dejar correr las cosas y afrontar lo que sea por mi cuenta?
Me interesa la flexibilidad, cultivar la capacidad de hacer ambas cosas. Dejar correr las cosas no excluye hacer peticiones. Confío en que quede claro que cuanto menos afán tengamos de salirnos con la nuestra, más espacio tenemos para hacer peticiones y entablar diálogo.

Piensa en tu condicionamiento y practica para irle a la contra. Si tienes tendencia a callártelo todo y solucionarlo para tus adentros, arriésgate a tomar la palabra y a invitar a los demás a escuchar lo que alberga tu corazón. Si eres más extrovertido y tiendes a buscar fuera una resolución, equilibra esa tendencia ejercitando la introspección. Prueba a encontrar espacio dentro de ti y fíjate en cómo cambia tu perspectiva de la situación.

P: ¿Qué ocurre cuando al otro no le interesa entablar diálogo? He hecho varias peticiones y, o bien recibo una negativa, o la callada por respuesta.
Puede ser muy doloroso que la otra persona no esté dispuesta a entablar diálogo. Parece rozar una necesidad primigenia y profundamente arraigada de integración y pertenencia, incluso el temor a la expulsión de la tribu y el exilio. Creo que la mayoría de nosotros necesita mucha ternura y cariño en momentos así.

Podemos tratar de empatizar con los sentimientos y las necesidades que hay detrás de su silencio, que, de hecho, se ha convertido en su único mensaje. En algunas circunstancias, esto puede crear las condiciones que propicien que se restablezca el diálogo. Sé por experiencia propia que a veces lo único que ocurre es que tenemos expectativas distintas. La otra persona puede necesitar más tiempo para sentirse dispuesta a hablar. En mi caso, ha sido tremendamente importante en tales situaciones contar con el apoyo de otras personas, volverme hacia dentro y tirar de mis propios recursos para sanar y hallar una resolución. Con paciencia, podemos encontrar mucha compasión por nosotros mismos y perdón para los demás. Al final, este proceso puede ser profundamente liberador.

CUARTA PARTE

Conjugar todos los elementos

Cuando los tres pasos para mantener una conversación eficaz se dan en consonancia, dialogar puede ser como bailar. Nos relajamos. Nos turnamos para hablar y escuchar con calma, fijando nuestra atención en una cosa o la otra como si atendiéramos al ritmo de la música. Guiar con la presencia nos centra y nos brinda más oportunidades de identificarnos con el otro. Partiendo de la curiosidad y el interés, creamos las condiciones que propician la colaboración y el entendimiento y, centrándonos en lo que importa, identificamos lo que de verdad está en juego.

Otras veces, la conversación se asemeja más a escalar una montaña que a bailar. Avanzamos trabajosamente cuesta arriba con una pesada carga a nuestras espaldas, cuidando de dónde pisamos para evitar obstáculos y tropezando a veces al encontrar terreno escabroso. Nos interrumpimos, nos precipitamos hacia delante o saltamos de un tema a otro.

La vida es complicada y liosa, y hace falta práctica para aprender a ser ligeros de pies, tanto para bailar como para escalar el pico de una montaña. Tenemos que estar preparados para perder el ritmo, frotarnos los pies doloridos, curar unas cuantas ampollas y volver a tropezar de vez en cuando.

En el último tramo de este libro vamos a hablar de cómo encaja todo en el curso de una conversación y de cómo gestionar las situaciones difíciles. Aprenderemos a movernos con agilidad y a saber cuándo danzar, cuándo trepar y cuándo pararnos a descansar. También aprenderemos a seguir los movimientos más amplios de una conversación, a desenvolvernos cambiando el foco de atención entre el yo y el tú y a manejar los distintos hilos de información que pueden surgir.

12

El flujo del diálogo

«La vida es un melón muy maduro: igual de dulce y de pringoso.»

Greg Brown

Una buena amiga mía, Amanda, me llamó un día para pedirme consejo sobre una conversación complicada. Poco antes había pasado unos días con una amiga. Tras una semana de acampada y una partida precipitada, su hijo de cuatro años tuvo un berrinche en el coche cuando iban hacia el aeropuerto. La amiga intervino (sin permiso) y más tarde escribió a Amanda un correo electrónico dándole consejos de crianza que Amanda no le había pedido.

Le ofrecí mi empatía por lo molesta que debía de sentirse y le pregunté si lo que deseaba era que su amiga mostrara más respeto por el tipo de educación que había elegido darle a su hijo. Luego analizamos las cosas y pensamos cómo abordar la situación. Había varios factores en juego: su amistad, el deseo sincero de la amiga de contribuir, la necesidad de Amanda de recibir apoyo en el momento y de la manera que fueran válidos para ella... Identificamos los distintos puntos clave, aclaramos las necesidades de Amanda y las peticiones que podía hacer y, por último, debatimos algunas estrategias para iniciar la conversación con buen pie.

Los tres pasos para una conversación eficaz —guiar con la presencia, partir de la curiosidad y el interés y centrarse en lo que importa— determinan cómo nos mostramos, cómo entablamos diálogo y qué es lo que debatimos. También es importante que seamos capaces de ampliar el encuadre y de tener una visión más amplia de la conversación en su conjunto. ¿Por dónde empezamos? ¿Cómo pasamos de un tema a otro o de mi perspectiva a la tuya?

LOS PASOS DEL BAILE

Dialogar se parece mucho a bailar. Hace falta tiempo para aprender lo básico, pero conversar fluidamente con otra persona es algo mágico. Los viejos amigos y los nuevos amantes pueden hablar durante horas, pasando sin esfuerzo por todas las fases de esta danza atávica. Hablamos, escuchamos, moramos juntos en la contemplación o la maravilla, en la alegría o el duelo.

Del mismo modo que el ritmo de la respiración ancla nuestra conciencia cuando meditamos y que nuestros sentimientos y necesidades centran nuestra atención en la conversación, las tres «posiciones» básicas coreografían la danza del diálogo. Hablé de esto de pasada en el capítulo 1, y ahora quiero retomar este tema con la riqueza añadida de todo lo que has aprendido.

En cualquier momento de una conversación podemos hablar, escuchar o descansar en la presencia. *Nos expresamos*: hablamos desde el corazón, formulando en voz alta observaciones, sentimientos, necesidades o peticiones, de manera franca y sincera, con el menor reproche posible. *Recibimos*: escuchamos desde el corazón, con curiosidad e interés, atendiendo a los sentimientos y las necesidades que hay tras las palabras del otro. *Descansamos*: aportamos presencia al proceso en su totalidad, deteniéndonos a reposar y a asimilar la información cuando sea necesario.

Estos son los movimientos básicos del baile. Toda comunicación remite a estas tres opciones: expresarse sinceramente, recibir empáticamente o retornar a la presencia.[73]

Puede ser curativo sentir el ritmo del dar y el recibir y resolver un problema o una complicación. Al trasladar la atención de un lado a otro, escuchándonos mutuamente y dejando reposar las cosas, encontramos una manera de fluir. Muchos alumnos cuentan lo transformador que puede ser tener una sola conversación efectiva. Al percibir el ritmo de esa danza, hay algo en nuestro sistema nervioso que aprende a participar del proceso de generar entendimiento con otro ser humano.

EJERCICIO: **La danza del diálogo**

Centra tu atención dentro de una conversación reduciéndola a los elementos básicos, de modo que los pormenores de lo que has aprendido hasta ahora queden en segundo plano. Guía con la presencia, parte de la curiosidad y el interés y decide cuándo hablar, cuándo escuchar y cuándo descansar en la presencia. ¿Notas el ritmo del dar y el recibir en el diálogo, ese baile que consiste en hablar, escuchar y descansar?

ENCUADRAR UNA CONVERSACIÓN

Los comienzos son siempre delicados. Nuestra forma de empezar una relación o un diálogo puede tener efectos decisivos en su trayectoria. (Si empezamos una cita acusando al otro de llegar tarde, seguramente eso influirá en cómo transcurra la noche.) Pese a todo, hay tantos factores que intervienen en cada situación que a veces resulta muy difícil saber por dónde empezar.

El comportamiento de los sistemas dinámicos complejos es muy sensible a lo que se denomina «condiciones iniciales»: el valor de ciertas variables al iniciarse un proceso. Los seres humanos somos sistemas dinámicos complejos, y los periodos pre y perinatal de la vida de un bebé pueden tener efectos decisivos en su salud psicológica y fisiológica a largo plazo. Una conversación también es un sistema dinámico complejo. Es un proceso vivo, que respira. Podemos utilizar una técnica denominada encuadre (*framing*, en inglés) para establecer las condiciones iniciales que propicien un intercambio de ideas productivo.

El *encuadre* resume una cuestión o un tramo del debate de una manera amplia y neutral, a menudo atendiendo a necesidades, metas o valores compartidos.

El encuadre da una indicación general del terreno que nos gustaría entrar a debatir de una forma neutral o positiva. Al igual que el andamio de una obra, proporciona estructura y delimita zonas a rellenar más adelante. Puede ser una herramienta especialmente útil cuando los temas a tratar son espinosos y las observaciones concretas pueden surtir el efecto de embrollarnos en una discusión acalorada. También puede brindarnos la oportunidad de calibrar la disposición del otro a conversar, ponernos en sintonía con nuestro interlocutor o introducir un debate metalingüístico sobre cómo vamos a hablar de determinadas cuestiones.

El primer paso para establecer las condiciones iniciales de un diálogo es estar de acuerdo en conversar. Si estamos muy concentrados en los temas a tratar, podemos olvidarnos de negociar este aspecto básico de la interactuación. ¿Es el momento y el lugar idóneo para hablar? He aquí dos ejemplos sobre cómo introducir un tema con y sin encuadre:

SIN ENCUADRE: «Cuando te oí decir que dejara de ser tan egoísta, me sentí muy dolido. Quería de verdad que entendieras cuánto significaba para mí que vinieras a ese acto. ¿Puedes entender cómo me sentí?»

CON ENCUADRE: «Quería hablar contigo de la conversación que tuvimos ayer para ver si podemos entender un poco mejor de dónde partía cada uno. ¿Estarías dispuesto?»

En vez de citar el comentario más doloroso, el hablante se refiere a la conversación en términos más generales, formula algunas necesidades compartidas y encuadra las cosas en términos de pluralidad («nosotros»). Cada uno de estos factores puede generar sintonía y compañerismo al comienzo de un diálogo. Aquí tienes otros dos ejemplos de peticiones iniciales de diálogo:

- «¿Estarías dispuesto a reservar un hueco para hablar conmigo sobre...?»
- «¿Podríamos sentarnos a hablar de qué necesita cada uno de nosotros, para ver si encontramos la manera de resolver esto?»

Hay muchas formas de encuadrar una conversación para crear un sentimiento de unidad y propósito compartido. Dependiendo del contexto, hay planteamientos más útiles que otros.

Opciones de encuadre

VISIÓN AMPLIA. Enuncia la situación de una manera objetiva y abarcadora que permita a tu interlocutor decidir de manera informada si quiere iniciar el diálogo, sin entrar en detalles que puedan ser motivo de conflicto.

SENTIMIENTOS. Expón tu vulnerabilidad enunciando sentimientos que puedan estimular la compasión.

NECESIDADES COMUNES. Explicita cualquier necesidad, objetivo o beneficio común que pueda tener el diálogo. Formúlalos en términos de pluralidad («nosotros») más que de individualidad («yo»).

APRECIO. ¿Compartes lazos con tu interlocutor que puedan fomentar la buena voluntad, la curiosidad y el interés? Empieza por manifestar tu aprecio por la otra persona explicitando lo que te gusta de ella o de vuestra relación.

Aquí tienes algunos ejemplos de cómo utilizar cada una de estas opciones:

ENCUADRAR SENTIMIENTOS: «Últimamente, algunas de nuestras interacciones me han resultado un poco difíciles. Estoy intentando aclararlas y quería saber si podríamos dedicar un rato a hablar de lo que ha pasado.»

ENCUADRAR NECESIDADES COMUNES: «¿Podríamos revisar nuestra última interacción? Me encantaría encontrar una manera de que los dos nos sintamos comprendidos y apoyados.»

ENCUADRAR EL APRECIO: «Nuestra amistad es muy importante para mí. Valoro mucho que formes parte de mi vida. Lo que ocurrió la semana pasada fue muy difícil para mí y me gustaría encontrar una solución. ¿Te parecería bien que habláramos?»

Cada uno de estos ejemplos ilustra una manera distinta de crear acuerdo al iniciar una conversación. Sopesa cuidadosamente qué táctica es más adecuado emplear en cada situación.

***Principio*: Enunciar qué puede aportarnos una conversación a ambos contribuye a crear acuerdo y disposición hacia el diálogo.**

HACER EL SEGUIMIENTO DE LA CONVERSACIÓN

Sostener una conversación puede ser como tratar de seguir un sendero cubierto de maleza a través de un bosque. Hace falta paciencia y observación cuidadosa. De tanto en tanto, el camino se pierde y vuelve a aparecer un rato después. Aunque toda conversación es única, hay ciertos patrones universales. Para encaminar un diálogo hacia su resolución, hay que hacer el seguimiento de su *proceso* (qué tipo de conversación estamos teniendo, en qué punto estamos y quién ocupa el foco de atención) y de su *contenido* (el tema concreto que se está tratando y si ha finalizado o no).

Hacer el *seguimiento* de una conversación implica rastrear el discurrir de tramos concretos de su proceso o de su contenido.

Hay dos tipos básicos de conversaciones: *relacionales* y *logísticas*. Estas dos categorías coexisten a menudo como distintos estratos de una misma conversación. El ámbito relacional incluye la calidad de la conexión, las emociones y las maneras de interactuar con el otro. El logístico abarca los problemas concretos que estamos intentando resolver y los acuerdos a los que llegamos. En el caso de Amanda, la conversación relacional trataba de cómo se sentía frente a la intervención de su amiga, del tipo de confianza y apoyo que deseaba y de los motivos de su amiga para darle consejo. La conversación logística trataba de qué hacer la próxima vez que surgiera un problema relacionado con la crianza.

Tratar de resolver una conversación logística sin afrontar primero las cuestiones relacionales subyacentes puede ser complicado y dar lugar a equívocos. Estamos hablando de algo concreto, pero seguimos obturándonos porque hay un subtexto emocional que no se hace explícito. Si Amanda se hubiera limitado a debatir estrategias sobre prácticas de crianza sin reconocer lo que le preocupaba en el fondo, la conversación habría sido probablemente tensa y crispada. (A veces podemos optar por centrarnos únicamente en el plano logístico porque hay *a priori* confianza suficiente, seguridad o disposición para solventar el ámbito relacional. En estos casos, tener claras las cuestiones relacionales puede aportar más equilibrio y ecuanimidad a la interactuación.)

De igual manera, confundir una cuestión logística con una relacional puede inducir a error. Hace poco, mi madre vino a visitarme y le pregunté a Evan si podía ayudarla a hacer la cama del cuarto de invitados. Ella entró al instante en otra habitación y se puso a hacer otra cosa. Sorprendido (y un poco molesto), fui a ayudar a mi madre a hacer la cama. Luego descubrí que Evan no me había oído, sencillamente. Si yo hubiera confundido este desajuste logístico con una problema relacional, podría haber llegado a interpretaciones dolorosas o provocado una discusión.

Suele ser útil intentar afrontar primero las cuestiones relacionales. En situaciones complejas, si tenemos que trasladar una y otra vez el foco de atención, tener claro de qué estamos hablando puede ayudarnos a sortear los escollos con más facilidad.

Como ya hemos visto, las conversaciones fructíferas tienen también dos fases principales: la construcción del entendimiento mutuo y la resolución del problema. Puede haber mucha presión para llegar a soluciones prematuras. «¡Vamos a resolver esto de una vez!» Con independencia de que estemos tratando una cuestión relacional o logística, cuanto más entendimiento y confianza haya, más sencillo será encontrar una solución duradera.

Podemos rastrear en qué fase de la conversación estamos y estudiar cómo y cuándo efectuar transiciones. Antes de pasar del entendimiento mutuo a la resolución de problemas, nos aseguramos de que hemos recabado suficiente información para entendernos. Normalmente, cuando ha llegado el momento de barajar soluciones, se percibe una sensación de reposo o energía renovada. Aquí tienes una serie de preguntas a considerar antes de entrar en la fase de resolución:

- ¿Tienes toda la información que necesitas?
- ¿Tenéis claro, tanto tú como tu interlocutor, las necesidades y los objetivos que están en juego?
- ¿Se tiene la sensación general de que las dos partes se sienten escuchadas o comprendidas?
- ¿Confía la otra persona en que te interesa sinceramente encontrar una solución que sea válida para ella?

He aquí algunas peticiones que podemos utilizar al hacer esta transición, basadas en las peticiones para avanzar hacia una solución que veíamos en el capítulo 11:

- «¿Tienes la sensación de que entiendo lo que te importa? ¿De que entiendo tu visión de las cosas?»
- «¿Hay algo más que te parezca importante que tratemos?»
- «Me gustaría encontrar una solución con la que los dos estemos conformes. ¿Notas que es así?»

Establecer una relación de confianza es crucial. Si podemos demostrar que nos interesa sinceramente colaborar, mejorará la predisposición a encontrar soluciones y estas serán más creativas. Este tipo de confianza se construye paso a paso demostrando empatía, escuchando y reflejando los sentimientos y las preocupaciones de la otra persona.

EJERCICIO: **Seguir el proceso de una conversación**

La próxima vez que intentes resolver un problema, plantéate de qué tipo de conversación se trata: ¿es una cuestión puramente logística o hay aspectos relacionales? Si están presentes ambos elementos, intenta resolver lo relacional antes de entrar a debatir el logístico. Cuando te muevas entre ambos planos, trata de tener claro en todo momento qué es lo que se está debatiendo.

Concéntrate en propiciar todo el entendimiento posible antes de pasar a la resolución de problemas. Presta especial atención a la transición de una fase a la otra asegurándote de que tanto tú como tu interlocutor estáis listos para buscar soluciones.

¿QUIÉN OCUPA LA PISTA DE BAILE?

Identificar qué tipo de conversación estamos teniendo y hacer su seguimiento para saber en qué punto nos hallamos son habilidades que requieren una visión amplia, macroscópica, de la situación. Pero para dejarse llevar con fluidez por el baile del diálogo también tenemos que ser capaces de observar y seguir movimientos menos visibles. Para ello es esencial identificar lo que yo llamo el *centro de atención*, es decir, quién ocupa la pista de baile.

En toda conversación hay un centro de gravedad que se desplaza alternativamente entre los interlocutores. No se trata únicamente de quién habla y quién escucha en cada momento, sino de percibir qué persona tiene más necesidad de que se la escuche en un momento dado y de cobrar conciencia de cómo efectuamos esas transiciones. Si no tenemos cuidado a la hora de trasladar el centro de atención y nos los apropiamos sucesivamente, pueden generarse malentendidos y desconfianzas, y la empatía puede erosionarse.

El *centro de atención* es, dentro del diálogo, la persona en la que se centra la atención en un momento dado, la que «ocupa la pista de baile».

La premisa general es escuchar primero. Siempre que sea posible, ofrécele el centro de atención a la otra persona. Cambia el foco de atención hacia ti cuando tu interlocutor se sienta escuchado y haya terminado su intervención, es decir, cuando es más probable que deje espacio para escuchar.[74]

Utilizando la empatía, puedes propiciar el entendimiento y comprobar si la otra persona se siente comprendida. Formúlate con regularidad dos preguntas básicas: «¿Lo he entendido? ¿Hay algo más?» Puede que tengas que manifestarle empatía a tu interlocutor varias veces, hasta que se sienta lo bastante escuchado como para cederte la pista de baile y escuchar. Comprueba si la otra persona está dispuesta a cambiar el foco de atención haciéndole una petición:

- «¿Hay alguna otra cosa que quieres que comprenda?»
- «Me gustaría explicarte un poco cómo me siento. ¿Tienes espacio para escuchar?»

Manejar con cuidado esta transición puede ser muy importante para reforzar la confianza y reparar posibles daños en el contexto de una conversación difícil.

Principio: **Siempre que sea posible, comprueba si la otra persona se siente comprendida antes de cambiar de tema o trasladar el centro de atención a tu propia experiencia.**

La paciencia y la empatía tienen sus límites, claro está. Si pierdes la capacidad de escuchar, puedes trasladar respetuosamente el centro de atención de nuevo a ti. Recuerda que en la comunicación no hay normas rígidas. Nuestra tarea consiste en mantenernos presentes, centrados y conectados con nuestras buenas intenciones y en responder con la mayor desenvoltura posible a lo que está ocurriendo. Se trata de utilizar el mindfulness para cobrar conciencia de lo que está ocurriendo dentro de nosotros. ¿Seguimos presentes? ¿Podemos mantenernos en contacto con la intención genuina de entender al otro? Si no es así, ¿qué es necesario para que reconectemos? ¿Ayudaría cambiar el centro de atención?

Podemos perder la capacidad de escuchar por muchos motivos. Puede que haya tal cantidad de información que no podamos seguirla, o que empecemos a aburrirnos y nos resulte cada vez más difícil seguir el curso de nuestras ideas o sentimientos, o que nos bulla dentro la necesidad urgente de hablar antes de seguir escuchando. Si no podemos escuchar, lo más importante es *eso*. Si no somos capaces de oír al otro, fingir que seguimos prestándole atención no beneficia a nadie.

En tales casos, hay que interrumpir el diálogo, no porque *no* queramos escuchar, sino por todo lo contrario: porque *queremos escuchar* y somos conscientes de que, si no interrumpimos la conversación, nos será imposible hacerlo. Cuanto más acalorada sea una conversación, más cuidado hay que poner a la hora hacer estas interrupciones. Para evitar en la medida de lo posible que la otra persona se sienta ofendida, enunciamos en primer lugar nuestra intención de conectar. He aquí unos ejemplos sobre cómo interrumpir la conversación con soltura (fíjate en que todos los enunciados empiezan poniendo de relieve el deseo de mantener la conexión):

- «Quiero que me sigas contando, pero estoy empezando a perder el hilo. ¿Te importa que hagamos una pausa para que pueda hacer recapitulación de lo que me has dicho hasta ahora?»
- «Quiero que continúes, pero estoy un poco confuso. ¿Puedo hacerte una pregunta?»
- «Quiero seguir escuchándote, pero me está costando porque hay una cosa que necesito aclarar. ¿Puedo hablar yo un momento?»

En los dos primeros ejemplos, aunque estamos interrumpiendo, la otra persona sigue ocupando el centro de atención. En el tercer ejemplo, proponemos cambiar el centro de atención al hacer saber a la otra persona que, antes de seguir escuchando, necesitamos expresar algo.

Si yo estoy ocupando la pista de baile y la otra persona quiere ocuparla en mi lugar, tengo dos alternativas. Puedo acceder, dejar de hablar un momento, escuchar y ofrecerle comprensión, o puedo pedirle que me deje seguir ocupando el centro de atención hasta que termine lo que quiero decir: «Te entiendo, pero primero me gustaría acabar lo que estoy diciendo. ¿Podemos seguir así unos minutos más, hasta que termine, antes de cambiar?»

EJERCICIO: **Identificar el centro de atención**

¿Quién ocupa la pista de baile? Fíjate en qué momentos pasa el centro de atención de una persona a otra. ¿Qué ocurre cuando ese cambio se da suavemente, con consentimiento, y cuando se da bruscamente, sin él? Practica a cambiar el centro de atención conscientemente comprobando que tu interlocutor siente que ha terminado, haciendo una petición o interrumpiendo hábilmente el diálogo si fuese necesario.

HACER EL SEGUIMIENTO DEL CONTENIDO

En casi todas las conversaciones hay más de un contenido a debate. En el caso de Amanda, había tenido varias interacciones con su amiga respecto a la crianza, incluyendo una conversación por correo electrónico, y necesitaba debatir las cuestiones relacionales que estaban en juego. Hacer el seguimiento de todo eso puede ser difícil. Con frecuencia, el curso de una conversación se asemeja más a un laberinto que a una senda. Tiene vueltas y revueltas, se interrumpe y gira sobre sí mismo.

Si somos incapaces de rastrear estos elementos, podemos encontrarnos inmersos en una maraña. La capacidad de seguimiento nos ayuda a no perder de vista ni la trayectoria general de la conversación (en qué fase del diálogo estamos; quién ocupa la pista de baile) ni el contenido concreto que estamos debatiendo. Para hacer esto y fluir con la danza del diálogo, son necesarias algunas habilidades más.

Del mismo modo que una persona puede precipitarse e intentar pasar directamente a la fase de resolución de un problema, muchas veces la gente introduce temas nuevos antes de que se dé por terminado el que está sobre el tapete. Yo a esto lo llamo *astillar*, porque es una forma de fracturar y despedazar las conversaciones. Empezamos a hablar de una cosa que luego se bifurca en dos, y luego en tres o cuatro, y al poco rato ya ni nos acordamos de por dónde habíamos empezado.

Cuando una conversación se astilla, enseguida se complica. Rara vez se da solución a los problemas porque hay demasiadas cosas sobre el tapete a la vez sin que ninguna de ellas se dé por terminada. Si nos desviamos o nos adelantamos, tenemos que ser capaces de *reconducir* la conversación devolviéndola suavemente a su curso original. En conversaciones difíciles, esto requiere especial cuidado y sensibilidad para reducir las posibilidades de que la otra persona interprete nuestros esfuerzos como un intento de controlar la conversación o como un desafío a su autonomía.

***Astillar* una conversación es introducir nuevos contenidos antes de dar por finalizado el tema que se está tratando.**

***Reconducir* una conversación es devolverla suavemente a una fase o a un tema determinados.**

Reconducir se asemeja a interrumpir con tacto y suavidad. En primer lugar, enunciamos o nos hacemos eco de lo que ha dicho la otra persona para que no piense que estamos desdeñando su punto de vista. Luego, hacemos expreso nuestro deseo de retomar el tema anterior. Aquí tienes unos ejemplos de cómo hacerlo:

- «Gracias. Me alegro de que menciones ese tema. Antes de que pasemos a eso, me gustaría decir una o dos cosas más acerca de...»
- «Te agradezco que saques ese asunto a colación. Quiero que lo debatamos dentro de un momento, pero primero me gustaría comentar alguna otra cosa sobre...»
- «Sí, eso es importante. ¿Podemos terminar de hablar de esto primero y volver a eso dentro de un momento?»

Reflejar antes de responder para completar un ciclo de comunicación es una herramienta básica que ayuda a prevenir que se astille el diálogo. En lugar de dejar un tema en el aire, utilizamos las reflexiones empáticas para asegurarnos de que se está dando el entendimiento. Cuando aplicamos de manera constante esta técnica, le damos al diálogo una sensación de ímpetu y cooperación.

Igual que sentimos un cambio somático al completar un ciclo de comunicación, solemos percibir un cambio cuando damos por terminado un tema o un hilo importante de la conversación. Puede ser una sensación de descanso, una exhalación o un sentimiento espontáneo de energía cuando ambos nos decimos: «¡Vale, ya está! Es buen momento para hacer una pausa o cambiar de tema». Aunque una parte de la conversación no esté del todo resuelta, percibimos cuándo hemos llegado a un entendimiento mutuo en torno a un asunto.

EJERCICIO: Hacer el seguimiento del contenido

Cuando hay más de un tema sobre la mesa, presta atención a qué tema concreto se está debatiendo. Si la conversación se astilla, si se precipita hacia delante o incorpora un hilo nuevo que no parezca contribuir a su resolución, intenta redirigirla. Haz explícita la importancia de lo que se ha dicho y pide con delicadeza volver al asunto anterior.

Cuando debatas un tema, refleja antes de responder a fin de completar un ciclo de comunicación. Trata de cerrar cada bucle de la conversación comprobando que has llegado a un entendimiento con tu interlocutor antes de pasar a un nuevo tema.

DI LO QUE QUIERES DECIR: EL PODER DE LA CONCISIÓN

Hay una última técnica de seguimiento que es esencial para generar comprensión: tener claro lo que decimos y cuánto decimos. Cuando algo nos apasiona o cuando no nos sentimos escuchados, tendemos a repetirnos. Sin embargo, cuantas más palabras empleamos, menos se nos suele comprender. Todos hemos oído a alguien perorar y sabemos lo fácil que es sentirse sobrecargado y perder la capacidad de digerir lo que nos están diciendo.

Principio: **Nuestro discurso es más claro y potente cuando empleamos menos palabras y más sinceras. Si hablamos con frases breves y claras, es más fácil que los demás nos entiendan.**

La autoexpresión se puede dar de dos maneras: por *segmentación* y por *inundación*. Esta última es el resultado de abrir las compuertas y dejar que salga todo. No hacemos acto de recogimiento de nuestro universo íntimo antes de lanzarnos a hablar. Podemos pasar varios minutos hablando de una tirada, sin hacer una pausa ni comprobar si nuestro interlocutor sigue prestándonos atención. La segmentación es la capacidad de compartir información en tramos o segmentos manejables, uno o dos cada vez. Esto facilita el que la otra persona asimile lo que le estamos diciendo y, además, nos permite comprobar si nos está entendiendo y completar el círculo.

La *inundación* se produce cuando nos repetimos, cuando tratamos de decirlo todo de una vez o compartimos más información de la que la otra persona es capaz de asimilar de inmediato.

La *segmentación* se produce cuando enunciamos un tramo de contenido cada vez, en segmentos breves y manejables.

Todos tenemos distintas formas de expresarnos. Algunos preferimos saber qué vamos a decir antes de empezar y a otros, en cambio, nos gusta descubrir, mediante la propia dinámica del diálogo, lo que queremos decir. En mi familia, que es de origen judío, solemos demostrarnos nuestro cariño interrumpiéndonos unos a otros. En mi comunidad budista, tendemos a expresar el afecto hablando más despacio o haciendo pausas. Al margen de cuál sea nuestro estilo personal o nuestra cultura, es útil tener conciencia de la cantidad de información que queremos compartir y de la capacidad de la otra persona para asimilarla, para poder hacer los ajustes necesarios.

Para ser concisos, tenemos que ser capaces de discernir qué es lo que queremos comunicar y de mantener la autoconciencia mientras hablamos. El discernimiento se consigue entrenando la comprensión y la organización de nuestro mundo interior. Este entrenamiento empieza con una práctica constante y culmina con una comunicación más clara y espontánea. El acto de la expresión verbal (el de «expulsar» literalmente las palabras) es un proceso en el que algo se reúne dentro y a continuación se ofrece proyectándolo hacia el exterior. Consiste en comprender nuestra vida interior permitiendo que ideas y sentimientos se fusionen y formen palabras y frases discretas.[75]

Date tiempo para reunir y ordenar tus pensamientos, discernir tus emociones y necesidades y formular qué es lo que quieres expresar. Recuerda que nos comunicamos para generar entendimiento, para «hacer común» lo que es único y personal. En lugar de preguntarte qué quieres decir, puede pensar: «¿Qué quiero que entienda la otra persona?» Cuanto más claro tengas lo que quieres concretamente que sepa o escuche tu interlocutor, más sencillo te resultará articularlo en segmentos. Con el tiempo, aprenderás a hacerlo sobre la marcha.

Para poner freno al aluvión de palabras que puede salir de nuestra boca, utilizamos la presencia a fin de calibrar nuestro grado de estimulación. Esta calibración interna puede recordarnos que debemos hacer periódicamente una pausa para chequear junto con la otra persona en qué punto del diálogo estamos.

Cuando somos capaces de segmentar la información y mantenernos centrados en completar el ciclo de la comunicación, empezamos a internarnos en el flujo del diálogo. Hablamos, chequeamos cómo está transcurriendo el diálogo y generamos entendimiento. Cuando escuchamos, podemos guiar la conversación con esa misma cadencia, interrumpiendo al otro para mantener la conexión y procurando que la otra persona reciba la comprensión que quiere y necesita.

Hay un dicho precioso que se atribuye con frecuencia a Albert Einstein y que hace referencia a esta habilidad: «Todo debería hacerse tan sencillamente como sea posible, pero no más». Seguir el contenido de una conversación consiste en prescindir de lo superfluo y atender a la esencia de lo que estamos expresando tanto yo como el otro.

EJERCICIO: Segmentar información

Para que sea más probable que consigas el grado de comprensión que buscas, considera, antes de hablar, qué es lo que quieres que la otra persona entienda. Si hay más de un asunto que quieras hacerle entender, o más de una cosa por la que necesites recibir su empatía, trocéalo en segmentos. Cuando hables, haz el seguimiento de la cantidad de información que estás comunicando. Mantente centrado con la presencia, deteniéndote periódicamente para comprobar que la otra persona no se ha perdido.

ENTRAR EN EL FLUJO DE DIÁLOGO

El tercer paso para mejorar la conversación es concentrarse en lo que importa. Para hacerlo, tenemos que entrenar la atención a fin de advertir e identificar qué es lo que puede importar en cada momento. ¿Cuál de estas tres posiciones básicas requiere el diálogo: expresarse con claridad, escuchar empáticamente o retornar a la presencia? En el contexto específico de la conversación, ¿hay alguna observación que aclarar, algún sentimiento que expresar o recibir, alguna necesidad que reconocer o alguna petición que hacer? ¿Qué es necesario para mantener el diálogo encarrilado? ¿Tenemos que reconducir o interrumpir la conversación para mantener la conexión? ¿O tenemos que practicar la segmentación dividiendo una información compleja en elementos más elementales para llegar al quid de la cuestión?

Pueden parecer muchas cosas, pero en realidad todo se reduce a una pregunta esencial: ¿qué es lo más sobresaliente? En cada momento, en cada paso del camino, ¿qué es lo que más importa? Si hemos entrenado nuestra atención para reparar en cada uno de estos elementos de la conversación, lo que importa saltará a la vista.

Cuando Amanda habló con su amiga, empezó por contextualizar la situación en un marco más amplio y por acordar con ella la necesidad de dialogar. Hizo algunas observaciones, le explicó cómo se sentía y por qué y le pidió comprensión. Aunque no recibió la empatía que esperaba, aclarar sus necesidades propias la ayudó a afrontar la conversación. Su amiga se puso un poco a la defensiva, pero Amanda pudo abordar la vertiente relacional del problema haciendo algunas peticiones lógicas sobre cómo dar consejos de una manera respetuosa y afectiva. Su amiga lo entendió y se comprometió a hacer lo que estuviese en su mano por cumplir los deseos de Amanda.

No hace falta tenerlo todo claro desde el principio, ni siquiera saber qué se va a decir a continuación. Solo hay que hacerse presente en la conversación partiendo de la curiosidad y el interés, y centrarse en lo que importa. Confía en lo que percibas y utiliza las herramientas de las que ya hemos hablado como guía de actuación.

Procura relajarte y encontrar el flujo del diálogo, ese ritmo que te permite moverte de manera fluida y natural entre la presencia, el habla y la escucha. Guía con la presencia y confía en tu intención sincera de entender. Deja que esa intención marque tu rumbo. Continúa entrenando la atención mediante los ejercicios y las herramientas que hemos aprendido, pero no temas dejarte llevar y confía en los principios en los que se sustentan. La conversación es una actividad dinámica y viva. Confía en esa dinámica y sigue su discurrir momento a momento.

PRINCIPIOS

Enunciar qué puede aportarnos una conversación a ambos contribuye a crear acuerdo y disposición hacia el diálogo.

Siempre que sea posible, comprueba si la otra persona se siente comprendida antes de cambiar de tema o trasladar el centro de atención a tu propia experiencia.

Nuestro discurso es más claro y potente cuando empleamos menos palabras y más sinceras. Si hablamos con frases breves y claras, es más fácil que los demás nos entiendan.

PUNTOS CLAVE

Cuando estés manteniendo una conversación, fíjate en cómo puedes pasar de hablar a escuchar o a reposar en la presencia. Aprende a seguir las distintas partes de una conversación:

- Plano relacional: la conexión que estableces con tu interlocutor, las emociones que hay en juego y cómo os lleváis.
- Plano logístico: cualquier problema concreto que tratéis de resolver.

- Centro de atención (¿quién ocupa la pista de baile?)
- Tema o hilo específico a debate.
- Tendencia a astillar la conversación (introducir temas nuevos) y posibilidad de reconducirla (volver atrás para completar el tema anterior).

PREGUNTAS Y RESPUESTAS

P: Me aturde la velocidad a la que van las conversaciones. Me cuesta hacer el cambio entre escuchar y tratar de ser consciente de lo que estoy sintiendo.
Hace falta tiempo para aprender a pasar de una cosa a la otra en el flujo de la conversación. Es un poco como aprender a conducir un coche con transmisión manual. Al principio sientes que son muchas cosas a la vez y cada vez que cambias de marcha el coche da un respingo. Con el paso del tiempo, tus manos, tus pies y tus ojos —todo tu cuerpo y tu mente, de hecho— aprenden a coordinarse para manejar el vehículo. Lo mismo pasa con estas herramientas. Si te agobias, cíñete a lo básico: a guiar con la presencia, a partir de la curiosidad y el interés y a centrarte en *una cosa* que importe. A partir de ahí, puedes ir añadiendo poco a poco los demás elementos.

P: A veces me es más fácil fingir que estoy escuchando que interrumpir y afrontar la incomodidad de decirle a la otra persona que no me interesa lo que está diciendo. ¿Qué me recomiendas?
No siempre nos interesa escuchar, ni siquiera cuando hablamos con personas a las que queremos. La cuestión es qué clase de relaciones personales quieres tener. ¿Quieres que se basen en la confianza mutua y la sinceridad o en cierto grado de hipocresía, aunque sea pequeño? Si alguien fingiera escucharte, ¿preferirías que siguiera engañándote o que fuera sincero contigo? El tiempo, la atención y la energía son tres de los recursos más valiosos que tenemos en la vida. ¿Para qué malgastarlos fingiendo escuchar? ¿De verdad vale la pena hacerlo por evitar la molestia de interrumpir?

Existe un equilibrio entre ser sincero y procurar no herir los sentimientos del otro. Si es posible, debate esta dinámica cuando *no* se esté dando para no sentir impaciencia o irritación mientras hablas sobre un tema tan delicado. Empieza por encuadrar la conversación hablando de necesidades comunes o manifestando el aprecio que sientes por el otro. Habla de la calidad de la conexión que te gustaría tener con esa persona y sugiere alguna idea para crearla entre ambos. O, si ya no te interesa compartir nada con esa persona, afronta la conversación, por difícil que sea, con tanta ternura y compasión como puedas.

P: ¿Qué ocurre cuando interrumpir se considera una falta de respeto? Yo puedo hacerlo con mis amigos estadounidenses, pero en otras culturas se considera de muy mala educación interrumpir a alguien.

Interrumpir tiene como fin restablecer la conexión. Si culturalmente surte el efecto contrario, entonces no es la herramienta adecuada. Concéntrate en lo principal: cómo puedes manejarte dentro de las costumbres de esa cultura para reconectar con tu interlocutor. ¿Hay alguna forma de pedir indirectamente lo que necesitas de forma que el otro pueda entenderlo?

La comunicación entre personas de distintas culturas puede ser muy compleja, sobre todo porque cada individuo suele cargar sobre sus espaldas con muchas capas de condicionamiento cultural. Una manera muy sencilla de resolver este problema es saber que uno tiene siempre tres opciones. Puedes aprender sobre la cultura de la otra persona y adaptarte a ella; esa persona puede aprender sobre tu cultura y adaptarse a ella; o bien podéis tener una conversación metalingüística sobre las diferencias culturales que percibís y hallar una solución conjunta. Si optas por esta última opción, tras reconocer las expectativas de uno y otro, puedes arriesgarte a romper la norma de un modo que reduzca al mínimo cualquier ofensa. Empieza por una disculpa amable, «Perdona…» o «Siento interrumpirte…», y luego aventúrate a hacer tu petición.

P: Escuchar me resulta fácil. He intentado decir lo que pienso, pero me cuesta. Siento como si tuviera que ponerme agresivo o vehemente para hablar. ¿Tienes alguna sugerencia para encontrar un equilibrio?

Cada cual tiene su condicionamiento y todos son distintos. A algunos nos resulta más fácil hablar, a otros escuchar ¡y a otros, estar solos! Me parece estupendo que te estés dando cuenta de esta pauta de comportamiento y que te esfuerces por ampliar tu zona de confort para tener toda la flexibilidad posible.

Cuando no estamos acostumbrados a expresarnos, al principio podemos sentirnos violentos o estridentes al hablar. Si no hemos desarrollado esta capacidad, puede costar mucho esfuerzo llegar a un equilibrio. Yo te animaría a dejar que las cosas se aposenten y se armonicen por sí solas. No te preocupes demasiado por cómo suene lo que dices. Si tienes habilidad para escuchar, puedes arreglar el desaguisado aunque te expreses con brusquedad.

En el contexto de relaciones de confianza, haz saber a la otra persona que estás esforzándote por poner solución a ese problema. De ese modo conseguirás reducir la ansiedad y además tendrás un foro para practicar. Con el tiempo, cuanto más hables más confiará tu sistema nervioso en que sabes desenvolverte. Una vez asentada esa confianza en ti mismo, la presión y la urgencia por hablar empezarán a difuminarse y tus palabras fluirán con mayor soltura.

13

Vadear los rápidos

«No nos elevamos para cumplir nuestras expectativas; descendemos al nivel de nuestro entrenamiento.»

Bruce Lee

Las conversaciones tensas y difíciles forman parte de la vida; es normal tenerlas. La comunicación eficiente no siempre impide que se den esas situaciones. Ayuda, sin embargo, a gestionar conversaciones difíciles cuando surgen y a intentarlo de nuevo cuando fracasamos en el intento.

La diferencia entre una conversación corriente y una difícil es un poco como la diferencia entre remar en aguas tranquilas y cruzar en canoa una zona de rápidos. En ambos casos hay que remar equilibradamente, pero en el segundo hace falta más habilidad y el riesgo es también más alto.

Piensa en una discusión acalorada que hayas tenido con alguien o en una ocasión en que te has enzarzado en una disputa con un compañero de trabajo. Las emociones intensas, los puntos ciegos de cada uno y los prejuicios equivocados pueden hacer que una conversación difícil sea improductiva o que incluso se desborde. La canoa vuelca, se te empapa la ropa y acabas alcanzando la orilla río abajo, donde te lleve la corriente. Recordemos que yo una vez rompí una silla en casa de mi abuela.

Por suerte, ya has aprendido las técnicas que necesitas para manejarte en aguas turbulentas. En este capítulo propongo diversas pautas con las que prepararse para mantener conversaciones difíciles, ejercicios para equilibrar el sistema nervioso y algunas ideas para empezar de nuevo cuando lo que dices no coincide con tus intenciones.

DESENVOLVERSE EN CONVERSACIONES DIFÍCILES

Prepararse por anticipado para una conversación difícil ayuda a aclarar qué es lo que importa, reduce la reactividad y aumenta las probabilidades de entablar diálogo de acuerdo con nuestras intenciones. Para ello es fundamental la preparación *interna*, que incluye:

- Enriquecerse íntimamente.
- Investigar qué es lo que está en juego.
- Humanizar a la otra persona.

Enriquecerse íntimamente

Enriquecerte íntimamente antes de una conversación difícil puede ayudar a que te sientas lúcido, equilibrado y con recursos suficientes. Esto supone recibir empatía por el dolor, la ira o la pena que puedas sentir. La empatía puede reducir la reactividad y crear más espacio para escuchar a la otra persona. Busca a alguien de confianza y dile expresamente qué tipo de apoyo necesitas. Pídele que te escuche y que refleje lo que crea que te importa. Después, si te sirve de ayuda, puedes pasar a analizar la situación, barajar ideas o pedirle a tu amigo su opinión.

También puedes utilizar las técnicas de autoempatía de las que hablábamos en el capítulo 9 para analizar tus emociones e identificar tus necesidades. (A veces es lo único que puede hacerse.) Para encontrar espacio dentro de ti, trata de conectar con el aspecto más universal de tus necesidades. ¿Puedes percibirlas como un todo, como una parte natural de tu humanidad, más que como una falta o una insatisfacción?

Investigar lo que está en juego

Investigar lo que está en juego nos ayuda a identificar los factores más sobresalientes de una situación complicada o tensa y a definir nuestras opciones de actuación. Presta atención a los sentimientos de reproche o los juicios que albergas. Evita pasarlos por alto o darles pábulo. Considéralos información valiosa sobre tu estado anímico. Si estás muy arriba en la escalera de la inferencia, trata de bajar unos peldaños, hasta las observaciones concretas. Sigue indagando y pregúntate: «¿Qué es lo que sostiene este discurso? ¿Qué sentimientos y necesidades se están manifestando en forma de juicios?»

Dentro de este proceso de investigación, considera si hay otras cosas en juego. ¿Está involucrada tu autoimagen, tu deseo de que te vean de determinada manera? ¿Qué expectativas, puntos de vista o creencias tienes? ¿Estás evitando recibir alguna crítica?

Cuando se va en canoa, si se llega a un tramo de rápidos con el que uno no está familiarizado, lo mejor es apartarse a la orilla y explorar el río para decidir si es seguro vadearlos o no. En situaciones conflictivas, considera si tus metas son realistas. ¿Eres capaz de mantener la conversación tal y como te gustaría? ¿Es capaz tu interlocutor? ¿Es el momento oportuno para mantener la conversación, o la persona adecuada con la que hablar? ¿Le estás pidiendo a alguien que resuelva algo que no puede resolver porque no tiene poder para ello?

Para decidir cómo plantear las cosas, investiga qué partes de la conversación son relacionales y cuáles son logísticas. Por ejemplo, mi discusión con mi hermano (cuando rompí la silla) no giraba en el fondo sobre la logística de cómo compartir las tareas domésticas. Yo tenía el deseo relacional de que me vieran, de recibir empatía por lo desanimado y solo que me sentía con mis emociones. De haber sido consciente de ello, habría comprendido que mi hermano no era la persona adecuada con la que hablar en ese momento.

El conocimiento que se obtiene de investigar lo que está en juego puede ser decisivo a la hora de perfilar tu planteamiento. ¿Qué es lo que esperas de la conversación? ¿Comprensión? ¿Soluciones? ¿Vas a proponer una serie de alternativas que puedan ser válidas para todos los implicados? ¿Qué peticiones concretas puedes hacer para que avance el diálogo?

Humanizar al otro

Humanizar al otro requiere humildad y empatía a fin de salirse del propio discurso y considerar otras perspectivas. Ponerse en el lugar del otro e imaginar, aunque solo sea por un instante, qué es lo que le está ocurriendo surte efectos profundos sobre la conversación.[76] Sea cual sea la situación, por confusas o dolorosas que sean las acciones del otro, detrás de sus opciones hay siempre una lógica interna. Utiliza el mapa de la empatía del capítulo 9 para explorar sus sentimientos y necesidades. Decide cómo quieres mostrarte en esta conversación y concéntrate en eso, en lugar de empeñarte en demostrar que tienes razón en algo.

Siempre queremos tener razón, sentirnos justificados, ganar la discusión. Trata de plantearte esta cuestión con honestidad. ¿Cuántas veces ha ayudado el tener razón a resolver relaciones conflictivas o problemas? ¿Prefieres ganar o encontrar una solución real? ¿Tener razón o ser libre?

Al iniciar una conversación difícil, puede uno empeñarse en tener razón y no ver que se trata solo de una *estrategia* para suplir alguna necesidad más profunda. Si la otra persona reconoce que tienes razón, ¿de veras has conseguido con eso lo que querías? ¿Buscas empatía o reconocimiento de cómo te han afectado sus actos? ¿Anhelas saber que le importas? ¿Para sentirte en paz o curarte? ¿Para propiciar un cambio en su conducta?

Cuando tengas claro qué es lo que quieres, reflexiona sobre las condiciones que pueden producir ese resultado. ¿Qué intenciones es más probable que fomenten la resolución del conflicto? ¿Cómo puedes crear una conexión de calidad suficiente para aclarar la situación?

Sé lo bastante humilde como para tener en cuenta de qué manera has contribuido tú al problema (si es que has contribuido) por acción u omisión. Nada ocurre en el vacío. Todas las relaciones se crean conjuntamente con los demás. ¿Puedes ser sincero respecto a tu propia intervención? ¿Puedes ampliar aún más tu empatía y tratar de verte a ti mismo y de ver tus actos a través de los ojos del otro? Al aceptar tu responsabilidad parcial estás liberando a tu corazón del impulso de defenderse e invitando a la otra persona a hacer lo mismo.

EJERCICIO: **Pautas de preparación**

Pon en práctica tantas de estas sugerencias como te resulte útil.

ENRIQUÉCETE ÍNTIMAMENTE. Busca el apoyo de un amigo de confianza y reserva tiempo para practicar la autoempatía. Explora tus propios sentimientos, necesidades y valores. ¿Puedes conectar con el aspecto universal de tus necesidades para encontrar espacio dentro de ti?

INVESTIGA. Identifica qué está en juego para ti:

- Reconoce cada juicio, reproche, conjetura u opinión que tengas. Tradúcelas en observaciones, sentimientos y necesidades.
- Considera tu propia capacidad y la de la otra persona para entablar diálogo. ¿Es el momento oportuno, la persona indicada?
- ¿Qué partes de la conversación son relacionales y cuáles logísticas?
- ¿Qué peticiones tienes? ¿Tienes soluciones creativas en mente?

HUMANIZA AL OTRO. Sal de tu propio discurso y considera distintas perspectivas:

- Ensancha tu imaginación para empatizar con la otra persona.
- Ten en cuenta las necesidades que alientan detrás de tu deseo de tener razón.
- ¿Qué intenciones son las más idóneas para tener esta conversación?

REENCAUZAR EL RÍO

El conflicto puede producir un aluvión de efectos fisiológicos que se extienda por todo el cuerpo. Se nos agita la respiración, liberamos hormonas del estrés y (si carecemos de la habilidad de controlar esta brusca subida de energía) se altera nuestra función cognitiva.

Cada vez que reaccionamos estallando, huyendo o cerrándonos en banda, fortalecemos las redes neuronales propias de ese comportamiento, como torrentes que excavaran un cauce en la ladera de una montaña. Inundado de estímulos, nuestro sistema simpático nos impulsa a reaccionar con agresividad, miedo o confusión, y recaemos en una de las cuatro conductas aprendidas para afrontar el conflicto: evasión, confrontación, pasividad o agresividad pasiva.

Así pues, ¿cómo podemos encauzar los torrentes fisiológicos contraproducentes que hemos alimentado dentro de nuestro sistemas nervioso? Aunque no es posible controlar nuestras circunstancias vitales, podemos optar por alternativas conscientes que nos ayuden a vadear los rápidos.

Con presencia consciente y habilidad, podemos cambiar estos patrones de conducta aprendidos excavando nuevos conductos en la ladera de la montaña de nuestra mente y nuestro cuerpo y creando cauces distintos para que fluya toda esa energía. Se avanza poco a poco, pero cada gota que reconducimos ahonda el lecho del río y atrae más y más agua para cambiar el curso del río de la conciencia.

Si no nos acordamos de ejercitar la atención plena en conversaciones difíciles, es menos probable que tengamos acceso a nuestra prudencia o nuestras buenas intenciones y que utilicemos las herramientas que hemos aprendido. Y en situaciones conflictivas, lo principal es ser conscientes de *nuestro sistema nervioso.*

***Principio*: Prestar atención a nuestra reactividad, fijarse en la curva de activación y fomentar la calma de la desactivación puede ayudarnos a tomar decisiones más prudentes sobre qué decir y cuándo.**

Trabajar con nuestro sistema nervioso a fin de gestionar la reactividad y reconducir el río se compone de tres fases que fluyen de manera natural de una a otra, igual que inspirar y espirar.

- Reconocer la activación.
- Capear el temporal.
- Fomentar la desactivación.

RECONOCER LA ACTIVACIÓN

En circunstancias normales, el cuerpo y la mente fluyen y refluyen de manera natural entre la activación y la desactivación, entre la excitación y la calma, como un barco mecido por las olas. La elasticidad de nuestro sistema nervioso, su resiliencia, hace posible que atravesemos este ciclo con facilidad, tolerando el estrés de la excitación simpática, permitiendo el reposo de la desactivación parasimpática y retornando al estado de equilibrio de la conciencia orientada, que se manifiesta como un estado de alerta relajada, una prontitud y un tonicidad dinámica que nos permiten reaccionar adecuadamente a los cambios que se dan en el entorno.[77]

Cuando sucede algo desusado a nuestro alrededor —positivo o negativo—, entramos en un estado temporal conocido como *activación simpática* (o *arousal*, en inglés).[78] Pongamos, por ejemplo, que te encuentras inesperadamente con una vieja amiga: todo se anima, tu cara se arrebola, respiras profundamente y te pones de buen humor. O, si oyes un ruido fuerte, tu cuerpo se crispa momentáneamente, como si temieras estar en peligro. Vuelves la cabeza hacia el ruido y tratas de ubicar su origen y su significado.

El grado de activación simpática —la rapidez con que se produce la inundación— depende de la intensidad del estímulo (real o percibida). En un sistema nervioso sano, cuando el estímulo pasa (cuando nos enfrentamos a la dificultad que sea, desaparece la amenaza o perdemos interés), se activan elementos del *sistema parasimpático* a fin de «calmar las aguas» en la mente y el cuerpo. El organismo se aquieta al completarse el ciclo de activación y somos capaces de seguir remando tranquilamente por aguas abiertas.

En momentos de conflicto interpersonal, la activación simpática puede agravarse. Las señales de peligro se amplifican y —para emplear un término técnico muy preciso— «perdemos los papeles». Nuestra capacidad para recurrir a la función cognitiva superior del córtex prefrontal merma y nos ofuscamos. Es, en cierto modo, como perder el remo en aguas tranquilas. Estallamos, huimos, nos derrumbamos o nos salimos por la tangente. Podemos incluso entrar en un estado disociativo como vía de supervivencia. Si el nivel de estimulación excede nuestra capacidad de reacción, nos quedamos paralizados.

Para reencauzar el río, hay que empezar por identificar las pautas de activación de nuestro sistema nervioso. El mindfulness nos permite percibir los cambios de activación simpática *en tiempo real* al enseñarnos a reconocer las sensaciones que produce tanto en el flujo de la vida cotidiana como en situaciones conflictivas. Al aprender a identificar tempranamente estos síntomas, tenemos más posibilidades de gestionar nuestras reacciones.

EJERCICIO: **Vigilar la activación**

Esta actividad se basa en el ejercicio del capítulo 5 «Decir ¡Uy!»

A lo largo del día, observa lo que sucede cuando se activa tu sistema nervioso. Cada vez que ocurra algo significativo —que te den una buena noticia, que estés a punto de perder el tren, que alguien te adelante ilegalmente por la carretera—, fíjate en los efectos fisiológicos que experimenta tu cuerpo. ¿Se te acelera el latido cardíaco? ¿Te cambia la respiración? ¿Te acaloras? Trata de mantener una actitud de curiosidad e interés, más que de crítica. Son respuestas naturales que te preparan para afrontar una dificultad o llevar a cabo un propósito.

Amplía esta exploración a la espera de lo interpersonal. Presta atención a las alteraciones de tu sistema nervioso, incluso a las más leves, cuando surge algún estímulo, positivo o negativo. Fíjate en tu respiración, tu latido cardíaco, tu sudoración, tu tono muscular, la tensión de tu mandíbula y tus sensaciones físicas en general.

Para seguir practicando, prueba a observar estos cambios en otras personas. Fíjate en cómo cambia su postura, su gestualidad, el color de su piel, su tono muscular, la tensión de su mandíbula, su respiración, su expresión facial, su tono de voz o la velocidad y el volumen al que hablan.

CAPEAR EL TEMPORAL

Sentirse activado es completamente natural. No tiene ninguna implicación ética y es intrínsecamente benigno. El mindfulness no tiene como objetivo reprimir la activación ni alcanzar una especie de estado neutral imaginario. La meta es cobrar conciencia de lo que nos ocurre y aprender a «capear el temporal».

Todos tenemos algunas nociones sobre cómo hacer esto y gestionar la activación sin reaccionar impulsivamente. ¿Alguna vez has sentido el impulso urgente de decir algo y has tenido que esperar a que llegue el momento oportuno para intervenir? He ahí un ejemplo de activación simpática. Cada vez que reaccionas con prudencia a esa presión interna —cada vez que respiras hondo, cambias ligeramente de postura o tomas nota mental de lo que quieres decir—, estás gestionando la activación de tu sistema nervioso. Hacerlo aunque solo sea una fracción de segundo puede abrirte nuevas alternativas sobre qué decir y cuándo decirlo.

En efecto, esta conciencia de nuestra activación nos permite cambiar de rumbo. Mediante el mindfulness, podemos detenernos, hacer el seguimiento de nuestra reactividad física y capear el temporal en lugar de dejar que nos zarandee sin control y nos haga volcar. Tu habilidad para controlar una oleada de activación depende de lo capaz que seas de tolerar el malestar. En la práctica contemplativa, si no das un respingo inmediato cada vez que notas un picor o cada vez que te duele la rodilla o la espalda, estás desarrollando el equilibrio interno necesario para responder en lugar de reaccionar. Si la oleada es demasiado grande, retírate, siente la energía que atraviesa tu cuerpo y deja que se disipe.

La práctica combinada de hacer una pausa y centrar la atención resulta especialmente útil en las conversaciones difíciles. Hacer una pausa —desde una micropausa hasta una respiración completa o un receso en la conversación— crea el espacio necesario para identificar el estado de activación. A continuación, anclarse en el cuerpo nos permite fijar la atención en lugar de perder el equilibrio.

Las prácticas de mindfulness del capítulo 3 son excelentes para desarrollar estas habilidades. Utiliza el punto de referencia que te sea fácil. La sensación de gravedad puede estabilizar tu conciencia. La sensación de verticalidad de la línea central puede aportarte claridad y concentración y el ritmo de la respiración puede aliviar la intensidad de las emociones. Si la activación es muy fuerte, cambia el punto de atención a la periferia de tu cuerpo fijándote en los puntos de contactos de las manos o los pies, o bien oriéntate hacia los sonidos o el espacio físico que te rodea. Estos puntos de referencia amplían la conciencia, lo que a su vez puede proporcionarnos un alivio muy necesario en momentos de tensión.

Cuando domines las técnicas de seguimiento de tu activación física, empezarás a notar cuándo te aproximas a tu umbral de tolerancia: por cómo se te agita la respiración, quizá, o por cómo se dispersan tus procesos mentales, o porque notes los primeros indicios de una subida brusca de energía. La clave está en aprender a ralentizar el ritmo de la conversación o a interrumpirla por completo *antes* de que llegues a ese umbral.

Para montar en canoa por ríos turbulentos es imprescindible aprender poco a poco a manejar la embarcación. Se empieza por lo más básico, por rápidos de clase 1, y se va aprendiendo paulatinamente. Cuando las aguas son peligrosas o los rápidos exceden tu grado de pericia, te apartas a la orilla, descargas el equipo y porteas la canoa hasta aguas seguras.

Estas mismas pautas sirven para vadear una conversación difícil. Siempre que sea posible, haz lo que puedas por ralentizar las cosas de modo que tu organismo pueda serenarse. Para ello quizá tengas que fragmentar la conversación en partes, tenerla mediante correspondencia escrita o pedir la mediación de otra persona. Si las aguas están demasiado picadas —si la alteración simpática es tan intensa que no puedes gestionarla—, lo más prudente es abandonar la conversación amablemente hasta que te recuperes (véanse los pasajes que dedicábamos a la pausa en el capítulo 3).

EJERCICIO: **Capear el temporal de la activación**

Cuando notes síntomas de activación simpática en medio de una conversación, prueba a introducir pausas sutiles y a anclarte físicamente para hacer el seguimiento de tu activación. Utiliza los métodos que te resulten más prácticos y naturales para introducir pausas: respirar hondo, hacer un gesto o una petición verbal. Elige un punto de referencia para anclar tu conciencia a tu cuerpo: gravedad, línea central, respiración, puntos de contacto de manos o pies. Prueba a ampliar tu atención orientándola hacia determinados sonidos o hacia el espacio que te rodea.

APOYAR LA DESACTIVACIÓN: LA CALMA, RÍO ABAJO

Para vadear los rápidos de la activación hay que estar presente en todo el proceso, en todos los altibajos. Igual que aprendemos a reconocer los síntomas de alteración y a hacerles caso, también podemos entrenarnos para percibir, experimentar y fomentar cualquier indicio de calma. Esto puede ocurrir en muchos puntos y de manera muy sutil, durante y después de una conversación. Si tenemos la suficiente destreza, lo percibimos desde el principio y aprovechamos al máximo y de forma constante estos intervalos que se dan de manera natural en nuestro sistema nervioso.

¿Cómo notamos y aprovechamos la desactivación cuando nos hallamos en medio de aguas turbulentas? Para ello hay que aprender a elegir dónde fijar la atención. Centrarse en cuestiones que nos irritan —tales como críticas, sentimientos negativos o aspectos desagradables de las palabras o los actos del otro— tiende a alimentar nuestra reactividad y a aumentar, por tanto, la activación del sistema nervioso. Podemos empezar a desactivarnos atendiendo a cualquier indicio de calma o sosiego o, simplemente, a los aspectos *menos* irritantes de la experiencia que estamos teniendo. Si desarrollamos la capacidad de advertir las sensaciones que esto produce, podemos conseguir que nuestro sistema nervioso recupere el equilibrio.

Este proceso difiere de nuestra forma normal de ser. Estamos acostumbrados a prestar atención a lo que es más interesante o intenso, aunque sea desagradable. Nuestra mente se ve atraída magnéticamente hacia el punto de mayor intensidad. Es como ponerse a juguetear con un diente que se mueve.

La desactivación se produce como una exhalación, literal y figuradamente. Cualquier cambio en el estado de nuestro sistema nervioso se refleja en el ritmo, la profundidad y la duración de la respiración. Exhalamos, la tensión muscular se relaja, se afloja nuestra mandíbula, nuestros hombros se relajan, nuestra mirada se suaviza, nuestra respiración se ralentiza o se hace más honda. Podemos entrenarnos para advertir estas señales fisiológicas. Ocurren continuamente, de manera casi imperceptible, a lo largo del día.

La activación es fácil de detectar. Detectar la desactivación requiere mayor atención. Puede que no parezca muy interesante. Es un fenómeno sutil, lo que ocurre después: la exhalación, el enfriamiento. Al ahondar en nuestra sensibilidad, cultivamos el gusto por los efectos calmantes de la fase de descenso del ciclo.

Este periodo, por más que sea breve, es la fase de la curación, la integración y la regeneración. Para advertir la desactivación, hemos de interesarnos por el momento de calma, por una fase pasajera o un instante «vacío». Si empezamos a habitar esos espacios, nuestra mente y nuestro cuerpo se aquietan.

Cuando prestamos atención plena a una sensación de calma o relajación, esta se amplifica como el tañido de una campana, como la fricción del arco al resonar en la caja de un violonchelo. Reservar momentos fugaces para sentir el efecto sedante de esta desactivación nos nutre y enriquece y refuerza nuestra resiliencia, tanto en una conversación como en la vida en general.

Al desarrollar el arte de la atención y cobrar conciencia de nuestro sistema nervioso, aprendemos a transformar momentos corrientes, espacios entre otras cosas, en recursos para el descanso y el consuelo. A veces notamos primero la desactivación y eso da paso a un momento de quietud. Otras veces advertimos el instante y la calma viene después. En otras ocasiones percibimos nuestra *necesidad* de desactivación y creamos adrede espacio para serenarnos mediante una palabra, un gesto o una acción. Cuando faltan las pausas, aprendemos a crearlas.

Cuando converses, busca el espacio transicional entre intervenciones o frases, las pausas o interrupciones en el flujo del diálogo. Fíjate en cualquier indicio de calma cuando se complete un ciclo de comunicación. Si se trata de una conversación difícil, hasta el más mínimo indicio de acuerdo, reconocimiento, buena voluntad o aquiescencia puede proporcionarte una balsa momentánea en medio de esa corriente de palabras y emociones. Si esos momentos no son evidentes, *búscalos*. Fija tu atención en los sonidos de tu entorno o en el espacio de la habitación o utiliza tu creatividad para insertar una pausa o tomarte un respiro.

Que podamos encauzar un diálogo complicado hacia su resolución depende de nuestra capacidad de encontrar (e insertar) estos instantes de calma y de aprovecharlos al máximo. Podemos hacerlo internamente ejercitando la atención o, relacionalmente, manifestando éxitos parciales al nombrarlos y expresar cuánto los valoramos.

EJERCICIO: **Atender a la desactivación**

Ejercicio silencioso

Busca un lugar tranquilo, cierra los ojos y tómate unos minutos para serenar tu mente y tu cuerpo. Deja que tu atención se concentre cobrando conciencia de las sensaciones que te produce inspirar y espirar. Al inspirar, ¿notas algún aumento de energía o vitalidad en tu organismo? Es una forma sutil de activación simpática. Al espirar, ¿notas algún efecto calmante, relajante o de sosiego? Eso es desactivación.

A continuación, piensa en alguna conversación ligeramente conflictiva (pasada o futura). Empieza por fijarte en los efectos fisiológicos de la activación de tu sistema nervioso. Luego, deja a un lado ese tema y vuelve a fijar tu atención en un punto de referencia neutro: gravedad, línea central, respiración, puntos de contacto de manos o pies, sonido o espacio. Mientras se disipa la alteración, presta mucha atención a cualquier síntoma de desactivación física: sensación de calma, flojera, serenidad o cambios en tu respiración.

Ejercicio interpersonal

Cuando converses, empieza por buscar cualquier síntoma de calma o serenidad que experimentes en el flujo del diálogo y préstale atención. Presta especial atención a las exhalaciones. Busca pausas naturales, interrupciones o cambios. Fíjate en cualquier sensación de relajación, liberación, sosiego o quietud que percibas en tu cuerpo o tu respiración.

Al practicar con estas fases —identificar la activación y sortearla, percibir la desactivación y propiciar que las aguas turbulentas se calmen—, aprenderás a utilizarlas en otras situaciones y en periodos de tiempo más cortos. Fíjate simplemente en lo que está pasando: *con solo verlo, estás creando la posibilidad de cambiar el patrón.*

Con el paso del tiempo, tu cuerpo empezará a acusar el efecto de tu nueva forma de relacionarte con estas situaciones. Es posible que te sientas distinto en momentos de tensión, a medida que nuevos mensajes circulen por tu sistema nervioso: «Ah, puede que no necesite defenderme, atacar o intentar desaparecer». Poco a poco, aumentará tu capacidad para afrontar situaciones difíciles. Puedes aprender a confiar en tu capacidad de escuchar a los otros sin perder el dominio de ti mismo y de hacer oír tu voz sin intentar controlar o someter al otro.

ENSAYAR

Otra forma práctica y eficaz de prepararse para una conversación difícil es probar a representar la situación. Puede parecer un poco incómodo o violento si no lo has hecho nunca, pero tiene muchas ventajas. Ensayar una conversación difícil puede enseñarte a mantener el equilibrio, aportarte conocimiento y fomentar la curación.

Utiliza las instrucciones de representación que encontrarás más abajo y concéntrate en una o dos herramientas. Tener claro qué es lo que quieres ensayar te ayudará a concentrarte y reforzará tu aprendizaje. Para guiar con la presencia o fomentar la desactivación, procura hacer una pausa o tomarte un descanso (cuando estés «en el papel» o no) siempre que empieces a sentirte reactivo. Es una manera muy eficaz de reforzar la confianza en ti mismo y de ampliar la capacidad de tu sistema nervioso de calmarse y centrarse. Para partir de la curiosidad y el interés, reflexiona no solo sobre *lo que dices*, sino también sobre *cómo* lo dices. Haz recopilación de todas las intenciones útiles que identifiques. Por ejemplo: ser paciente, reforzar la confianza mutua o intentar colaborar.

EJERCICIO: **Ensayar**

Para practicar en soledad

Busca un sitio tranquilo y reserva unos minutos para aquietar tu mente y tu cuerpo. Imagina que estás teniendo una conversación estando presente una *tercera persona* a quien respetas: un mentor, una persona mayor o incluso una figura histórica o religiosa. ¿Qué sentirías al conversar en su presencia? ¿Hablarías o actuarías de manera distinta? Si esa persona estuviera en tu lugar, ¿qué crees que diría?

Para practicar con otra persona

Invita a un amigo o compañero a ensayar contigo. Descríbele la situación y cuéntale una o dos cosas sobre cómo podría reaccionar la otra persona. Elige las herramientas que quieras para practicar. Para centrar tu aprendizaje, limita el ensayo a cinco o seis minutos. Si te cargas de tensión, haz descansos para que tu sistema nervioso se relaje.

Después, reflexiona sobre lo que has aprendido y pídele opinión a tu amigo. Solicítale observaciones concretas sobre lo que has hecho que haya ayudado a sostener el diálogo. ¿Ha confiado en ti? ¿Ha oído reproche o crítica en algún momento? ¿Qué sugerencias o ideas te propondría? Ensayar una segunda vez la conversación puede ser útil para incorporar estas opiniones y sugerencias.

LA AUTÉNTICA CONVERSACIÓN

Haz lo posible por empezar con buen pie. Si puedes elegir dónde y cuándo hablar, trata de establecer unas condiciones de inicio favorables: hora, lugar, personas presentes. Piensa en cómo puedes sentar una base de curiosidad e interés antes de la conversación. Un correo electrónico amable, por ejemplo, o unas palabras sencillas pueden ser un gesto de generosidad que encamine las cosas en la buena dirección. Haz saber a tu interlocutor que estás deseando hablar y colaborar para solucionar las cosas.

Es de vital importancia cómo abres la conversación. Si eres tú quien inicia el diálogo, muestra tu respeto por la otra persona preguntándole si es buen momento para hablar. Esto puede generar un sentimiento de acuerdo y respeto mutuo desde el principio. Revisa las herramientas de encuadre del capítulo 12. Esfuérzate todo lo posible por plantear las cosas de una manera equilibrada y explicitar cualquier objetivo o meta que tengas en común con tu interlocutor.

Guía con la presencia. Presta especial atención a las *pausas* y el *ritmo* de la conversación. Si el diálogo se acalora, las cosas tienden a acelerarse. Gran parte del trabajo consiste en aflojar el ritmo. Cuantos más medios encuentres para hacer pausas naturales y desactivar, más fácil será que mantengas la cabeza despejada, que os escuchéis mutuamente y que respondáis con prudencia. Tomarse tiempo para reflejar antes de responder espontáneamente ralentiza el ritmo de la conversación. Si lo haces de manera constante, incluso puedes crear una cadencia de intercambio que la otra persona imite, ofreciéndote su compresión de lo que hayas expresado.

A continuación, parte de la curiosidad y el interés para intentar entender sinceramente a la otra persona. Esto se notará en tu lenguaje corporal, tu tono de voz y otras formas de comunicación no verbal que fomentan un ambiente de buena voluntad y colaboración. Cuando lo creas oportuno, enuncia tu intención de manera explícita: «Me encantaría de verdad entender tu postura...» o «Tengo mucho interés en solucionar esto de un modo con el que ambos estemos conformes». Estos enunciados pueden modificar por completo el tono de la conversación. Si pierdes la capacidad de escuchar, interrumpe con delicadeza y pregunta al otro si puede escucharte un momento. (Si ninguno de los dos sois capaces de escuchar, dejad la conversación en suspenso durante un rato.)

Céntrate en lo que importa y mantén la flexibilidad de tu atención. En lugar de insistir en tu versión de «lo ocurrido», atiende a lo que os importa a ambos. Si escuchas exigencias, tradúcelas para tus adentros en peticiones y responde de un modo que reconozca las necesidades del otro. Cuando se es capaz de identificar necesidades, hay más espacio para escuchar al otro y para encontrar soluciones creativas.

Al ejecutar estos pasos juntos, como en un baile, el propósito fundamental es discernir lo que más le importa a cada uno de los interlocutores, identificar las necesidades presentes y ponerlas sobre el tapete, en el mismo plano. Para esto hay que estar firmemente anclado en la intención genuina de entender. Mantén esta orientación durante el diálogo, aplicando cierta energía a contrarrestar el tirón de reacciones automáticas menos útiles (protección, defensa, juicio, ataque...) Ejercita continuamente ese cambio radical interno hacia la curiosidad y el interés. Manifestar tu aprecio y tu deseo de colaborar suele ayudar a la otra persona a relajarse y a adoptar una postura más flexible en el diálogo.

Por último, si la situación es compleja, sopesa la posibilidad de dividirla en conversaciones múltiples a lo largo de distintos días. En la primera fase puedes centrarte en la empatía y tratar de oír y escuchar al otro. La vez siguiente, explícale tu postura y procura forjar un entendimiento mutuo. Como último paso, explora estrategias para seguir avanzando.

EL SEGUNDO INTENTO

La vida es complicada. A pesar de los preparativos que hagamos, de nuestro entrenamiento y nuestras buenas intenciones, todos perdemos los papeles de cuando en cuando. En el calor del momento, una emoción o una reacción nos ofuscan, se crea una oleada de alteración nerviosa que nos arrolla y nos estrellamos contra las rocas.

Cuando yo era pequeño, jugábamos a la pelota en la calle los largos días de verano, hasta que anochecía. Cada vez que surgía una disputa, si un niño gritaba «¡Repetimos!», dejábamos de discutir y empezábamos otra vez. De mayores, podemos hacer algo parecido.

Es como pulsar el botón de reseteo. Reconocemos que las cosas se han torcido, reafirmamos nuestras intenciones y le pedimos al otro que tenga la bondad de dejar que lo intentemos otra vez. Podemos admitir nuestra parte de responsabilidad en las cosas pequeñas, como un comentario aislado, o en las grandes, como en la conversación en su totalidad. Cuando asumimos la responsabilidad por haber perdido los nervios, la mayoría de la gente suele acceder de buena gana a darnos una segunda oportunidad. Rara vez es demasiado tarde para decir «¡Repetimos!»

Dependiendo de la situación, puede consistir en algo tan sencillo como hacer una petición. He aquí unos ejemplos de cómo podrías pedir una segunda oportunidad durante o después de una conversación:

- «No me he expresado como quería. ¿Puedo intentarlo otra vez?»
- «Me preocupa que algunas cosas que he dicho no estén ayudando. ¿Podemos empezar otra vez?»
- «Las cosas no salieron como yo esperaba cuando hablamos. ¿Podemos rebobinar y probar a hablar otra vez?»

Una amiga muy querida, también formadora en CNV, me habló hace poco de un correo electrónico que había recibido y que la había inquietado. Cuando hablamos de cómo podía responder, le sugerí que ofreciera una reflexión empática. Se rio y me dijo: «¡Es un ejercicio de empatía básica y ni se me había ocurrido!»

Cuando estamos alterados, todos somos principiantes. En situaciones de conflicto, nuestros recursos más importantes y fiables son dos: mostrar empatía y reflejar antes de responder. Estas técnicas fomentan la confianza, el entendimiento y la conexión. Hay que estar preparado para ofrecer reflexión empática más de una vez. Es decir, hay que repetirse: puede que tengamos que empatizar tres o cuatro veces antes de que el otro sienta que hemos entendido adecuadamente lo que quiere decir sobre un asunto concreto. Hacer esto puede requerir mucha paciencia y fortaleza de ánimo, pero también puede surtir efectos espectaculares. Equilibramos la empatía con un fuerte compromiso con nuestra propia autenticidad, pasando cuidadosamente de escuchar a expresar nuestro planteamiento de las cosas.

***Principio*: En una situación de conflicto, proponerse escuchar primero a la otra persona aumenta las probabilidades de que esa persona se muestre también dispuesta a escucharnos.**

Ya he mencionado a mi amiga Sarah, cuya madre falleció recientemente. Durante esa misma época, mantuvo una conversación difícil con su hermano. Como en ese momento ella tenía más disponibilidad, accedió a dejar de lado ciertos proyectos personales para trasladarse a su ciudad natal con el fin de cuidar a su padre anciano y revisar las pertenencias de su madre. Como suele ocurrir en tales contextos, pronto empezaron a aflorar tensiones y la confianza entre Sarah y su hermano comenzó a erosionarse.

La conversación comenzó por caminos escabrosos. Los sentimientos de ira e impotencia que albergaba Sarah se manifestaron en forma de reproche y reactividad. Sarah, que había asistido a algunas de mis clases, se dio cuenta de lo que estaba pasando, se disculpó y explicitó su deseo de que colaboraran. Escuchó y reflejó los sentimientos y las necesidades de su hermano. En cierto momento, cuando las cosas se pusieron tensas, le pidió que le diera un minuto para respirar y gestionar sus sentimientos, a lo que él accedió.

Esa pausa transformó la conversación. Sarah tuvo en cuenta sus necesidades y habló abiertamente, exponiendo su vulnerabilidad. Le dijo a su hermano que quería aclarar cualquier conflicto lo antes posible porque era importante para ella que pudieran confiar el uno en el otro durante aquel periodo tan difícil. Su sinceridad conmovió a su hermano, que quería lo mismo que ella. Mientras debatían los pormenores, Sarah fue resumiendo la conversación y los acuerdos a los que llegaban con vistas a futuras conversaciones que ambos sabían que podían ser problemáticas. Acabaron expresando el aprecio que sentían el uno por el otro, haciendo explícitas sus buenas cualidades y reconociendo cómo habían encallado y cómo habían logrado superar los escollos de la conversación.

No hace falta que seamos perfectos, y pocas veces es demasiado tarde para recuperarse de un tropiezo. Si podemos aflojar el ritmo, acordarnos de los principios y partir de buenas intenciones sinceras, es posible una transformación profunda que dé paso al entendimiento.

PRINCIPIOS

Prestar atención a nuestra reactividad, fijarse en la curva de activación y fomentar la calma de la desactivación puede ayudarnos a tomar decisiones más prudentes sobre qué decir y cuándo.

En una situación de conflicto, proponerse escuchar primero a la otra persona aumenta las probabilidades de que esa persona se muestre también dispuesta a escucharnos.

PUNTOS CLAVE

Prepárate para una conversación difícil:

- Enriqueciéndote íntimamente con empatía y autoempatía.
- Investigando qué es lo que está en juego.
- Humanizando a la otra persona con empatía.
- Ensayando la situación.

PREGUNTAS Y RESPUESTAS

P: ¿Cómo hablo con personas que tienen un estilo de comunicación muy distinto al mío? Son personas que hablan muy deprisa, o muy alto, y que no tienen paciencia para hacer pausas, expresar sentimientos o recapitular.
Dominar estas destrezas implica encontrar el equilibrio entre la autenticidad y la flexibilidad. El tipo de situación que describes incluye una petición implícita de identificarte más con su estilo. De hecho, puede que compartáis muchas necesidades: de relajación, de fluidez, de tranquilidad, de seguridad... La danza del diálogo consiste en reconocer tus preferencias y encontrar una manera de escuchar al otro. En atender a tus necesidades propias y, al mismo tiempo, estar dispuesto a ceder y adaptarte.

Ten presente que es normal vacilar o que tardemos más en expresarnos cuando estamos aprendiendo estas técnicas. Es como aprender un idioma nuevo: puede costar mantener el ritmo hasta que lo hablamos con fluidez. Mientras tanto, inevitablemente, unas personas tendrán más paciencia con nosotros que otras.

P: ¿Cómo afrontas situaciones en las que hay un desequilibrio de poder, como cuando estás hablando con tu jefe o con alguien con más poder que tú?
Cuando tenemos menos poder que nuestro interlocutor, estas herramientas cobran aún mayor importancia. Si no estamos dispuestos a emplear la violencia para satisfacer nuestras necesidades (y confío en que así sea), el diálogo es una herramienta esencial.[79] Nuestra capacidad para generar

una conexión significativa con nuestros congéneres se convierte en nuestra arma.

La manera de abordar la conversación depende del contexto. Una posibilidad es alinearnos con nuestro interlocutor identificando posibles metas y propósitos comunes. Otro posible planteamiento puede ser ayudarle a ver cómo puede beneficiarle, directa o indirectamente, que se suplan tus necesidades. Una última opción es exponer tu vulnerabilidad y apelar a su instinto natural de compasión, interés o generosidad. Esto puede implicar abrirle los ojos y el corazón a esa persona y hacerle ver el coste humano o moral que tiene su comportamiento, o animarle a ver la bondad y las ventajas de contribuir a satisfacer tus necesidades tal y como desearías.

P: ¿Qué ocurre cuando la otra persona no tiene estos recursos o cuando solo quiere discutir?

Las relaciones son bidireccionales: hacen falta dos para bailar. Al margen de que la otra persona esté familiarizada o no con estas ideas y prácticas, *tú* puedes cambiar el diálogo con tu actitud. En las artes marciales, si te tensas o te resistes y tu oponente es más hábil que tú, es muy fácil que te derribe. Contraatacar de inmediato te sitúa en una esfera de lucha y dominación, lo que supone perder automáticamente algo importante. Pierdes equilibrio, armonía y capacidad de respuesta. Pero si tu mente y tu cuerpo se mantienen flexibles y dinámicos, puedes reconducir esa energía y las cosas pueden tomar un curso muy distinto.

Uno puede aprender a responder sin resistirse ni echar más leña al fuego, y a marcar límites y a expresarse sin crispación y sin adoptar una postura inflexible. Cuando alguien se te acerca con energía agresiva y lanzándote acusaciones, detén ahí el juego. Intenta ver su comportamiento como una estrategia para suplir sus necesidades. ¿Qué es lo que quiere esa persona? Si puedes conectar con sus necesidades, puedes empezar a desactivar la situación.

14

Conclusión

Marcar tu rumbo

«Las palabras que salen del corazón llegan al corazón.
Pero las que salen de la lengua no van más allá de los oídos.»

ABÚ AL-NAJIB SUHRAWARDI

Hemos recorrido un largo trecho en estas páginas. Puede que parezcan demasiadas cosas, y en muchos sentidos así es. La comunicación es un fenómeno rico y complejo, y hemos explorado muchas de sus dimensiones. Los tres pasos para una comunicación eficaz brindan un marco de referencia que resume todo lo que hemos visto y analizado, y confío en que te sirvan de guía para decir lo que quieres decir: para encontrar tu propia voz, expresar tu verdad y escuchar profundamente. Ahora que esta conversación llega a su fin, me gustaría compartir contigo algunas reflexiones sobre cómo incorporar lo que has aprendido y cómo avanzar a partir de ahí.

HACER VIRAR EL BARCO

La vida no es bidimensional. Como dije al comienzo, no puede uno aprender a comunicarse únicamente leyendo un libro, igual que no se aprende a nadar consultando un manual de instrucciones. Al final, hay que mojarse.

Con un poco de suerte, habrás ido probando estas técnicas desde el principio, poniéndolas en práctica cada vez que surgía una oportunidad y viendo qué te funciona. Seguramente habrás pasado por algunos momentos de incomodidad o habrás tenido conversaciones confusas por el camino. Puede incluso que hayas fracasado estrepitosamente en tu intento una o dos veces. Confío, no obstante, en que también hayas cosechado algunos éxitos. Cuando se está aprendiendo algo nuevo, no importa cuántas veces tropiece uno. Lo que importa es poder levantarse y seguir adelante.

Quiero volver a la imagen de un gran barco en alta mar, como metáfora para ilustrar cómo podemos cambiar nuestros hábitos de comunicación. Todos llevamos una enorme inercia que nos empuja en una dirección concreta, que nos impulsa a hablar y a relacionarnos con los demás de manera fija, durante décadas. Solo hacen falta dos cosas para hacer cambiar de rumbo al barco y alterar su curso: corregir la posición del timón y mantenerla. En el caso de un barco que saliera de Londres con destino a Nueva York, una corrección de solo dos grados en el rumbo al principio de la travesía alteraría el punto de llegada en 195 millas náuticas, con lo que el barco arribaría a Portsmouth (Nuevo Hampshire) o a Chesapeake Bay (Virginia), dependiendo de que esos dos grados se sumaran o se restaran al ángulo inicial.

Con ese mismo espíritu, te animo a asimilar lo que has aprendido de este libro y a mantenerlo. Identifica lo que te ha parecido más útil y cíñete a ello. Nuestro cerebro aprende mediante la repetición. Para que estas técnicas se conviertan en hábitos, para poder usarlas en cualquier momento, hay que seguir practicando y emplearlas a diario, en situaciones cotidianas.

EJERCICIO: **Asimilación**

Siéntate cómodamente con los ojos cerrados y tómate un tiempo para sosegar tu cuerpo y tu mente. Si te apetece, deja que tu conciencia se pose en la sensación de inspirar y espirar.

Reflexiona en lo que has observado mientras leías este libro. Al hacer recapitulación de estas semanas o de los capítulos del libro, ¿qué es lo que destaca? ¿Qué te ha resultado más útil? Deja vagar libremente el pensamiento mientras reflexionas sobre estas cuestiones.

Por último, destila estas reflexionas hasta extraer su esencia. ¿Qué ejercicios, herramientas o principios te gustaría incorporar a tu vida cotidiana?

LOS PASOS SIGUIENTES

Hay mucha formas de seguir ejercitando la práctica de la comunicación. Puedes repasar los principios y los ejercicios de este libro y utilizarlos como punto de partida para seguir estudiando y practicando. Practica un ejercicio cada semana, y luego recapitula y pasa al siguiente.

Como decía al comienzo, contar con un compañero de prácticas es un gran apoyo. Si no conoces a nadie que comparta contigo este interés, busca en foros de Internet, grupos locales o clases y talleres para encontrar un compañero empático con el que poder hablar con regularidad y practicar estas técnicas.

Por último, busca una comunidad. La comunicación es, por definición, un fenómeno relacional y cuantas más oportunidades tengamos de practicarlo en la vida real, tanto más aprenderemos. Yo imparto seminarios online y presenciales en Estados Unidos. Y aunque actualmente hay muy pocas personas que enseñen comunicación consciente con el planteamiento que expongo en estas páginas, hay en cambio numerosos retiros, talleres y cursos de comunicación no violenta en todo el mundo. Te animo encarecidamente a asistir a esas clases, que comparten muchos de los principios y técnicas que incluye este libro. (Para más información, consulta la sección *Otros recursos* que se incluye al final del libro.)

VOLVER LA MIRADA HACIA DENTRO

Como broche final, quiero hacer hincapié en una cuestión. Por si no ha quedado claro, *la comunicación consciente no gira en torno a lo que decimos*. Lo importante no son las palabras. Todas estas herramientas —las sugerencias, los principios y las técnicas propuestas— están ideadas para ayudarte a generar más entendimiento tanto contigo mismo como con las personas que te rodean. Si nos centramos demasiado en el lenguaje, si nos empeñamos demasiado en «hablar bien», la magia de la conexión humana se disipa.

Para comunicarse bien, para generar entendimiento mediante la atención plena, lo esencial es siempre, de principio a fin, lo que hay dentro de ti. Escucha a los demás con apertura y humildad genuinas. Trata de entenderles de verdad. Para decir lo que quieres decir, dirige la mirada hacia tu interior. ¿Cuál es la verdad para ti? ¿Qué sientes en este momento? ¿Qué necesitas? ¿Qué te importa? ¿Qué te gustaría que comprenda la otra persona o qué quieres que sepa sobre cómo estás viviendo la situación? ¿Cómo te gustaría invitar a tu interlocutor a unirse a ti en esa danza colectiva entre el dar y el recibir que llamamos vida?

Compendio de principios

Los tres pasos para una conversación eficaz

1. Guiar con la presencia.
2. Partir de la curiosidad y el interés.
3. Centrarse en lo que importa.

El primer fundamento: la presencia

La comunicación eficaz requiere presencia.

- Dada la complejidad de la comunicación, la transformación se da más fácilmente mediante pequeños cambios sostenidos en el tiempo.
- La presencia sienta las bases de la conexión.
- Guía con la presencia. Inicia una conversación de manera consciente, retorna a esa conciencia y procura mantenerla y ser sincero contigo mismo sobre lo que está pasando.
- Cuanto más conscientes somos, más capacidad de decisión tenemos.
- Guiar con la presencia implica reciprocidad (ver a la otra persona como un individuo autónomo) e incertidumbre (reconocer y aceptar lo desconocido para crear nuevas posibilidades mediante el diálogo).

El segundo fundamento: la intención

La intención marca el rumbo de la conversación.

- Nuestras intenciones, puntos de vista y experiencias se refuerzan mutuamente: los puntos de vista determinan las intenciones, estas dan forma a las experiencias y las experiencias confirman nuestros puntos de vista. Cambiar de punto de vista, por tanto, puede cambiar nuestras intenciones y nuestra experiencia.
- Cobrar conciencia de nuestros estilos aprendidos de aproximación al conflicto nos permite transformar las creencias y las emociones subyacentes que perpetúan esos hábitos de conducta y optar por otras alternativas.
- Cuanto menos caemos en el reproche y la crítica, más fácil les resulta a los demás escucharnos.
- Todo lo que hacemos, lo hacemos para suplir una necesidad.
- La gente suele estar más dispuesta a escuchar cuando se siente escuchada. Para propiciar el entendimiento, refleja lo que dice tu interlocutor antes de responder.

El tercer fundamento: la atención

La atención modela la experiencia.

- Cuanto más capaces seamos de diferenciar entre estrategias y necesidades, más claridad y posibilidad de elección tendremos.
- Cuanto mejor nos entendemos mutuamente, más fácil resulta encontrar soluciones válidas para todos. Así pues, antes de resolver un problema, hay que esforzarse por llegar a un entendimiento mutuo lo más amplio posible.
- Tener conciencia de nuestras emociones fomenta nuestra capacidad de elegir conscientemente cómo participamos en una conversación.
- Cuanto más nos responsabilizamos de nuestros sentimientos conectándolos con nuestras necesidades propias y no con los actos de los demás, más fácil les resulta a los demás escucharnos.

- Cuanto más escuchamos los sentimientos de los demás como un reflejo de sus necesidades, más fácil nos resulta entenderlos sin sentir que nos hacen reproches, sin el impulso de darles la razón o sentirnos responsables de sus emociones.
- Tener empatía por nosotros mismos aumenta nuestra capacidad de escuchar a los demás, aunque ellos no se brinden a escucharnos.
- Enunciar con claridad lo que ha ocurrido, sin juicios ni evaluaciones, facilita el que el otro nos escuche y el que seamos capaces de encontrar una solución.
- Traducir los juicios en observaciones, sentimientos y necesidades puede brindarnos información valiosa sobre lo que funciona y lo que no y proporcionarnos pistas sobre cómo avanzar en el diálogo.
- Al dar tu opinión, concreta qué es lo que está funcionando y lo que no y el porqué, para que sea más fácil aprender.
- Cuanto más claros seamos respecto a qué es lo que queremos y por qué, más creativos podemos ser a la hora de hacer que suceda.
- Idea posibles estrategias que satisfagan cuantas más necesidades mejor, invitando así a los demás a buscar soluciones creativas.
- Enunciar qué puede aportarnos una conversación a ambos contribuye a crear acuerdo y disposición hacia el diálogo.
- Siempre que sea posible, comprueba si la otra persona se siente comprendida antes de cambiar de tema o trasladar el centro de atención a tu propia experiencia.
- Nuestro discurso es más claro y potente cuando empleamos menos palabras y más sinceras. Si hablamos con frases breves y claras, es más fácil que los demás nos entiendan.
- Prestar atención a nuestra reactividad, fijarse en la curva de activación y fomentar la calma de la desactivación puede ayudarnos a tomar decisiones más prudentes sobre qué decir y cuándo.
- En una situación de conflicto, proponerse escuchar primero a la otra persona aumenta las probabilidades de que esa persona se muestre también dispuesta a escucharnos.

Frases útiles para mejorar la comunicación

Peticiones de diálogo

- «¿Estarías dispuesto a reservar un rato para hablar conmigo de [el asunto que sea]?»
- «¿Podríamos sentarnos a hablar sobre qué necesitamos y ver si encontramos un modo de resolver esto?»

Ofrecer empatía

- «A ver si lo estoy entendiendo. ¿Quieres decir que...?»
- «Quiero asegurarme de que te he entendido bien. Parece que...»
- «Lo que he entendido es que... ¿Estoy en lo cierto?»

Obtener información

- «Cuéntame más.»
- «¿Hay algo más que quieras que entienda sobre este asunto?»

Peticiones de empatía

- «Lo que más me ayudaría sería que me escucharas. ¿Estarías dispuesto a escucharme un rato y decirme qué entiendes que quiero decir?»

- «He dicho muchas cosas y no sé si me he expresado del todo como quería. ¿Podrías decirme qué has sacado en claro?»
- «Lo que acabo de decir es muy importante para mí. ¿Me harías el favor de decirme qué has entendido?»

Insertar una pausa

- «Me gustaría hacer una pausa para ordenar mis ideas.»
- «No estoy seguro. Deja que lo piense.»
- «Esto parece importante. Me gustaría dedicarle algún tiempo.»
- «Quisiera tener un rato para asimilarlo. ¿Podemos hacer una pausa?»

Tomarse un descanso: dejar en suspenso una conversación

- «Me gustaría de verdad continuar con esta conversación, pero ahora mismo no sé si estoy de ánimo para hacerlo. ¿Podemos hacer un descanso y retomar este asunto después?»
- «Quiero de verdad escuchar lo que tienes que decirme, pero ahora mismo estoy un poco agobiado, así que no creo que sea capaz de escucharte como es debido. ¿Podríamos dejarlo aquí y continuar mañana?»
- «Quiero que acabemos esta conversación, pero no creo que ahora mismo pueda decir nada útil. ¿Podríamos tomarnos una descanso hasta que…?»
- «Me encantaría escuchar lo que tienes que decirme, pero me está costando escucharte por cómo lo dices. ¿Estarías dispuesto a…

… tratar de explicarme lo que te ocurre de otra manera?»

… hacer una pausa hasta que ambos hayamos tenido oportunidad de reflexionar sobre este tema?»

… dejarme hablar un momento para que te diga cómo siento yo las cosas?»

Interrumpir

- «Quisiera asegurarme de que no me he perdido...»
- «Quiero estar seguro de que estoy entendiendo todo lo que has dicho. ¿Podemos parar un momento para que me asegure de que te estoy comprendiendo?»
- «Quiero que continúes, pero estoy un poco desconcertado. ¿Puedo hacerte una pregunta?»
- «Quiero seguir escuchándote, pero hay una cosa que necesito aclarar. ¿Puedo responder un momento?»

Reconducir la conversación

- «Me alegro de que saques ese tema. Pero, antes de pasar a debatirlo, me gustaría decir algo más sobre...»
- «Te agradezco que menciones ese asunto. Quiero que entremos a debatirlo dentro de un momento, pero primero me gustaría que aclarásemos...»
- «Sí, eso es importante. ¿Podemos terminar de hablar de esto primero y retomar ese asunto después?»

Encajar una negativa

- «Siento curiosidad por saber por qué no. ¿Podrías decirme algo más?»
- «¿Qué te lleva a decir que no? ¿Tienes otras propuestas?»
- «¿Podemos tomarnos un rato para barajar ideas que sean válidas para ambos?»
- «¿Qué necesitarías saber o qué puedo hacer para posibilitar que digas que sí?»

Decir no

- «Me gustaría decirte que sí y quiero explicarte qué me lo impide ahora mismo.»
- «Entiendo lo importante que es esto para ti, pero no veo cómo puedo hacerlo posible dado que yo también necesito... ¿Podríamos buscar otras opciones con las que los dos estemos conformes?»
- «No puedo acceder a eso sin un coste importante para mí en cuanto a [mis otras necesidades]. ¿Te parecería bien que, en vez de eso, intentáramos...?»

Peticiones para repetir la conversación

- «No me he expresado del todo bien. ¿Puedo volver a intentarlo?»
- «Creo que hemos empezado con mal pie. ¿Te importa que empecemos desde el principio?»
- «Me preocupa que algunas cosas que he dicho no estén ayudando. ¿Estarías dispuesto a dejar que lo intente otra vez?»
- «Las cosas no salieron como yo esperaba cuando hablamos. ¿Podríamos intentar volver a tener esa conversación?»

Notas

Introducción

1. Thich Nhat Hanh, *The Heart of the Buddha's Teaching: Transforming Suffering into Peace, Joy and Liberation.* Harmony Books, Nueva York, 1998, p. 84.

2. A lo largo del libro empleo el término *diálogo* como sinónimo de conversación y las locuciones *diálogo auténtico* o *diálogo verdadero* para referirme al tipo de conversación transformadora definida por Lochhead y otros. Cuando no se da la atmósfera propicia para un encuentro de esas características, podemos recurrir a una orientación interior que ayude a fomentarla. La escritora y formadora en CNV Miki Kashtan llama a esto «la disciplina del diálogo», una orientación a colaborar que «en el fondo [es] un compromiso de alcanzar un resultado que de verdad sea válido para todos los implicados, incluso cuando algunos solo miren por su interés propio». Véase David Lochhead, *The Dialogical Imperative: A Christian Reflection on Interfaith Encounter.* Wipf and Stock, Eugene, Oregón, 1988, p. 51; Miki Kashtan, *Spinning Threads of Radical Aliveness: Transcending the Legacy of Separation in Our Individual Lives.* Fearless Heart Publications, Oakland, California, 2014, p. 319.

3. Marshall B. Rosenberg, *Nonviolent Communication: A Language of Life.* PuddleDancer Press, Encinitas, California, 1999. [Edición española: *Comunicación no violenta: cómo utilizar el poder del lenguaje para evitar conflictos y alcanzar soluciones pacíficas.* Ediciones Urano, Barcelona, 2000.]

4. Marshall B. Rosenberg, *Special Session on Social Change*, Suiza, 2005.

5. La definición de este concepto puede consultarse en el glosario. Por ejemplo, ser ciudadano estadounidense implica ciertos privilegios en mi país así como en muchas otras regiones del mundo. El hecho de ser blanco, o varón, o tener formación reglada, o no tener ninguna discapacidad, etcétera, conlleva ciertas ventajas en la sociedad actual. Para más información sobre este tema, véase Peggy McIntosh, «White Privilege: Unpacking the Invisible Knapsack», National SEED Project, 1989. https://nationalseedproject.org/white-privilege-unpacking-the-invisible-knapsack. Y también: Miki Kasthan, «You're Not a Bad Person: How Facing

Privilege Can Be Liberating», The Fearless Heart, 26 de noviembre de 2016. http://thefearlessheart.org/youre-not-a-bad-person-how-facing-privilege-can-be-liberating. Para abundar en el tema del privilegio y el poder en el contexto de la comunicación no violenta, véase Roxy Manning y Janey Skinner, «NVC—Changing Consciousness, Relationships & Systems», BayNVC, consultado el 12 de abril de 2018, http://baynvc.org/nvc-changing-consciousness/

Capítulo 1

6. Los seres humanos, como animales sociales que somos, dependemos unos de otros para suplir muchas de nuestras necesidades. Empezamos nuestra evolución viviendo en pequeñas bandas, grupos y comunidades que colaboraban para satisfacer las necesidades de refugio, comida y seguridad de la tribu. Estos orígenes aún se manifiestan de múltiples formas. Nuestra necesidad de conexión social cambia a lo largo de la vida. La ciencia ha demostrado que los seres humanos tenemos la necesidad psicológica de conectar (es decir, de contacto humano seguro y saludable y de integración social) desde el nacimiento y durante los primeros años de vida. El crecimiento adecuado y el desarrollo de nuestro cerebro y nuestro sistema nervioso dependen del contacto continuado y de la interacción social con adultos sanos y equilibrados.

   Durante el crecimiento, la conexión social se vuelve esencial para el desarrollo de la empatía y la inteligencia emocional. En la adolescencia se manifiesta psicológicamente en términos de formación de la identidad y desarrollo del ego, y biológicamente en el desarrollo reproductivo. En la edad adulta, la necesidad de conexión social sigue siendo importante en muchos aspectos (incluido el espiritual, mediante la exploración de la conciencia y la dualidad sujeto-objeto) y se convierte al mismo tiempo en una estrategia de colaboración para satisfacer otras necesidades de manera interdependiente siempre que es deseable o necesario.

7. Como animales sociales, somos muy sensibles a la información que nos llega a través de nuestro sistema nervioso acerca de los demás y de nuestro entorno. La interacción social puede calmar o activar el sistema nervioso, dependiendo de las circunstancias y del estado íntimo de cada individuo.

8. El sistema vagal, una constelación de nervios que incluye el nervio vago y el trigémino, regula aspectos claves de nuestra comunicación. El oído interno filtra los sonidos no pertinentes y sintoniza la voz humana; los músculos faciales expresan emoción y otras señales; la laringe controla el tono vocal y ayuda a articular la comunicación verbal. Todo esto forma parte del sistema de interacción social humano, una tercera rama del sistema nervioso autónomo, diferenciada tanto en su trayectoria evolutiva como en su arquitectura neurológica. Estas ideas las postuló Stephen W. Porges en su obra pionera sobre la teoría polivagal. Véase Stephen W.

Porges, *The Polyvagal Theory: Neurophysiological Foundations of Emotions, Attachment, Communication and Self-Regulation*. W. W. Norton, Nueva York, 2001. [Ed. española: *La teoría polivagal: fundamentos neurofisilógicos de las emociones, el apego, la comunicación y la autorregulación*. Ediciones Pléyades, Madrid, 2017.]

9. Stephen W. Porges, «Neuroception: A Subconscious System for Detecting Threats and Safety», *Zero to Three 24*, n.º 5 (mayo de 2004), 19-24.

10. El estudio tradicional del sistema nervioso autónomo identifica dos ramas principales: la simpática, responsable de la homeostasis fisiológica básica y del mecanismo de lucha-huida, y la parasimpática, responsable de las funciones de descanso y digestión. La activación simpática (o *arousal*) vehicula la energía presente en el organismo hacia la acción, regula funciones como el latido cardíaco y nos prepara para reaccionar ante un peligro. La rama parasimpática disminuye el flujo de esa energía ayudándonos a relajarnos, a calmarnos y a desacelerar tras el *arousal* de la activación simpática. (Según la teoría polivagal de Porges, el sistema nervioso autónomo tiene una tercera rama: la de la interacción social, que es parasimpática.)

Capítulo 2

11. Aunque numerosos métodos de meditación distinguen entre los conceptos de *mindfulness, atención* y *presencia,* aquí empleo estos términos como sinónimos. Cada uno de ellos aporta una connotación ligeramente distinta para definir la vivencia de la atención plena.

12. Comprendí, además, que la asunción inconsciente de roles de género —el hombre al mando, la mujer que transige— contribuyó a que se diera esa situación.

Capítulo 3

13. Hablar con excesiva calma o parsimonia en una situación de acaloramiento puede inducir a error y llevar a la otra persona a concluir que no nos importa lo que ocurre, que intentamos controlar la situación o que le estamos haciendo un desaire. Hay que intentar equilibrar un ritmo pausado con la autenticidad de nuestras palabras.

14. Orland Bishop, «Sawubona», *Global Oneness Project*, vídeo de internet, 3:54, https://www.globalonenessproject.org/library/interviews/sawubona

15. Martin Buber, *I and Thou*. Continuum, Londres, 1958, 17. [Ed. española: *Yo y tú*. Herder, Barcelona, 2017.]

Capítulo 4

16. Para ahondar en este tema, consúltese la obra de Sharif Abdullah, que escribe y enseña sobre transformación social, cultural y espiritual. Sharif Abdullah, *Creating a World That Works for All.* Berrett-Koehler, San Francisco, 1999.

17. La competición y la obediencia a la autoridad externa hunden sus raíces en las relaciones de poder económico de una sociedad clasista. Para un análisis más detallado del proceso de socialización y su íntima relación con el poder, la economía y la clase social, véase Kashtan, *Spinning Threads of Radical Aliveness.*

18. La etimología de la palabra *conflicto* guarda cierto parecido con la de *conflagración* (*fligere*, «golpear» frente a *flagrare*, «quemar, arder»), aunque sus raíces difieren (*bhlig* y *bhel*, respectivamente).

19. Es importante resaltar el papel que desempeñan las normas tradicionales de relación y los distintos grados de acceso a los recursos y al poder en situaciones de maltrato doméstico, para no interpretar de manera simplista la «elección» de no romper con la situación de abuso como una opción personal basada en el condicionamiento que nos induce a evitar el conflicto.

Capítulo 5

20. Rosenberg, *Comunicación no violenta,* 13.

21. La CNV anima a quien la practica a crear *la conexión suficiente para llevar a cabo la tarea que se tiene entre manos.* En relaciones personales e íntimas, la conexión puede ser un fin en sí mismo. En otros ámbitos, sirve a una meta común. Aspiramos a crear una comprensión y una conexión auténticas que basten para lograr ese objetivo. El fracaso a la hora de reconocer esto puede conducir a experiencias frustrantes en las que poner el énfasis en la conexión nos lleve a desintonizar con nuestro interlocutor. Por ejemplo, si pido un vaso de agua, no busco que el otro empatice con mi sed.

22. Daryl Davis, *Accidental Courtesy: Daryl Davis, Race and America.* Dirección: Matt Ornstein. Sound & Vision, Los Ángeles, 2015, https://accidentalcourtesy.com

23. El diálogo y la resistencia pacífica comparten el objetivo de crear la Comunidad Amada. El diálogo con quienes ocupan el poder es lo primero que hay que reclamar. La resistencia pacífica ejerce presión para que se dé el diálogo, «arrinconando moralmente a los poderosos» a fin de cambiar el funcionamiento de los sistemas. Para más información, véase Kashtan, *Spinning Threads of Radical Aliveness,* 319.

24. Carl Safina, *Beyond Words: What Animals Think and Feel.* Picador, Nueva York, 2015, 13. [Ed. española: *Mentes maravillosas: lo que piensan y sienten los animales.* Galaxia Gutenberg, Barcelona, 2017]

25. Terry Dobson, «A Soft Answer», Eastern Healing Arts, consultado el 4 de enero de 2018, http://easternhealingarts.com/Articles/softanswer.html

Capítulo 6

26. Mark Nepo, *The Exquisite Risk: Daring to Live an Authentic Life*. Three Rivers Press, Nueva York, 2005, 5.

27. Carl R. Rogers, «Distinguished Contributors to Counseling Film Series», American Personnel and Guidance Association, consultado el 4 de abril de 2018, https://www.youtube.com/watch?v=iMi7uY83z-U

28. Jeremy Rifkin desarrolla de manera sumamente inspiradora la premisa de que la empatía es una parte innata del ser humano en su obra *The Empathic Civilization: The Race to Global Consciousness in a World in Crisis*. Jeremy P. Tarcher/ Penguin, Nueva York, 2009. [Ed. española: *La civilización empática*, Ediciones Paidós Ibérica, Barcelona, 2010]

29. Kashtan, *Spinning Threads of Radical Aliveness*, 98.

30. Véanse las obras de Sherry Turkle, como por ejemplo *Alone Together: Why We Expect More from Technology and Less from Each Other*. Basic Books, Nueva York, 2017.

31. Kashtan señala además el dilema trágico de la sociedad actual en torno a la necesidad de empatía y de las condiciones que la obstaculizan. Escribe: «La empatía presupone la capacidad de trascender el yo y abrirse al otro. Dado que implica una suspensión temporal de nuestras necesidades individuales, es poco probable que se manifieste como una capacidad ampliamente extendida en una sociedad dominada por el capitalismo rampante, la gratificación inmediata a través del consumismo y la hiperautonomía, acompañadas por el ejercicio de la violencia y una falta general de generosidad. Un contexto de este tipo nos anima a encallecer el corazón para sobrevivir y hace que el don de la empatía sea un bien lamentablemente escaso y una necesidad urgente».
    Kashtan, *Spinning Threads of Radical Aliveness*, 98.

32. Thomas Gordon, *Leadership Effectiveness Training: L.E.T.* Perigee, Nueva York, 2001.

33. *Maya Angelou: And Still I Rise*, documental dirigido por Bob Hercules, Rita Coburn Whack (Arlington, American Masters Pictures, 2016), http://mayaangeloufilm.com

34. Richard Davidson, Paul Ekman, Daniel Goleman y otros han definido la «empatía compasiva» o «preocupación empática» como la tercera clase de empatía, en la que

intervienen una serie de circuitos cerebrales distintos a los de la empatía cognitiva o emocional.

35. Ta-Nehisi Coates, *Between the World and Me*. Spiegel & Grau, Nueva York 2015, 10. [Ed. Española: *Entre el mundo y yo*, Seix Barral, Barcelona, 2016.]

36. Estudios recientes demuestran la conexión entre el mindfulness y la empatía. Véase Richard J. Davidson y Daniel Goleman, *Altered Traits: Science Reveals How Meditation Changes Your Mind, Brain, and Body*. Avery, Nueva York, 2017. [Ed. española: *Los beneficios de la meditación: la ciencia demuestra cómo la meditación cambia la mente, el cerebro y el cuerpo*. Editorial Kairós, Barcelona, 2017.]

37. Okieriete Onaodowan, «To Walk a Mile in My Shoes, You Must First Take Off Your Own», TEDxPaloAlto, consultado el 4 de febrero de 2018, https://www.tedxpaloalto.com/talks

Capítulo 7

38. En el campo de la meditación y la resolución de conflictos, se hace una distinción parecida entre *posiciones* (estrategias) e *intereses* o *preocupaciones* (las necesidades en juego).

39. Decir que todas las necesidades son universales es adentrarse en un terreno escabroso desde un punto de vista filosófico. ¿Son algunas necesidades —como la autenticidad— más específicas de una cultura que de otras? Algunos teóricos, como Ken Wilber, han propuesto un modelo evolutivo en el que diversas necesidades son más prominentes en distintas fases de desarrollo. La perspectiva que adopto aquí, inspirada en el método de Rosenberg, es de índole pragmática: las necesidades son *más* universales que las estrategias, y atender a las motivaciones subyacentes a nuestros actos nos conecta con los demás.

40. El economista y sociólogo chileno Manfred Max-Neef identifica nueve categorías básicas de necesidades: subsistencia, protección (seguridad), afecto, entendimiento, participación, ocio, creación, identidad y libertad. Véase *Desarrollo a escala humana: conceptos, aplicaciones y algunas reflexiones*. Icaria Editorial, Barcelona, 2006.

41. Kweku Mandela, «My Grandfather Taught Me Forgiveness», Huff Post (blog), 19 de marzo de 2014 (3:38 p.m.), https://www.huffingtonpost.com/kweku-mandela/my-grandfather-taught-me-b4994928.html

42. Miki Kashtan hace una sutil distinción entre los términos *autosuficiencia*, el mito de que podemos sobrevivir autónomamente sin nada del exterior, y *autorresiliencia*, la capacidad de movilizar nuestros recursos internos para afrontar las dificultades.

43. El género es fluido, y la realidad de nuestro condicionamiento individual respecto a estos papeles varía enormemente.

44. Adaptación de un ejercicio creado originalmente por Inbal Kashtan y Miki Kashtan.

45. Me refiero aquí fundamentalmente a las necesidades relacionales y elevadas. No es mi intención, desde luego, justificar sistemas sociales que obstaculizan o impiden la satisfacción de necesidades más básicas.

46. Para abundar en esta cuestión, véase la obra del formador en NVC Robert Gonzales, que diferencia entre «deficiencia» y «plenitud» en la conciencia de las necesidades. Podemos entender una necesidad como carencia, como algo que ha quedado insatisfecho en nuestro interior, o como plenitud, como un atributo universal y pleno en sí mismo por ser una faceta intrínseca de nuestra humanidad.

47. Para más información, véase Miki Kashtan, «Wanting Fully Without Attachment», *Tikkun* 25, n.º 1 (enero-febrero de 2010), 39, http://www.tikkun.org/article.php/jan10_wanting

48. Adaptación de un ejercicio original de Inbal Kashtan y Miki Kashtan.

Capítulo 8

49. Para saber más acerca de mi decisión de ordenarme *anagarika,* véase http://www.OrenJaySofer.com/blog/finding-the-middle-way

50. Algunos sistemas filosóficos distinguen entre afectos primarios (de carácter físico, no necesariamente conscientes), sentimientos (conscientes) y emociones (con un mayor componente social y la inclusión de narraciones o relatos).

51. Los matices de la filosofía occidental en esta ámbito son muy complejos y la noción moderna de emoción no se ajusta exactamente a sus concepciones anteriores. Según el sistema de pensamiento de los antiguos griegos (de Platón en particular) la razón, la voluntad y el deseo operaban juntos, con la razón como principio rector. Los estoicos afirmaban que las «pasiones» eran de por sí peligrosas y que había que estructurarlas, organizarlas y darles sentido mediante el raciocinio. Los cristianos primitivos y los padres de la Iglesia (siglos II y III d.C.) reinterpretaron estas ideas y consideraron las pasiones como manifestaciones de Satanás y de fuerzas maléficas, lo que a su vez dio origen a la concepción moderna de las emociones como peligrosas e irracionales. (Entrevista personal con el rabino Jack Bemporad, 4 de diciembre de 2017.) Para ahondar en este tema, véase Jam Plamper, *The History of Emotions.* Oxford University Press, Oxford, 2012; Peter Goldie, ed., *The Oxford Handbook of Philosophy of Emotion.* Oxford University Press, Oxford, 2012; Antonio Damasio, *El*

error de Descartes: la emoción, la razón y el cerebro humano, Editorial Crítica, Barcelona, 2004; y Kashtan, *Spinning Threads of Radical Aliveness*, 87–89.

52. «Las emociones pueden explicarse como estados especializados, modelados por la selección natural, que mejoran la adaptación en situaciones específicas. Las características fisiológicas, psicológicas y conductuales de una emoción concreta pueden analizarse como posibles rasgos de diseño que incrementan la capacidad de afrontar los peligros y aprovechar las oportunidades presentes en una situación dada.» Véase Randolph M, Ness, «Evolutionary Explanations of Emotions», *Human Nature* 1, n.º 3 (1990), 261-289.

53. Paul Eckman afirma que las emociones humanas tienen su origen en una adaptación evolutiva cuyo fin sería resolver problemas peligrosos con rapidez, sin recurrir al proceso intelectivo, relativamente lento. Véase *Emotion Revealed.* Holt, Nueva York, 2003. Los estudios publicados por Antonio Damasio ilustran el papel esencial de las emociones en la toma de decisiones y la cognición social. [Ed. española: *Y el cerebro creó al hombre: ¿cómo pudo el cerebro generar emociones, sentimientos, ideas y el yo?* Destino, Barcelona, 2018.]

54. El psicólogo Rollo May propone otra analogía: «El individuo maduro puede aprender a diferenciar múltiples matices emocionales: experiencias intensas o apasionadas, o delicadas y sensibles, como diferentes pasajes de una sinfonía, en lugar de ver limitados sus sentimientos a las notas de un toque de corneta». Rollo May, *Man's Search for Himself.* W.W. Norton, Nueva York, 1981, 74.

55. La investigación (y la experiencia) demuestra que, cuando sentimos conscientemente el arranque inicial de una emoción, somos más capaces de mantenernos equilibrados. Gran parte de los beneficios sociales del mindfulness (regulación emocional, control ejecutivo) deriva de esta capacidad para cobrar conciencia de nuestras propias emociones. Para ahondar en este tema, véase Zindel V. Segal, J. Mark G. Williams y John D. Teasdale, *Mindfulness Based Cognitive Therapy for Depression.* Guilford Press, Nueva York, 2012 [Ed. española: *MBCT, terapia cognitiva basada en el mindfulness para la depresión.* Editorial Kairós, 2018.]

56. Además del componente somático, la regulación de las emociones puede incluir otras estrategias como, por ejemplo, modificar pensamientos o conductas para afrontar mejor las emociones negativas.

57. Esta relación entre pensamientos y emociones es la base de gran parte de la terapia cognitiva.

58. Activando el córtex prefrontal e interrumpiendo la actividad de la amígdala. Véase J. David Creswell, Baldwin M. Way, Naomi I. Eisenberg y Matthew D. Lieberman, «Neural Correlates of Dispositional Mindfulness during Affect Labeling», *Psychosomatic Medicine* 69, n.º 6 (julio-agosto de 2007), 560–565.

59. Fred Rogers, «Fred Rogers testifies before the Senate Subcommittee on Communication», vídeo de internet, 6:50, 1 de mayo de 1969, https://www.youtube.com/watch?v=fKy7ljRr0AA

Capítulo 9

60. Pueden encontrarse otros recursos y ejercicios para aprender a disfrutar de lo bueno en el libro de Rick Hanson *Hardwiring Happiness: The New Brain Science of Contentment, Calm, and Confidence.* Harmony Books, Nueva York, 2013. [Ed. española: *Cultiva la felicidad: aprende a remodelar tu cerebro y tu vida.* Sirio, Málaga, 2015.]

61. Existen escalas psicológicas que miden el grado de empatía. Véase: https://greatergood.berkeley.edu/quizzes/take_quiz/empathy y https://psychology-tools.com/empathy-quotient

62. Estudios recientes indican que el afecto empático y la angustia empática están vinculados a distintas regiones neuronales. Véase Yoni K. Ashar, Jessica R. Andrews-Hanna, Sona Dimidjian y Tor D. Wager, «Empathic Care and Distress: Predictive Brain Markers and Dissociable Brain Systems», *Neuron* 96, n.º 6 (junio de 2017), 1263–1273, doi.org/10.1016/j.neuron.2017.05.014

63. El símil de las orillas del río, los ejercicios somáticos que siguen y los principios en que estos se sustentan están tomados de la terapia somática. Véase, por ejemplo, Peter A. Levine, *Waking the Tiger: Healing Trauma.* North Atlantic Books, Berkeley, 1997. [Ed. española: *Curar el trauma.* Ediciones Urano, Barcelona, 1999.]

64. Carl R. Rogers, *A Way of Being.* Houghton Mifflin Company, Boston, 1995, 12. [Ed. española: *El camino del ser*, Editorial Kairós, Barcelona, 2014.]

Capítulo 10

65. Bahiya Sutta, Udana 1.10, en *The Udā na & the Itivuttaka,* traducción de John D. Ireland Kandy, Sri Lanka, 1997, 19.

66. Tittha Sutta, Udana 6.4, edición de J. D. Ireland, *The Udā na & the Itivuttaka*, 86.

67. Véase nota 5 de la introducción, página 335.

68. Para saber más sobre la escalera de inferencias, véase Peter M. Senge, *The Fifth Discipline Fieldbook: Strategies and Tools for Building a Learning Organization.* Crown Business, Nueva York, 1994. [Ed. española: *La quinta disciplina en la práctica*, Ediciones Granica, Barcelona, 1995.]

69. John M. Gottman, *Seven Principles for Making Marriage Work: A Practical Guide from the Country's Foremost Relationship Expert.* Three Rivers Press, Nueva York, 1999. [Ed. española: *Siete reglas de oro para vivir en pareja.* Debolsillo, Barcelona, 2010.]

70. Martin Luther King, Jr., «An Address by the Reverend Dr. Martin Luther King, Jr.» Discurso pronunciado en Cornell College, Mount Vernon, el 15 de octubre de 1962, http://news.cornellcollege.edu/dr-martin-luther-kings-visit-to-cornell-college

71. En el informe sobre el Minnesota Child Custody Dialogue Group recogido en https://baynvc.org/minnesota-dialogues pueden encontrarse ejemplos de cómo idear soluciones colaborativas sin estar de acuerdo en la observación de los hechos ni en las convicciones morales.

Capítulo 11

72. Los investigadores han observado la capacidad de los niños de hasta un año de edad para «reconfortar a otros que sufren, participar de las tareas del hogar y ayudar a los adultos acarreando o señalando objetos que están fuera de su alcance». Véase Margarita Svetlova, Sara R. Nichols y Celia A. Brownell, «Toddlers' Prosocial Behavior: From Instrumental to Empathic to Altruistic Helping», *Child Development* 81, n.º 6 (noviembre-diciembre 2010), 1814–1827, www.ncbi.nlm.nih.gov/pmc/articles/PMC3088085

Capítulo 12

73. A quienes tengan formación en CNV, esta estructura les recordará el «baile de la jirafa» de Rosenberg.

74. No hay reglas absolutas en la práctica de la conversación. Aunque escuchar primero y ofrecer empatía suele ser útil, el diálogo es un proceso vivo que requiere que nos adaptemos y cambiemos conforme varían las circunstancias. A veces escuchamos, a veces hablamos y otras guardamos silencio. La capacidad de autoempatía nos da más opciones.

75. La raíz de la palabra *logos* (de la que deriva *diálogo*) es *leg–*, que significa «reunir, juntar».

Capítulo 13

76. Nuestra intención genuina de entender implica que esta empatía difiera radicalmente de cualquier intento de manipulación o de pensar *por* la otra persona a fin de conseguir lo que queremos.

77. En efecto, gestionar una situación de estrés refuerza la resiliencia del sistema nervioso, un poco como cuando se ejercita un músculo. Véase Kelly McGonigal, *The Upside of Stress: Why Stress Is Good for You, and How to Get Good at It.* Avery, Nueva York, 2015.

78. Cuando esta activación es lo bastante intensa y está asociada a algo negativo, también se la denomina «disparador», un término que originalmente se refería a la estimulación de recuerdos traumáticos.

79. En el plano del cambio social, la resistencia no violenta es una herramienta igual de importante para presionar a quienes ostentan el poder para que entablen diálogo.

Glosario

Activación: Efusión de energía física para llevar a cabo una acción en respuesta a una meta deseada o a una amenaza percibida en el entorno; la activación simpática incluye los mecanismos de supervivencia como el de huida o lucha.

Anclaje: Punto de referencia al que volvemos para reforzar la presencia consciente.

Angustia empática: Estado emocional caracterizado por la incapacidad para tolerar el dolor que percibimos en otro individuo.

Astillar: Desviarse dentro de una conversión introduciendo nuevos contenidos antes de que el tema que se está tratando se dé por terminado.

Centro de atención: La persona en la que se focaliza la atención en una conversación en un momento dado. El que «ocupa la pista de baile».

Comunicación: Proceso de interacción o intercambio dialéctico que crea entendimiento.

Conexión: Véase *conexión social.*

Conexión social: Necesidad y experiencia del contacto humano saludable y seguro y de la interacción social placentera. (Esta necesidad varía a lo largo de la vida en cuanto a sus manifestaciones y a su importancia relativa en los planos fisiológico, emocional, biológico, psicológico y espiritual. Para más información, véase la nota 1 del capítulo 1, página 336.)

Contagio emocional: Fenómeno por el que las emociones de una persona estimulan emociones similares en otros individuos.

Conversación logística: Parte de una conversación que trata de resolver un problema concreto, incluyendo los acuerdos a los que se llegue.

Conversación relacional: Parte de una conversación centrada en la calidad de la conexión, las emociones y la interacción entre las partes.

Desactivación: Descenso de la alteración física tras completar una acción, suplir una necesidad o disipar una amenaza percibida en el entorno; relajación parasimpática o disminución de la estimulación parasimpática.

Emociones: Experiencias afectivas polifacéticas que se sienten en el cuerpo.

Empatía: Capacidad para comprender o sentir lo que está experimentando otra persona desde su punto de vista.

Encuadre: Resumir una cuestión o un tramo de debate de manera amplia y objetiva, con frecuencia en términos de necesidades, metas o valores compartidos.

Espectro empático: Gradación del sentimiento de empatía en el ser humano.

Estrategia: Intento de suplir necesidades ligadas a una persona, un lugar, una acción, un tiempo o un objeto concretos.

Etiquetado afectivo: Proceso cognitivo por el que se da nombre a las emociones.

Intención: La motivación o estado de ánimo que impulsa nuestras palabras y acciones.

Inundación: Repetirnos, tratar de decirlo todo de una vez o dar más información de la que la otra persona es capaz de asimilar.

LGTBQI: Lesbianas, gays, transgénero, bisexuales, *queer* (o sin identificación de género) e intersexuales.

Línea central: La línea media del torso, entre el pecho y la espalda y el lado izquierdo y el derecho del cuerpo.

Mindfulness: Ser consciente de lo que está sucediendo en el momento presente de un modo equilibrado y no reactivo. Es decir, atención plena. Véase también *presencia.*

Necesidades: Valores centrales que motivan nuestros actos. Son lo que más importa, las razones fundamentales, radicales, por las que queremos lo que queremos.

Observación: Enunciado concreto, específico y neutral que describe un acontecimiento, o lo que vemos u oímos en nuestro entorno, distinto de la valoración y la interpretación.

Orientarse: Conectar con el entorno a través de los sentidos.

Petición: Pregunta cuya finalidad es averiguar si el interlocutor está dispuesto a realizar una acción concreta para satisfacer una necesidad. Las peticiones son estrategias, pero no deben confundirse con las exigencias.

Petición de conexión: Pregunta cuyo propósito es confirmar que el mensaje enviado se ha recibido, promover el entendimiento mutuo y regar las semillas de la confianza y la buena voluntad entre interlocutores. Las peticiones de conexión se emplean asimismo para determinar si hay suficiente confianza y comprensión para avanzar en la búsqueda de soluciones.

Petición de solución: Pregunta que propone una estrategia concreta, sugiere un acuerdo para satisfacer necesidades o plantea una idea sobre cómo hacer avanzar una situación.

Presencia: Conciencia anclada en el cuerpo de nuestra experiencia directa en los planos sensorial, mental y emocional. Véase también *mindfulness.*

Privilegio: Derechos y ventajas particulares de un individuo o grupo de individuos conforme a un atributo concreto, a la posición que ocupan dentro de la sociedad o a su pertenencia a un estamento. El privilegio, amparado por las normas jurídicas o sociales, otorga tratamiento preferente, da acceso a determinados recursos y existe con independencia de cualquier acción o inacción por parte de quienes lo poseen. A menudo, los miembros del grupo privilegiado no tienen conciencia de la existencia de esa desigualdad, ni de las ventajas que les otorga ni del coste que tiene para otros. (Véase nota 6, página 336)

Punto de decisión: Momento de atención plena en el que decidimos si hablar o escuchar.

Puntos de contacto: Zonas especialmente sensibles del cuerpo tales como manos, pies, labios o lengua.

Reconducir: Dirigir suavemente una conversación de vuelta hacia una fase o un tema elegidos.

Reflexión/reflejo: Pregunta o enunciado que recopila lo que se ha dicho a fin de comprobar que se ha entendido.

Segmentación: Hablar de un tema o asunto dividiéndolo en pequeñas partes manejables para el oyente.

Seguimiento: Acción de seguir los elementos específicos de un proceso o el hilo de un asunto dentro de una conversación.

Sentimientos: véase *emociones*.

Uso protector de la fuerza: Uso consciente, intencionado y temporal de la fuerza para generar seguridad, partiendo de la prudencia, sin malicia ni mala voluntad.

Visión: Perspectiva concreta, forma de ver o entender algo; puede elegirse conscientemente o sostenerse inconscientemente.

Otros recursos

Recursos de comunicación consciente

Para el entrenamiento y la enseñanza personalizada de comunicación consciente, visita www.OrenJaySofer.com.

Para acceder a los ejercicios de audio (en inglés) de este libro y otras prácticas, visita www.OrenJaySofer.com/book-audio.

Lecturas recomendadas

Goldstein, Joseph. *The Experience of Insight: A Simple and Direct Guide to Buddhist Meditation.* Shambhala Publications, Boston, 1987. [*La experiencia del conocimiento intuitivo: una guía sencilla y directa de la meditación budista.* Ediciones Dharma, Alicante, 1995.]

—. *One Dharma: The Emerging Western Buddhism.* Harper One, San Francisco, 2003. [*Un único Dharma.* La Liebre de Marzo, Barcelona, 2005.]

Hanson, Rick. *Hardwiring Happiness: The New Brain Science of Contentment, Calm, and Confidence.* Harmony, Nueva York, 2016. [*Cultiva la felicidad: aprende a remodelar tu cerebro y tu vida.* Sirio, Málaga, 2015.]

Kashtan, Miki. *Reweaving our Human Fabric: Working Together to Create a Nonviolent Future.* Fearless Heart Publications, Oakland, 2015.

—. *Spinning Threads of Radical Aliveness: Transcending the Legacy of Separation in our Individual Lives.* Fearless Heart Publications, Oakland, 2014.

Kornfield, Jack. *A Path with Heart: A Guide through the Perils and Promises of Spiritual Life.* Bantam, Nueva York, 1993. [*Camino con corazón.* La Liebre de Marzo, Barcelona, 2000.]

Kramer, Gregory. *Insight Dialogue: The Interpersonal Path to Freedom.* Shambhala Publications, Boston, 2007. [*El diálogo en plena conciencia: el sendero interpersonal hacia la liberación.* Desclée De Brouwer, Bilbao, 2018.]

Levine, Peter A. *Waking the Tiger.* North Atlantic Books, Berkeley, 1997. [*Curar el trauma.* Ediciones Urano, Barcelona, 1999.]

Rosenberg, Marshall B. *Nonviolent Communication: A Language of Life.* Puddledancer Press, Encinitas, California, 2015. [*Comunicación no violenta: cómo utilizar el poder del lenguaje para evitar conflictos y alcanzar soluciones pacíficas.* Ediciones Urano, Barcelona, 2000.]

—. *Practical Spirituality: Reflections on the Spiritual Basis of Nonviolent Communication.* Puddledancer Press, Encinitas, California, 2005. [*Espiritualidad práctica: reflexiones sobre la base espiritual de la comunicación no violenta.* Editorial Acanto, Vallromanes, 2019.]

Rothberg, Donald. *The Engaged Spiritual Life: A Buddhist Approach to Transforming Ourselves and the World.* Beacon Press, Boston, 2006.

Sucitto, Ajahn. *Parami: Ways to Cross Life's Floods.* Amaravati, Hertfordshire, 2012.

—. *Turning the Wheel of the Truth: Commentary on the Buddha's First Teaching.* Shambhala Publications, Boston, 2010.

Centros de retiro, meditación y enseñanza

Participar en un retiro de meditación es una manera muy eficaz de ahondar en la comprensión de uno mismo, practicar el mindfulness y fortalecer los fundamentos de la presencia. Recomiendo en especial los siguientes centros y seminarios:

Barre Center for Buddhist Studies: www.bcbsdharma.org

Cloud Mountain Retreat Center: www.cloudmountain.org

Gaia House: www.gaiahouse.co.uk

Insight Meditation Society: www.dharma.org

Insight Retreat Center: www.insightretreatcenter.org

Next Step Dharma: www.nextstepdharma.org

Spirit Rock Meditation Center: www.spiritrock.org

Centros de meditación comunitaria

Buddhist Insight Network: www.buddhistinsightnetwork.org

Cambridge Insight Meditation Center: www.cambridgeinsight.org

Common Ground Meditation Center:
www.commongroundmeditation.org

Insight Meditation Center: www.insightmeditationcenter.org

Insight Meditation Community of Berkeley: www.insightberkeley.org

East Bay Meditation Center: www.eastbaymeditation.org

Mission Dharma: www.missiondharma.org

New York Insight Meditation Center: www.nyimc.org

San Francisco Insight: www.sfinsight.org

Seattle Insight Meditation Society: www.seattleinsight.org

Centros de enseñanza de CNV:

Bay Area Nonviolent Communication: www.baynvc.org

Center for Nonviolent Communication: www.cnvc.org

Miki Kashtan: www.thefearlessheart.org

NVC Academy: www.nvctraining.com

Índice de ejercicios por temas

El siguiente índice incluye todos los ejercicios del libro. Puedes utilizarlo para encontrar fácilmente una práctica o ejercicio concreto que quieras repasar. Los marcados con el símbolo 🔊 remiten a un ejercicio de audio guiado (en inglés) que puedes encontrar en mi página de Internet, www.OrenJaySofer.com/book-audio

Emociones

Empatía y escucha

Intención

Mindfulness/Presencia

Necesidades

Observaciones

Peticiones

Seguimiento y flujo de diálogo

Situaciones conflictivas